熊淑慧 / 著

中美大学生跨洋远程合作研究

Transpacific Telecollaboration Between Chinese and American College Students

苏州大学出版社
Soochow University Press

图书在版编目(CIP)数据

中美大学生跨洋远程合作研究 / 熊淑慧著. —苏州：苏州大学出版社，2020.7
ISBN 978-7-5672-3183-2

Ⅰ.①中… Ⅱ.①熊… Ⅲ.①英语—远程教育—教学研究—高等学校 Ⅳ.①H319.9

中国版本图书馆 CIP 数据核字(2020)第 120933 号

书　　名：中美大学生跨洋远程合作研究
Zhong Mei Daxuesheng Kuayang Yuancheng Hezuo Yanjiu

著　　者：熊淑慧
责任编辑：周凯婷
装帧设计：刘　俊

出版发行：苏州大学出版社(Soochow University Press)
社　　址：苏州市十梓街 1 号　**邮编**：215006
印　　装：镇江文苑制版印刷有限责任公司
网　　址：www.sudapress.com
邮　　箱：sdcbs@suda.edu.cn
邮购热线：0512-67480030
销售热线：0512-67481020
网店地址：http://szdxcbs.tmall.com/(天猫旗舰店)

开　　本：700mm × 1 000mm　1/16　**印张**：16　**字数**：296 千
版　　次：2020 年 7 月第 1 版
印　　次：2020 年 7 月第 1 次印刷
书　　号：ISBN 978-7-5672-3183-2
定　　价：58.00 元

前 言

Preface

“中美大学生跨洋远程合作”是上海理工大学外语学院英语系与美国加州州立大学弗雷斯诺分校(California State University, Fresno)共同开展的一项外语教育改革,是2015年上海高校本科重点教学改革项目“基于网络的综合英语多元模式教学体系构建”其中的一部分。参加此项目的中国学生和美国学生合作的主要形式是通过互联网开展跨洋远程互动,以小组为单位共同完成项目,交流形式包括网络论坛讨论、Skype视频讨论、邮件及微信。这种远程互动形式打破了外语课堂教学传统模式及局限,通过现代化信息技术为中国英语学习者创造了和美国学生直接交流的机会,为探索外语学习的高效模式做出了新尝试。

在这项教学改革进行过程中,笔者恰好有幸得到了国家留学基金委资助,于2014年秋季学期前往美国加州州立大学弗雷斯诺分校语言学系进行了为期1年的访学,研修了计算机辅助教学、认知科学、二语习得、母语习得等课程。笔者在美访学期间与美方导师,也是此项目美方负责人Xinchun Wang教授合作,共同推进中国学生与美国学生的互动交流。该项目于2013年秋季学期和2014年秋季学期分别开展了两轮教学实践,Xinchun Wang教授总结了2013年秋季学期项目经验,对2014年项目做了相应改进。在2014年秋季学期的项目中增加了双方老师对学生的指导环节及中美学生Skype视频交流,项目进展更为顺利,双方学生交流更为顺畅、活跃。笔者全程参与并跟踪了2014年秋季学期的远程合作项目,既具有熟悉中方学生特点的优势,同时又能将美方学生的反馈及时传递给中方老师及学生,与美方负责老师讨论,更深入地了解远程合作教学项目的设计理念。笔者参与了远程合作项目全过程,收集了整个远程合作的语料,包括论坛讨论、双方学生反思报告、每周网络论坛讨论小结、视频讨论小结、问卷调查、小组项目汇报等,为开展研究奠定了坚实基础。在美访学期间笔者与美方导师合作研究,取得了阶段性成果,撰写论文“Participants' self-assumed roles in the telecollaborative environment: The effect of participants' status and cultural differences”,并于2015年在科罗拉多大学召开的CALICO (Computer-Assisted Language Instruction Consortium)大会上宣读。

本书是笔者以二语习得理论中的社会文化理论(Vygotsky,1978)、活动理论(Engeström,1987,2001)、互动假说(Long,1981),以及王初明教授(2016)根据中国外语学习环境下英语学习提出的“续理论”为理论框架,对中美大学生远程合作开展了一系列研究，对中国英语学习者的语言发展进行了多种视角的探讨，希望对外语教学提供启示及借鉴。笔者在远程合作过程中既是研究者又是项目助理，既是观察者又是参与者，能够对所关注的问题对中美双方教师和学生随时访谈，获得多种形式的语料，有利于深层次地分析语料。

本书是全球化信息化时代下英语教学跨国合作的一项多视角研究，聚焦中美学生远程合作的互动语料，深入分析这些语料。本书共分为七章。第一章介绍此次远程合作项目背景、研究内容及研究价值；第二章介绍中美大学生跨洋远程合作的课程设计，包括教师准备、平台搭建、课程安排、学生的角色定位；第三章探讨中美大学生网络远程合作互动模式，考察在虚拟的网络世界里中美大学生如何通过语言策略建立人际互动关系；第四章探究网络论坛讨论对中国大学生英语写作的影响，包括写作准确度、流利度、复杂度的变化；第五章从活动理论视角下观察远程合作中的矛盾系统的动态变化，考察活动系统中各个因素之间的关系；第六章探讨中国大学生在远程合作中跨文化交际能力的发展；第七章基于问卷及学生反思报告总结双方学生对此项目的反馈情况。

本研究意义在于从中国外语学习者与本族语者的真实互动中去观察外语学习的规律。有别于其他短时间的实验控制方法研究学习者二语能力发展的研究，本研究收集并观察长期的中国英语学习者与本族语者交流互动的语料，探究远程合作对学习者二语能力发展的影响。目前国外已有语言学习者的远程合作实证研究，但由于教学资源等限制国内开展跨洋互动的学校比较少，因此，只在广东外语外贸大学等少数高校中实践过，中国英语学习者跨洋远程合作的相关研究有待深入研究。中国外语学习者缺乏真实语境里与本族语者的互动机会，语言学习脱离真实语境与交际需求，课堂活动大多是语言操练。借助于信息网络技术，我们搭建了这样一个互动平台，为突破传统的外语教学方式，构建多渠道、多模态的互动课程模式，做出了新的尝试。本研究结果将为中国的英语教学提供借鉴意义。

本书的完成离不开中美双方教师团队的大力支持，笔者衷心感谢上海理工大学外语学院前任院长吕乐教授、美国加州州立大学弗雷斯诺分校语言学系的系主任 Xinchun Wang 教授，感谢参与这次远程互动的上海理工大学外语学院英语专业的学生和美国加州州立大学弗雷斯诺分校的学生，感谢参与此项目的双方教师团队。笔者借此机会对这些老师和同学表示诚挚的谢意。笔者还要感谢国家留学基金委的资助，使我能有机会在加州州立大学弗雷斯诺分校做一年的访问学者，得以亲身参与到这个项目中，获得大量的第一手语料与数据。

本书是笔者基于远程合作项目的语料做的一系列多维度研究，因笔者水平有限，书中肯定有疏漏和错误，敬请专家、同行多多指教，提出宝贵意见。

熊淑慧
2020 年 3 月 26 日

目　录
Contents

◆ 第一章　跨洋远程合作项目背景及研究价值　/1
第一节　中美大学生跨洋远程合作项目开展的背景　/1
第二节　远程合作国内外研究现状　/2
第三节　中美大学生跨洋远程合作的研究内容　/5
第四节　远程合作教学实验设计及语料收集　/6
第五节　中美大学生跨洋远程合作的研究价值　/7
◆ 第二章　跨洋远程合作课程设计　/10
第一节　教师准备及平台搭建　/10
第二节　中美大学生跨洋远程合作的课堂设计　/15
第三节　远程合作的中美学生角色定位　/18
◆ 第三章　中美大学生跨洋远程合作的互动模式　/29
第一节　基于课堂的在线互动项目相关研究　/29
第二节　远程合作硬件准备　/31
第三节　语料收集及分析　/31
第四节　网络环境下学习者的互动技巧　/32
第五节　学习者网络论坛互动模式分析　/38
第六节　网络远程合作互动模式总结　/55
◆ 第四章　中国学生英语写作准确度、流利度和复杂度的发展　/57
第一节　远程合作中的外语写作　/57
第二节　远程互动对学习者英语写作的影响相关研究综述　/58
第三节　互动假说与续理论　/58
第四节　远程合作项目写作的研究设计　/59
第五节　研究结果　/62
第六节　讨论　/67
第七节　远程合作对中国学习者英语写作影响研究小结　/73

◆ 第五章　活动理论视角下跨洋远程合作的互动研究　/ 74
第一节　远程合作研究背景　/ 74
第二节　活动理论及矛盾　/ 75
第三节　活动理论视角下的矛盾　/ 76
第四节　远程合组项目学习者互动的研究设计　/ 78
第五节　远程合作活动系统模型的构建　/ 79
第六节　远程合作活动系统矛盾分析结果　/ 81
第七节　远程合作活动系统中矛盾产生的原因及作用　/ 96
第八节　远程合作活动系统矛盾分析小结　/ 97
◆ 第六章　中美网络远程合作对跨文化交际能力的影响　/ 99
第一节　远程合作对学习者跨文化交际能力发展影响的研究背景　/ 99
第二节　远程合作中学习者跨文化交际能力相关研究回顾　/ 101
第三节　跨文化交际能力的理论分析框架　/ 105
第四节　数据收集　/ 106
第五节　学习者在远程合作中的跨文化交际能力的发展　/ 107
第六节　远程合作对中国学习者跨文化交际能力发展研究小结　/ 125
◆ 第七章　中美学生对远程合作项目的反馈　/ 127
第一节　数字时代的外语教学　/ 127
第二节　研究问题　/ 128
第三节　远程合作学习者反馈的数据收集　/ 128
第四节　学习者对跨洋远程合作项目的反馈　/ 129
第五节　远程合作项目融入外语教学课堂的应用与启示　/ 164
◆ 附录　/ 168
附录 1　中国大学生调查问卷　/ 168
附录 2　美国大学生调查问卷　/ 172
附录 3　第 6 小组中国学生的期末报告　/ 176
附录 4　美国大学生的期末反思报告　/ 182
附录 5　美国大学生第 1 次 Skype 视频讨论小结　/ 225
附录 6　美国大学生第 2 次 Skype 视频讨论小结　/ 231
附录 7　美国大学生第 1 次论坛讨论小结　/ 234
参考文献　/ 239

第一章　跨洋远程合作项目背景及研究价值

本章论述“中美大学生跨洋远程合作”教学改革的背景，目前国内外研究的进展，远程合作项目的研究内容，远程合作教学实验设计及语料收集，以及对于教学及研究的价值。

第一节　中美大学生跨洋远程合作项目开展的背景

远程合作(telecollaboration)是指身处不同国家的语言学习者利用电子邮件、论坛及视频会议等网络交际工具，进行实时或非实时的交流。“中美大学生跨洋远程合作”是在全球化、信息化时代背景下，外语学习者使用英语进行跨文化交际的需求下，对现有外语教学模式提出的教学改革，旨在构建中国英语学习者与本族语者直接交流互动的外语教学新模式。中国英语教学以课堂为主，学习者学习课本上的语言知识，交际对象主要是老师及同学，缺乏真实交际目的驱动的语言输出。英语学习者在课堂上学习英语，把英语作为一门学问来研习，掌握语言知识，考试取得高分，却发现自己在与本族语者打交道时还是无法自如交流，根本原因在于英语学习过程中缺乏真实的交际体验(郑超等,2013)。王初明(2010)指出，目前外语教学中的症结是“学生学了英语不会用，出现哑巴英语和聋子英语现象，学习的整体效率较低”。已经在中小学的课堂上读了约十年英语课程的大学生，掌握数千基本英语单词，初步具备了使用英语词典的能力和查阅英文书刊的能力，学习了英语基本语法。如果不能恰当引导学习者的注意力集中到对目的语使用环境的真实体验上来，其外语运用能力仍将长期在较低阶段徘徊(郑超，杜寅寅，伍志伟,2013)。

面对这样的外语教学困境，如何能够提高英语学习者使用外语与本族语者交际的能力，在外语教学中越来越受到重视。随着计算机技术、互联网的发展，身处不同国家的人们可以通过各种互联网工具进行多种形式的交流，如视频、语音、电子邮件、发帖等，这也给外语学习者带来了新的机遇。学习者可以与其他国家的人士交流讨论，提高外语水平及跨文化交际能力。利用计算机及互联网优势，我们安排学习者在教师指导下有组织地网络互动，期待这种互动形式能够突破目前传统外语教学课堂的局限，构建外语教学新模式。

“中美大学生跨洋远程合作”是上海理工大学外语学院英语系与美国加州州立大学弗雷斯诺分校（California State University, Fresno）共同开展的一项外语教育改革，是2015年上海高校本科重点教学改革项目“基于网络的综合英语多元模式教学体系构建”中的一部分。这个项目由上海理工大学外语学院吕乐教授与美国加州州立大学弗雷斯诺分校语言学系的系主任 Xinchun Wang 教授牵头，通过“沪江英语”这个专业的英语学习网站搭建的平台，把上海理工大学英语专业一年级学生与美国加州州立大学弗雷斯诺分校语言学系选修“计算机辅助教学”（Computer Assisted Language Learning，简称 CALL）班级联系起来开展互动交流。Xinchun Wang 教授是计算机辅助教学方面的专家，具有多年 CALL 教学与研究经验，发表了颇多 CALL 研究论著，她所研究的对象多为外语学习者及语言教学方向的研究生，她为此次项目提供了理论指导及课程设计。

第二节　远程合作国内外研究现状

近十年来，随着高校间的国际交流日益增加，交流方式日趋多样化，国内一些大学与国外大学开展了学习者之间的跨洋互动，国内学者开始关注并研究这种新的互动方式，主要聚焦于写作方面，包括以下两大类。

1. 没有与本族语者互动的网络写作研究

随着现代科技的发展，计算机和互联网在外语教学中得到了创新使用，研究者开始关注计算机技术在外语写作中的应用。郭晓英（2009）将博客应用于大学英语写作教学以提高学生写作能力。杨朝春（2013）检验了网络平台互动对大学二语写作技能发展的具体影响，16 周的写作教学实验证实，网络互动辅助教学比传统教学在流利性和复杂性方面能更好地促进二语写作的提高，而准确性没有显著提高。

2. 与本族语者互动的网络写作研究

在国内，广东外语外贸大学与宾州州立大学较早在写作教学中开展跨洋互动的合作项目，并出版《中美学生英语“跨洋互动”行动研究与语料分析》（郑超，杜寅寅，伍志伟，2013）一书，详细介绍了双方如何把跨洋互动整合到课程教学中。其主要形式是,“中级英语写作”课程学生与美方学生互评作文,从意义协商中习得语言形式,并在文化现象的多角度讨论中提高学生写作时的读者意识。薛红果(2010)探讨了美国学生对中国学生的网上写作辅导是否优于中国学生之间的辅导学习,结果显示,英语写作方面中美大学生之间的交流显著优于中国学生之间的交流,中美大学生之间的网上辅导与交流有助于中国大学生写作水平的提高。

在国外,跨洋互动实践源于1997年的Cultrua项目,该项目于1999年正式由美国麻省理工学院和法国国立电信学院共同展开。国外的研究已经有20多年的历史,研究角度和方法思路呈现多样化,研究成果丰富,为我们提供了研究基础。目前国外研究包括以下三个方面。

1. 没有本族语者参与互动的CMC研究

有研究证实,计算机技术在外语学习中的应用能够提高学习者的语言能力,例如移动学习、智能手机应用软件在语言学习中的使用(Godwin-Jones, 2011; Burston, 2014),以及平板电脑(iPads)融入外语口语课堂对学习者口语能力提高的作用(Lys,2013)。

2. 与本族语者互动的远程合作对英语学习者英语水平的影响研究

计算机技术在为外语学习者创造真实语言学习环境方面有独特优势,现有研究证实,其一定程度上对学习者英语语言能力有提高作用。O'Dowd指出“远程合作活动能够提高学生的跨文化交际能力,而这一点传统的文化学习材料做不到”(2007: 146)。远程合作改变了语言学习环境,在互联网平台上,学习者与外国学生在真实的自然语言环境下,以交际为目的使用外语,增加语言学习中的互动合作和交际。

Chen & Yang (2014)的研究中,学生通过与美国学生电子邮件往来,词汇方面得到提高。Li (2000) 把任务型电子邮件写作融入英语写作课堂,考查不同写作目的、读者互动、任务对132份学习者任务型电子邮件写作的语言特点的影响。发现学习者在与其他同伴有互动的情况下,句法复杂度和词汇复杂度有显著提高。而且在不限定框架的写作情况下,学习者对于语言的使用有更大的控制权,语言体现了更复杂和多样的表达。Kessler (2013)指出,基于互联网的远程合作学习,可以营造虚拟的参与学习文化,提高学习者的自主语言学习能力。外语学习者与英语为母语者合作写作,能提高外语学习者的写作能力,增强他们的参与度、自信心和责任心(Strasma & Foster, 1992)。远程合作还能激发学习者的学习动机及兴趣(Skinner & Austin, 1999)。Chen & Yang(2014)的研究中,中国台湾7年级学生使用网络工具(网络论坛、博客、Skype及电子邮件)与美国学生进行了 1 年远程合作项目,学习者对远程合作项目持积极态度,他们通过体验真实的语言学习来提高语言能力和跨文化交际能力。Saito & Akiyama (2016) 研究了 1 个学期的日本英语学习者与本族语者的网络视频互动,分析学习者的口语能力发展,结果发现学习者的理解能力、流利度和词汇语法能力得到了提高,但在语音方面无显著变化。Ware & Kessler (2016) 研究了美国学生和西班牙学生之间的跨国远程互动模式,发现学习者借助情态词、词语的选择、协同的标记来建立在线交流的人际关系,而不成功的在线交谈很少使用这些开放的话语标记来建立人际关系,在回答对方时很少能深入拓展。

3. 与本族语者网络互动写作中的矛盾研究

有研究者关注到远程互动中的误解、冲撞及中断等现象,从社会文化理论视角探究活动中的矛盾现象,分析其原因,观察学习者如何面对和解决冲突和矛盾。冲突和矛盾是语言学习者在远程合作中为了达成有意义的学习活动而必须跨越的障碍(O'Down & Ritter,2006)。

Bashraina (2007)考察了分别身处 3 个不同国家的 52 名日本英语学习者、37 名墨西哥英语学习者、46 名俄罗斯英语学习者基于网络课程的论坛讨论。Bashraina 建立了一个跨文化环境下远程合作活动模型,阐释了远程合作是在社会、文化历史和政治环境下活动,远程活动的结果深受外部环境影响。Ryder & Yamagata (2014)研究了美国北伊利诺伊大学 7 名上"中级汉语"课程的美国学生与中国山东师范大学 7 名对外汉语专业学生之间共 16 周的跨洋合作。他们在活动理论框架下分析了高效率组和低效率组在跨文化学习交流中的冲突(tension)。高效率组指的是成员之间能够平均参与,而低效率组中双方成员的参与度不平衡。面对冲突时,高效率组采取积极的解决方法,主动沟通,而低效率组则多采取回避策略。

上述文献综述表明,远程合作实证研究国外多,国内较少。国外研究大多以德语、西班牙语、日语为母语的学习者为研究对象,以中文为母语者的研究较少。国外研究角度多样,有跨文化、写作、学习者动机、词汇、口语等;相对而言,国内视角单一。国内研究主要聚焦于写作,对写作研究的评估多采用整体评估方式,缺乏对写作的语言客观指标细化评价。本书研究重点在于以下三个方面:① 探究在网络环境下中国英语学习者与本族语者英语书面互动交流所呈现的互动模式;② 开展中国英语学习者与本族语者网络论坛等书面交流形式对英语写作能力影响的长期研究;③ 全面收集基于网络的远程合作相关研究,梳理文献,建立理论模型。

第三节 中美大学生跨洋远程合作的研究内容

通过语料分析,本书研究聚焦于以下三个方面:① 探究基于网络的跨洋互动语境下,中国英语学习者与英语为母语者远程合作的互动模式及特征;② 通过长期研究,从定性定量角度探究网络论坛等书面交流形式对中国学习者写作能力的影响;③ 在社会文化理论框架下,构建跨洋远程项目的活动系统模型,分析活动系统中各要素的关系。

1. 外语学习者远程合作相关文献研究

收集整理国内外语言学习者远程合作研究的相关文献,包括远程合作中学习者之间的互动模式、远程合作对学习者英语写作、跨文化交际能力发展影响的研究。通过归类梳理文献,总结归纳现有研究的重要概念、研究视角、理论框架、研究方法及研究发现。

2. 远程合作中的中美大学生互动特征研究

网络在线交流能够给中国学习者带来与传统外语教学课堂环境不同的学习体验,在这种新语境下,中国学习者是如何与地球另一端的美国大学生建立人际关系的? 我们将对中国学生与美国学生网络论坛上的讨论文本进行话语分析,旨在发现中国学生与美国学生是如何通过计算机媒介远程交互的。本书将采用 Schiffrin (1994),Belz (2003),Ware (2013),Ware & Kessler (2016)的分析框架,从称呼个人、意愿型情态词、表达情感的词汇,以及提问—回答模式来分析中美学生网络论坛写作互动模式。

主要研究问题是:① 中国英语学习者与美国学生的话语互动是什么模式? 他们怎样通过语言策略建立人际关系? ② 中美大学生远程交流呈现怎样的互动模式?

3. 远程合作中学习者二语书面语特征研究

通过为期 1 个学期的中美大学生任务型网络远程合作的实证研究,探究网络远程合作对中国大学生英语写作语言发展的影响及网络论坛讨论所呈现的语言特点。主要研究问题如下: ① 中美大学生远程网络论坛讨论中有哪些互动模式? 学习者通过什么样的语言策略实现互动? ② 在具有真实读者互动、真实交际目的驱动下,每周网络论坛发帖在学习者的英语句法复杂度、词汇复杂度、词汇分布等语言特点上呈现怎样的变化? ③ 中美大学生网络远程合作对中国英语学习者的英语写作语言复杂度、准确度、流利度分别有何影响? 有什么样的即时影响？有什么样的延迟影响？

4. 跨洋远程合作中学习者活动系统研究

以中美大学生跨洋远程合作为研究对象，在社会文化理论视角下，以活动理论（Engeström, 1987, 2001）为框架，构建远程合作系统模型，探究远程合作活动系统中各因素之间的关系与矛盾，用动态视角理解学习者的变化发展。主要研究问题如下：① 中美大学生跨洋远程合作活动系统模型中呈现了哪些矛盾？② 这些活动系统中出现的矛盾又是如何解决的？③ 活动系统中的矛盾是如何推动中国英语学习者的外语和跨文化交际能力的发展的？

第四节　远程合作教学实验设计及语料收集

1. 远程合作教学实验设计

本研究的教学实验由上海理工大学外语学院和美国加州州立大学弗雷斯诺分校共同合作完成。上海理工大学外语学院英语专业一年级的 2 个平行班，其中 1 个实验班，1 个对照班，与美国加州州立大学弗雷斯诺分校语言学系 TESOL 专业 8 名学生参加本实验。作为“综合英语”课程的一部分，实验班学生和美方大学生进行 1 个学期的网络论坛讨论，对照班则无此要求。除此之外，这 2 个平行班的教师集体备课，授课内容、进度一致。

中美大学生以小组形式，通过网络论坛平台，完成小组项目，题目由小组讨论决定，小组讨论的题目与他们日常学习生活相关，学生参与积极性较高，涉及中美节日风俗、中美对大学生兼职的不同看法、中美影视作品、旅游经历、对美国设饮酒年龄规定的看法、校园生活、网购等方面。除了以网络论坛为主外，学生还将通过 Skype 视频及电子邮件交流。双方教师要求中美学生每周定时进行最少 1 次 1 小时的 Skype 视频讨论，并写视频小结。学期末，中美双方学生分别在各自班级汇报小组项目成果。项目结束后，对双方学生进行问卷调查，了解他们在此远程项目中的学习体验等信息。

2. 语料收集及分析方法

我们将收集以下语料并进行编码：中美大学生网络论坛在线讨论的语料；中美大学生网络互动的反思报告及访谈；中国英语学习者英语写作前测与后测。

3. 研究方法

（1）文献分析法

收集整理国内外相关文献，包括远程合作、以计算机为媒介的交流、写作研究、口语研究等多方面文献，梳理文献，从重要概念、理论框架、研究方法、研究发现等角度归纳现有研究。

（2）实验研究法

本研究将进行对比实验，采用定量分析与定性分析结合的研究方法，收集定性数据和定量数据。定量分析数据包括：实验组和对照组参与远程合作项目的写作前测与后测；实验组的一学期网络论坛发帖的文本；中美学生期末项目小组汇报。定性分析数据包括：双方学生视频讨论录像的转写文本；双方学生的每周论坛讨论小结，Skype 视频小结；项目结束后的反思报告、问卷调查等。

（3）语料库方法

将中国学生的网络论坛发帖、作文前后测、网络视频讨论的口语转写文本分别建立语料库，用文本分析软件 Antconc 3.4.4，Wordsmith 7.0 和 Vocabprofile 4.0 分析及统计这 3 个语料库的语言特征。

第五节　中美大学生跨洋远程合作的研究价值

中美大学生跨洋远程合作研究的理论价值在于以下两点。

第一，本研究结果能丰富现有的二语习得研究。本书将研究中美大学生基于互联网络的任务型远程合作对学习者外语能力发展的影响。传统的二语习得研究大多关注面对面的互动，很少关注网络环境下的互动，本研究能为二语习得研究领域提供网络环境下以计算机为媒介的交流（Computer-mediated Communication，简称 CMC）的实证数据，为中国英语学习者的二语发展路径及特征研究提供新视野。研究结果将丰富二语习得研究，提供来自网络环境下中国英语学习者的实证研究。

第二，本研究提出有效提高英语写作的途径。网络论坛是一个新的二语互动环境，网络论坛的互动具有书面交流的文本性和面对面交流的互动性特点，是英语写作研究的新视角。本研究拟探究在有真实交际目的驱动、与英语为母语者互动的情况下，中国英语学习者的英语写作的语言发展特征。本研究提出中国英语学习者与英语为本族语者互动情景下的写作，有利于提高中国英语学习者的英语写作能力，促进英语写作教学的高效模式构建。

本研究的应用价值有如下三点。

第一，教学应用。任务型跨洋远程合作的教学设计，可用于英语课堂教学，为计算机辅助教学、英语写作教学提供有价值的参考，建立英语学习者与英语本族语者之间的互动平台，发挥现代教育技术优势，把远程合作学习融入课堂，优化写作教学过程。

第二，拓展研究领域。通过跨洋远程合作的语料分析，从定性定量研究中发现英语学习者的二语发展特点，为二语习得研究者提供研究新思路。

第三，为语料库建设提供语料。本研究将收集网络互动平台的学习者二语写作语料，为语料库建设提供大量真实互动的语料，为语言学研究者提供可做分析研究用的语料。

我们开展的“中美大学生跨洋远程合作”活动把与英语国家大学师生的真实英语交流引入我国的课堂英语教学中来，为英语教学创造了真实的互动语境。这一尝试不仅对提高学生的英文水平有帮助，同时有助于推进外语教师科研工作。目前 2013 年秋季学期与 2014 年秋季学期的两轮教学实践中，我们收集到以下语料：

① 中美学生网络论坛讨论发帖；

② 中美学生小组项目的书面报告及 PPT；

③ 中美学生问卷调查；

④ 中美学生每周项目进展小结；

⑤ 中美学生反思报告；

⑥ 中美学生 Skpye 讨论小结；

⑦ 中国学生的作文前后测文本。

以上这些语料与其他各种学习者语料库中的语料相比，具有自己的特色。例如，能够知道所收集的语料是来自何种群体的，如果需要进一步了解，能追踪到语料的产出者，了解其个人的语言水平等信息，还可以针对研究者所观察到的问题对产出者做访谈。研究者能够知道语料产出的时间和语境，在什么时间什么情境下产出的语料。关于语境，我们参照王初明(2009)的定义：“所有与正在学习的语言结构发生交互的变量，包括存储于大脑的先前知识和眼前的所见所闻，还包括语言学习者的认知心理状态，便构成了语言学习的生态环境。因为这样的生态环境是相对语言学习而言的，所以也可统称为语境。”研究者能够了解双方学习者的互动过程，不仅可以直接观察互动过程，也可以通过学习者所写的每周小结、参与者写的过程报告，举行座谈，间接了解相关的动态信息。研究者还可以通过发帖、电子邮件、视频电话、直接采访等多种形式直接加入互动，或者针对在互动的观察中注意到的某一感兴趣的问题，跨洋展开定量、定性调查。能有针对性地运用一般的语料库分析技术开展各类调查。通过这样的调查，还可验证、对比已有语料库语言研究的实证成果及结论。教师和相关研究人员可以结合观察互动过程，从不同视角对互动语料进行整理、分析，报告自己的发现并组织讨论，以帮助更多的没有直接参加互动的学习者看到这些语言现象所体现的规律。

综上所述，"中美大学生跨洋远程合作"为语料库建设开辟了新的语料采集途径，带来了新的研究视角。本书中的系列研究均是在这些语料基础之上开展的，从中得出了一些有意义的发现，将在本书的后面章节里详细报告。

第二章 跨洋远程合作课程设计

本章介绍“中美大学生跨洋远程合作”项目的双方教师准备、平台搭建、学生准备及课程建设情况。

第一节 教师准备及平台搭建

“中美大学生跨洋远程合作”项目，不仅给中美两国学生提供了一个互动的平台，而且是英语课程教育的一个有机组合，是列入课程教学计划的一个教学环节。此项目为吕乐教授领衔的上海高校本科重点教学改革项目“基于网络的综合英语多元模式教学体系构建”组成部分，融入上海理工大学外语学院英语专业“综合英语”课程的一项教学活动。对参加此项目的美国学生而言，该项目是美国加州州立大学弗雷斯诺分校语言学系“计算机辅助教学”课程获得学分的课程要求。因此，如何将远程合作活动与整个课程教学有机地结合在一起，激发双方学生的参与积极性，达到预期教学目的，以提高中国英语学习者的英文水平，双方教师采取了一些有效的教学措施。

中方参与远程合作项目的是上海理工大学外语学院英语专业本科一年级学生。英语专业本科一年级开设了“综合英语”“英语写作”等语言类训练课程，以及英美文学文化类课程，为学生参与和美国学生的网络口、笔语交流打下了坚实基础。我们设计的网络互动活动是让中美学生以小组形式完成项目，项目的讨论主题由双方学生自行商定。由于中美时差及双方学生各自学习生活时间不同，因此，我们只能少量安排学生实时(synchronous)视频讨论，大部分在网络论坛上进行非实时(asynchronous)讨论。与美国学生的网络远程合作是作为“综合英语”课程的一部分，“综合英语”课程有16周，每周4课时，一共64课时，为英语专业必修课。“综合英语”课程目标是培养学生的英语听说读写的各项语言基本功，远程合作项目能够让学生把课堂中所学的语言文化知识应用到真实的交际中,有机会与英语为母语者交流互动,成为课堂的延展。学生的最后小组汇报、反思报告及论坛讨论参与都被计入“综合英语”课程分数。学生每周都必须在论坛讨论中积极参与发帖。担任中方班级的任课教师是一名有着十余年丰富教学经验的优秀教师,具有教育技术的学历背景。班级里同时还配有一名网络论坛助教,是一名语言学专业在读研究生,她的主要任务是让中国学生熟悉并会使用网络论坛平台,每周在网络论坛上布置本周论坛讨论任务。助教每周统计双方学生发帖情况,包括每位同学的发帖数量、发帖字数、回应其他小组成员的发帖,反馈给双方教师。教师关注发帖的数量和质量,督促不积极的学生发帖。中国助教每周一在论坛上发帖提示中国学生和美国学生参与讨论,在各个小组的讨论界面发帖如表2.1所示。

表2.1 每周助教在网络论坛上发的提示

周次	助教在网络论坛上发的提示
第一周	Requirement of this week: Members of this group are required to say hello to each other by posting a paragraph of self-introduction with pictures of your own. You may discuss prepared topics and finalize your group topic with detailed plans.
第二周	Requirement of the 2nd-week discussion: Please do the following tasks before you continue your discussion: 1. Make a clear statement of your finalized topic with detailed plans of each week. 2. Clarify your second week schedule about the topic.
第三周	Requirement of the 3rd-week discussion: Please clarify your 3rd-week schedule before you continue your discussion.
第四周	Requirement of the 4th-week discussion: Please clarify your 4th-week schedule before you continue your discussion.
第五周	Requirement of the 5th-week discussion: Please clarify your 5th-week schedule before you continue your discussion.
第六周	Requirement of the 6th-week discussion: Please clarify your 6th-week schedule before you continue your discussion.
第七周	Requirement of the 7th-week discussion: Please clarify your 7th-week schedule before you continue your discussion.

美国课程任课教师是Xinchun Wang教授,她具有多年计算机辅助教学的教学与研究经验。她所开设的“计算机辅助教学”课程有15周,每周4课时,一共60课时。“计算机辅助教学”课程是美国学生取得TESOL(Teaching English to Speakers of Other Languages)证书的必修课程,取得TESOL证书就具备给英语非

母语的学习者教英语的资格。这门课程内容包括“计算机辅助教学”和“移动学习”(Mobile Assisted Language Learning,简称 MALL)的前沿理论与实践、CALL 理论、软件评估、网络教学课程开发、实时和非实时的计算机为媒介的交流、学习者合作学习、外语教学的语料库等。课程目标是介绍计算机辅助教学理论和实践,以及计算机辅助教学应用所包含的语言学习理论。学生要学会用计算机和移动设备设计教学资料,学会评估计算机辅助教学的软件和网络资源等。这门课程属于“实验室课程”(lab course),有一部分上机操作课时安排在计算机实验室上,每位学生都配备一台电脑及 iPad Air。教师对美国学生在与中国学生的远程合作活动中的表现打分,分数计入该课程的学期总分的 15%。这一措施保证了美国学生的积极参与。他们与中国学生的远程合作项目与这门课的课程目标紧密结合。此次远程合作项目创造了美国学生与英语为外语的学习者交流的机会,让他们有机会了解外语学习者的情况与特点,加之又是通过网络媒介远程交流,可以让美国学生实践 CALL 课程所学的计算机辅助教学相关理论知识。在此过程中,美国学生能够亲身参与计算机辅助学习活动的设计,运用所学知识开展以语言教学为目的的实时与非实时论坛讨论。美国班级也配备了助教,是一名中国留学生,就读于加州州立大学弗雷斯诺分校语言学系语言学专业。她的任务是帮助美国学生熟悉网络论坛界面及关注双方学生的发帖情况,并反馈给双方教师。笔者以访问学者身份选修了该门课程,全程追踪每周各小组论坛讨论进展,关注发帖数量和质量,并收集语料、有针对性地访谈美国学生,并将项目进展情况及时与 Xinchun Wang 教授沟通。如果助教和笔者发现有学生在一周内没有发帖,或者发帖字数较少、发帖无实质内容,或者从他们的论坛讨论中看出他们通过邮件等方式交流时,就会让任课教师督促学生在网络论坛发言,以便教师追踪学生的项目讨论进展情况。

双方网络互动平台是上海理工大学外语学院委托一家英语学习专业网站“沪江英语”专门为此次中美大学生网络远程合作而搭建的平台。“沪江英语”(网址:http://www.hjenglish.com)是一个专门做外语学习资源的著名网站,拥有几百万用户,资源丰富、技术成熟。中美双方师生通过专属个人账号和登录密码,在“沪江英语”网站界面,进入网络论坛浏览论坛上的帖子并发帖。图 2.1 是沪江英语为远程合作搭建的网络平台截图,双方教师及学生通过这个端口进入论坛讨论区。帖子里可以输入文字、超链接、视频、音频、图片和表情符号。中国学生和美国学生被分为各个小组,他们每次登录后进入自己的小组论坛开展讨论,学生们也能够看到其他小组的论坛讨论内容;教师和助教可以查看所有小组的论坛讨论内容。

图 2.1　中美大学生远程合作的网络平台

由于“沪江英语”是国内的网站，进入网络论坛的端口及操作界面都是中文指令，美国课程的助教在远程合作正式开始之前给美国学生做了培训，指导他们登录找到网络论坛端口，如何发帖，如何回帖，以及如何在回帖中添加图片、表情等。图 2.2 是助教给美国学生做的登录网站的指南。因为界面是中文的，为方便美国学生尽快找到登录端口，助教给美国学生做了分步骤的指南。在此次远程合作项目进展过程中，助教随时为美国学生提供关于论坛使用的帮助。

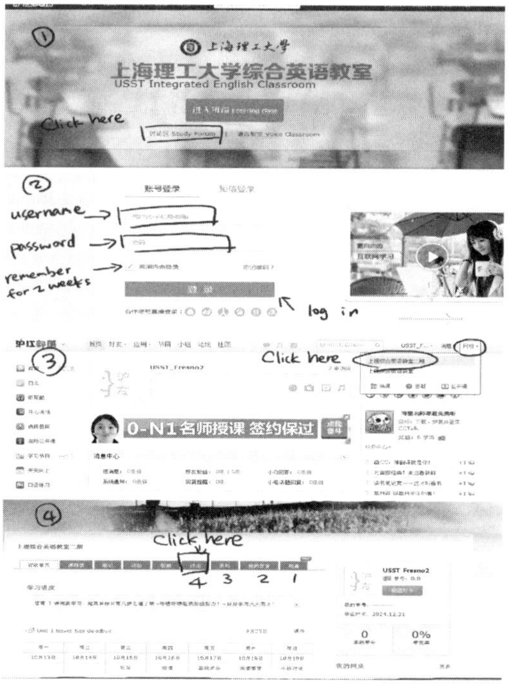

图 2.2　助教给美国学生做的登录网络论坛讨论的步骤指南

中美学生登录"沪江英语"网站,进入论坛界面后,找到自己所属小组,进入各自小组论坛,发帖讨论,如图 2.3 所示。图 2.4 展示了中美大学生在网络上发帖的示例。

上理综合英语教室

班级首页　课程表　笔记　训练　答疑　讨论　资料　我的发言　同桌

全部　精华　新生必读　网校应用　公告　3班　4班　5班　6班　USST-FresnoForum　口语加油站

其他

▫ 交流讨论

话题	发起人	回复	最后回复
Group 5 (Final Project)	USST_TA_4	16	425peter 12月6日 15:10
Group 6 (Final Project)	USST_TA_4	4	415Raine 12月4日 13:00
Group 2 (Final Project)	USST_TA_4	3	USST_Fresno4 12月3日 15:05
Group 3(6th week)	USST_TA_4	10	404Atom 12月2日 17:36
Group 1 (Final Project)	USST_TA_4	5	USST_Fresno5 12月2日 10:36
Group 4 (Final Project)	USST_TA_4	11	USST_Fresno3 12月2日 06:30
Group 7 (Final Project)	USST_TA_4	5	416Tiffany 12月1日 14:53
Group 6 (6th week)	USST_TA_4	9	USST_Fresno1 11月27日 02:24
Group 8 (Final Project)	USST_TA_4	1	403Yvette 11月25日 21:46
Group 3 (Final Project)	USST_TA_4	0	USST_TA_4 11月25日 21:25
Group 2(6th week)	USST_TA_4	20	402Julia 11月25日 20:42
Group 4(6th week)	USST_TA_4	10	USST_Fresno3 11月25日 15:02
Group 3(5th week)	USST_TA_4	21	404Atom 11月25日 13:28
Group 1 (6th week)	USST_TA_4	7	USST_Fresno5 11月25日 04:15

图 2.3　中美大学生网络论坛讨论区

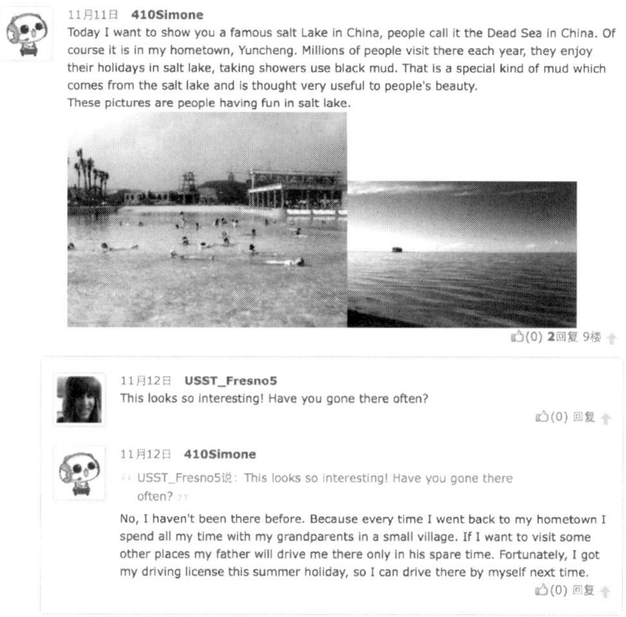

图 2.4　网络论坛讨论截图

第二节　中美大学生跨洋远程合作的课堂设计

中美大学生的远程合作进行了两轮实践，分别是 2013 年秋季学期和 2014 年秋季学期。在这两轮教学实践中，一共有 18 位美国学生和 55 位中国学生参加。他们每周在网络论坛上发帖讨论各自小组的题目，最后以小组为单位做项目展示及书面报告，历时 7 周左右。远程合作项目融入中国学生一年级“综合英语”课程，以及美国学生选修的“计算机辅助教学”课程。上“计算机辅助教学”课程的美国学生来自语言学系、新闻系、英语语言文学系，该课程是获得 TESOL 证书的必修课程。2013 年秋季学期与 2014 年秋季学期的中国大学生和美国大学生情况如表 2.2 所示。

表 2.2　两轮教学实践的中美大学生情况

美国学生	中国学生
共计 18 位学生	共计 55 位学生
10 位学生参加 2013 年秋季学期	27 位学生参加 2013 年秋季学期
8 位学生参加 2014 年秋季学期	28 位学生参加 2014 年秋季学期

续表

美国学生	中国学生
选修“计算机辅助教学”课程,以取得 TESOL 证书,为给英语为非本族语者教英语做准备	英语专业大一学生
选修“计算机辅助教学”课程	选修“综合英语”课程
课程必须完成项目,计入期末考核分数	课程必须完成项目,计入期末考核分数

在 2013 年秋季学期第一轮项目实践基础上,Xinchun Wang 教授总结了经验,提出 2014 年秋季学期项目需要改进的地方:一是加强双方教师在项目进展时对学生的指导;二是为了使双方学生能尽快互相熟悉起来,并对网络互动的对象有具象了解,加入 Skype 视频讨论。

2014 年秋季学期,中美双方学生开展了为期 7 周的远程合作项目。这个远程合作项目是融入中方“综合英语”课程和美方“计算机辅助教学”课程中,作为课程的一部分,从 10 月中旬至 11 月底,共 7 周。在项目正式开始之前,中美双方的教师向学生介绍项目安排,让学生熟悉沪江英语论坛操作界面,提出想要讨论的话题。中美双方的学生分成 7 个组,每组由 1 名美方学生和 4 名中国学生组成。美方 8 位学生中有 1 位是中国留学生,该留学生和另 1 名美国学生一起,共同与中国学生参加一个组。由于美国大学较宽松的入学政策,他们年龄跨度较大,大部分介于 18 岁至 24 岁,有一位学生 50 岁以上。问卷调查显示,一半美方学生有过在网络环境下与英语学习者合作的经历,另一半则没有。每个小组各自选话题,做计划。他们在沪江英语网为此项目专门搭建的平台上,以论坛讨论形式为主合作完成项目,最后小组汇报并演示。7 周基本安排如下。

第 1 周,小组成员自我介绍,提出讨论话题的设想。每位小组成员在论坛上传一张自己的生活照,消除小组成员之间的陌生感。他们附上照片的同时再写上几段话,介绍个人兴趣爱好,喜欢的书、音乐等。第 2 至第 5 周,中美学生自主选择话题,开展讨论,话题涉及节日风俗,如感恩节、圣诞节、万圣节、春节、端午节等;对大学生兼职的不同看法;喜爱的电影和电视剧;旅游经历;对美国设饮酒年龄规定的看法;中国四大名著与诗词,美国文学作品;中美不同的校园生活;饮食礼仪、着装礼仪;音乐;网购,美国“黑色星期五”购物;等等。第 6 至第 7 周,双方学生共同总结话题讨论内容,合作 PPT 汇报。

除了以网络论坛交流为主外,他们还通过 Skype 视频和邮件交流。在第 1 周及第 4 周,美方教师在课堂上安排 2 次 50 分钟视频讨论。由于存在时差,因此,“综合英语”课程时间安排为中国时间上午 9 点,“计算机辅助教学”课程时间安排为美国时间下午 5 点。Skype 视频讨论作为网络论坛讨论的延伸,双方学生通过视频,能够熟悉对方,对项目合作的学生有感性认识,延续论坛话题的讨论,也可讨论双方感兴趣的其他话题。任课教师对于视频讨论的内容不做规定。除课堂安排的视频聊天外,36% 的学生自己安排课外时间视频讨论。

在这 7 周期间,学生每周写小结,汇报进展,写 Skype 视频小结,项目结束时,写项目报告,回顾自己在此项目中的收获、学习体验及建议。在项目结束时,完成问卷调查,了解学生在项目中的学习行为、总体感受、对于技术界面的评价、学习体验的反馈及对项目的建议。双方学生还通过电子邮件方式交流,互通电子邮件交换 PPT 和准备最后演示文稿。美方学生在邮件交流里会纠正中方学生的语言表达错误。

项目日程安排如表 2.3 所示。中国学生是大一新生,须参加军训,到 10 月初才进入正式学习阶段,而美国大学一般 8 月中旬就已开学。美国学校秋季学期有感恩节和圣诞节,秋季学期至圣诞节前放假,中国学校的秋季学期放假时间是根据中国农历春节时间,一般约为来年一二月份。因此,中美学生的远程合作时间依据双方学生能够重合的时间来安排。

表 2.3　远程合作日程安排

日程	任务
准备阶段:8 月中旬至 9 月底	美国学生:完成计算机辅助教学的阅读清单,包括以计算机为媒介的交流、论坛讨论等方面的研究论文,做远程合作的理论准备,头脑风暴远程合作的拟定题目
第 1 周:10 月初,中国的国庆节后	组成线上小组,自我介绍,互相熟悉,商定小组项目题目。
第 2 周	各小组定下项目题目
第 3 至第 4 周	共同合作开展项目
第 5 至第 6 周美国的感恩节	完成项目
第 7 周	各小组汇报项目

美国大学 8 月中旬开学,比中国大学开学早,有充分的时间做前期理论准备,查阅计算机辅助教学方面相关研究,学习远程合作中的外语教学理论,有助于他们在合作中更好地理解中国英语学习者出现的语言现象。美国学生阅读了以下外语教学远程合作、以计算机为媒介的交流相关研究论文,并在课堂上讨论这些论文:"Theory and practice of network-based language teaching" (Kern & Warschauer, 2000); "Theory and research: interaction via computers" (Peyton, 1999); "What factors promote sustained online discussions and collaborative learning in a web-based course?" (Wang, 2007); "Effects of required and optional exchange

tasks in online language learning environments"(Brandl, 2012);"Telecollaboration and CALL"(O'Dowd, 2012);"Computer-medicated communication and a cautionary tale of two cities"(Sadler, 2007);"MALL: The pedagogical challenges"(Burston, 2014);"The development of advanced learner oral proficiency using iPads"(Lys, 2013)。

第三节 远程合作的中美学生角色定位

大量计算机辅助教学研究文献已证实了远程合作对二语教学的促进作用(O'Dowd, 2012; Sadler, 2007)。现有研究大多聚焦于二语学习及跨文化交流:学习者的合作学习取决于参与者个体的意愿和投入程度(Kessler, 2013);网络远程合作的不同的教学设计,例如讲故事、写电子书、网络笔友等,对于互动及交流的程度有着直接的影响(Chen & Yang, 2014)。但目前并无太多的关于外语学习者和职前教师(teacher trainees)之间的互动研究。

关于TESOL学生与外语学习者的研究涉及以下研究话题:TESOL学生对外语学习者的纠正性反馈研究(Samburskiy & Quah, 2014),其中少量研究了如何给予外语学习者纠正性反馈,通过隐性方式还是显性方式。Ryder & Yamagata-Lynch(2014)在中文职前教师与外国中文学习者之间的互动研究中,考察了语言水平差异与跨文化交际能力对是否能高效率互动产生的主要影响。还有关于二语教师的身份发展的研究(Kitade, 2014)。日语职前教师能够针对外语学习者网络发帖给出语言及内容方面的反馈意见,但是他们无法向学习者清楚地解释语法错误。以上研究中,新教师或者职前教师的角色有着清晰的定位。但是,如果职前教师角色没有得到清晰界定,远程合作会出现什么样的情况?远程合作中的美国学生和中国学生自我界定角色分别是什么?学习者对自我角色的界定对他们在远程合作的表现有怎样的影响?

在2013年项目过程中,中美文化的差异,使得中国学生习惯被动,他们把话语权交给美国学生,希望美国学生能起到整个论坛讨论中的领导作用。而美国学生认为他们与中国学生之间是平等关系,并不认为他们要承担领导者(leader)的角色。其中,一些美国学生感觉非常不适应"指导"(instruct)或者"主导"(lead)远程合作,但是,中国英语学习者希望向本族语者"学习"(learn)。2013年秋季学期里,美国学生的"教师"(instructor)的角色没有被清晰界定,美国学生并不认为他们是教师,他们认为自己应该和中国学生是平等的合作搭档关系。

美国学生在网络论坛发帖讨论中,基于他们所认为的“平等”角色,而不是“教师”角色,美国学生并没有对中国学生论坛发帖中的语言错误给予纠正性反馈。

2013年的网络论坛讨论的语料、问卷调查及小组项目汇报都显示美国学生没有默认他们的“教师”角色。与此相反,许多中国学生却期待他们的美国小组成员能承担“教师”角色。由此可见,美国学生和中国学生的文化背景在远程合作自我定义角色中起着重要的作用(Wang & Xiong, 2015)。

美国学生对于在与中国学生合作中的自我角色十分困惑,在反思报告中写道:“I learned that not having clearly defined roles, like one-instructor-to-students or all-equal-collaborators, can make for much confusion.”(译文:我认为没有清晰的角色定位,如“一位教师对多位学生”还是“所有参与者都平等”,会导致交流中的很多困惑。)

“I disliked that we didn't really know what they expected or needed from this project.”(译文:我不喜欢的地方在于我们不知道对方对这个项目的期望或需要。)

“What I disliked the least was that the roles were unclear (in terms of who was the facilitator for making sure we stayed on task, etc.). I think in the future if our role and the Shanghai students' roles were more clearly defined and communicated then this would help clear things up a lot.”(译文:我最不喜欢的地方在于角色定位不清晰。谁是这个项目的主导者? 我认为,今后再次合作的时候,我们的角色与上海学生的角色应该更加明确定位,以减少大家的困惑。)

根据美国学生的反馈,我们发现清晰角色界定对于美国学生和中国学生非常重要,因为双方学生不一定能主动承担起被默认的角色。美国学生大多认为在合作中所有参与者应当平等参与。但中国学生是刚入学的大一新生,在大学以前的学习中与英美人士直接交流的机会较少,没有在真实语境下使用英语的经历。高中阶段的英语学习,主要是以被动地接受教师讲授的模式为主,极少开口说英语。中国学生在此次合作中期待美国学生在他们的英语学习上提供帮助。Xinchun Wang 教授在2014年秋季学期项目开始之际,对美国学生做了指导,介绍中国学生的英语水平、中国英语教学情况、中国学生的学习特点及中国学生对远程合作的期待。Xinchun Wang 教授鼓励美国学生在远程合作项目中发挥“领导者”作用,在论坛讨论使用规范的书面语,以对中国学生的跟帖起到语言示范作用,鼓励给小组里中国学生的发帖给予反馈。

2014年秋季学期的远程合作中,从网络论坛讨论的文本分析可以看到,各个小组里的美国学生主动地承担起了小组的领导者角色,有效地推进小组讨论进展。美国学生的“领导者”角色体现在：在网络论坛上督促小组成员发帖；主导网络论坛讨论的主题及内容，给小组成员分配任务，给中国学生语言示范，对中国学生发帖给予内容和语言方面的反馈，而且尽可能地对每个小组成员的发帖都给予反馈。下例是网络论坛截取的语料，呈现了美国学生在网络论坛讨论中担任的角色，包括督促小组成员在网络论坛上发言，主导网络论坛讨论的主题及内容，给小组成员分配任务，给中国学生的语言示范，给中国学生发帖内容方面的反馈，给中国学生发帖语言方面的反馈，给小组成员的反馈。

1. 美国学生督促小组成员在网络论坛上发言

第3小组第3周讨论时，美国学生F3[①]发现小组里的一位成员没有发言，就发帖提醒她发言。

例1

F3：Hello, everyone, I will be available tomorrow to live chat if you want to. Other than that, Judy, I have noticed that you have not posted yet. I hope you are well. I will be on here and Skype if you guys still want to chat.

（译文：各位好！如果你们愿意的话，我明天也有空视频讨论的。另外，Judy，我注意到你还没有发帖。希望你一切都好！我明天在线，如果你们想视频讨论的话，我们可以Skype视频讨论。）

第4周的论坛讨论，F3发现只有一位同学回应她的帖子，于是她发帖提醒其他同学发帖。

例2

F3：Hi, everyone, I hope you are all well. I just wanted to let you guys all know that no one has replied to my post besides Angela. I hope you all post soon.

（译文：大家好！你们最近还好吧。我只是想和你们说一下，除了Angela以外，没有人回复我的帖子。我希望其他人尽快发帖回复。）

第1小组的美国学生F8鼓励大家发言。

例3

F8：So like Bob said, this week we are going to be discussing etiquette. I'd love to hear what everyone has to say on this topic so please be sure to contribute to this weeks discussion as much as possible!

（译文：正如Bob所说，这一周我们将讨论礼仪。我期待听到每一位同学对

① 美国学生编号为F1，F2等，中国学生的编号为S1，S2等。

这个话题的看法，大家都加入讨论，畅所欲言吧。)

2. 美国学生主导网络论坛讨论的主题及内容

第2小组在第2周开始时，尚未确定小组讨论的话题，该小组美国学生F2首先发帖，提议小组讨论话题为“中美文化对比”，如电视、电影、书、音乐、游戏等方面。

例4

F2：Hey guys！Welcome to Week 2！

I know that we haven't settled on a topic quite yet for our project but I would like to take this week to discuss it and nail it down！So I would like for everyone to pitch in their idea of what topics they would like to talk about！

My personal idea would be a culture compare [comparison] of China and America. I would like to compare an assortment of media such as things like：TV, Movies, Books, Music, Video Games. Anything and everything that is entertainment. With this topic we can cover a lot of ground and I feel that everyone can contribute in some way. Perhaps one person likes movies but another is interested in talking about books. In that way, we can share and enjoy what we're talking about.

The best time to learn is when it is relevant to you！

Can't wait to hear from you！

(译文：大家好！欢迎进入第2周的论坛讨论！

我们现在还没有确定小组项目的话题，我们这周就把题目确定下来吧。每个人都说一说自己想讨论的话题吧。

我的想法是比较中国文化和美国文化，如电视剧、电影、书、音乐、游戏。任何与娱乐相关的都可以。这个话题我们可以囊括很多内容，每个人都可以谈谈自己的看法。也许有的同学喜爱电影，有的同学对书感兴趣。这样的话，我们能分享我们的想法。

学习的最好时机就是学习与你自己生活相关的东西！

期待你们的回复！)

例5是美国学生F7第2周伊始在论坛上发帖，对小组讨论话题的提议。

例5

F7：Hello, everyone, we have talked about our topic, and you have given me a few suggestions that you wanted to talk about. Our topic is culture, and a few things you wanted to talk about to learn about our cultures are：festivals, food, literature, television shows, music, and shopping. A few other possible things to talk about are our classes, college or university, and education.

Is there anything else you would want to talk about? Also, what do you want to talk about each week? For example, we can talk about festivals, food and shopping this week. We can talk about television shows, music, and literature during the third week or next week. Lastly, we can talk about our educations, specific classes, and our schools during the fourth week. This leaves the fifth and sixth weeks to work on our PowerPoint project.

I think having shopping, festivals, and holidays together in one topic can be useful, because there may be specific items or food that you buy during festivals or holidays. Similarly, I grouped the three topics for the third week together, because they are types of entertainment. For the fourth week, education is an important topic to cover, in my opinion, and it can be nice to compare our educational systems and schools.

① Introduction

② Schedule: Festivals, Food and Shopping

③ Entertainment: Television Shows/Plays, Music, and Literature

④ Education: Schools and Classes

⑤ PowerPoint discussion

⑥ PowerPoint finalization

This is just an example of how we can make our schedule. Is there anything more that you want to talk about? What do you all want to talk about during each week?

(译文:大家好!我们已经商量了小组讨论话题,你们也给出了一些建议。我们的话题是"文化",你们提出想要讨论的方面有节日、食物、文学、电视节目、音乐,还有购物。我们还可以讨论我们所学课程、大学和教育等话题。

你们还有什么想要讨论的话题吗?每周想讨论哪些话题呢?例如,这一周我们可以讨论节日、美食和购物。第3周或第4周,可以讨论电视节目、音乐、文学。第4周,我们可以讨论教育、有特色的课程,还有我们的学校。第5周和第6周我们可以准备项目的幻灯片展示。

我认为把购物、节日、度假放在一个话题下讨论比较好,因为可能在节日或者度假期间会买一些特别的东西或美食。与此类似,我把关于娱乐的三个类似话题合并到第3周。第4周的话题重点是"教育",比较我们教育体系和学校的不同。

① 介绍
② 安排：节日、美食和购物
③ 娱乐：电视节目或电视剧、音乐、文学
④ 教育：学校和课程
⑤ 讨论幻灯片展示
⑥ 确定幻灯片展示最终版本

以上是我示范的日程安排。你们还有其他想要讨论的话题吗？每一周想要讨论的话题是什么？）

3. 美国学生给小组成员分配任务

F4 在第 7 周论坛讨论里给小组成员分配任务。

例 6

F4：Hello group，

Since we are running out of time，I will assign the topics for the groups（unless you are already in the process of making them you need to let me know）.

Group 1 will talk about the comedy differences in American and Chinese movies and the special effects differences.

Group 2（King，Sherry，and Celine）will talk about how Chinese movies focus on the past and American movies focus on the future and the different values of Chinese and American movies.

Please complete it as soon as possible. I am here if you have questions.

［译文：小组成员，大家好！我们时间不多啦，我就给我们内部分下工吧。如果你们已经分好了工的话，请告诉我。

第 1 小组准备讨论美国和中国电影里的戏剧差异和特效差异。第 2 小组（King，Sherry，and Celine）将讨论中国电影如何聚焦过去，美国电影如何聚焦未来，以及中国电影与美国电影呈现的价值观差异。请大家尽快完成吧。如果有任何问题，随时可以问我。］

4. 美国学生给中国学生的语言示范

第 5 小组第 3 周论坛讨论话题为“在异国的学习经历”，该小组的美国学生 F5 发帖，讲述了他在日本的学习生活故事。F5 的帖子 388 词，长度、内容、语言方面，给后面发帖的学生做了一个“怎样讲述海外留学生活”的良好示范。

例 7

F5：I have had the lovely opportunity to study abroad in Japan. When I lived in Japan I lived in both the countryside as well as the biggest city Tokyo. This was really nice because I was able to experience two completely different sides of Japanese culture. As far as my student life was concerned I took Japanese language courses every day and culture courses. So every day my Japanese was getting better because I used the language every day and I was able to understand Japanese culture on a much deeper level. This really helped me to understand myself as a person better and I feel that my character was humbled because of my exposure to the Japanese language and culture. While I lived in Japan I also had the opportunity to work and volunteer at a coffee roaster. It was really nice because I was able to get a work visa in Japan and I was able to gain work experience in Japanese society. Also the owner of the coffee shop and his wife and kids became like family to me. While living in Japan I was able to see old friends that moved back to Japan as well as make new ones. To this day I still talk to all my friends on Skype and Facebook. Living in Japan is a little more expensive than living in America I feel, so sometimes living abroad was hard because I had to learn how to save money. But I feel this was a good thing because I forced myself to learn how to make Japanese food. My friends and their families showed me how to cook Japanese food and I would help them cook the family meals. I am so happy I learned how to make Japanese food because now I can make good Japanese food for my American friends and for myself haha. When I lived in Japan I was so busy with school that I sadly did not have time to join any clubs but I spent all my time with Japanese friends so they always showed me something really cool and new. If I could study abroad in another country I would want to study abroad in another Asian country such as China or Republic of Korea but sadly I do not know Chinese or Korean.

（译文：我曾经有幸去日本留学。在日本的时候我既在乡村住过，也在东京这样的大城市住过。这真是很棒的体验，因为我可以体验日本文化中完全不同的两面。在学习方面，我每天都上日语课和文化课程。因为我每天都在使用日语，能够深层次地理解日本文化，我的日语一天一天地在进步，这也帮助我更好地认识我自己。由于学习日语和日本文化，我感觉我的性格变得谦恭。在日本我还很幸运地在一家咖啡馆工作。这样我在日本就得到了工作签证，能够积累在日本的工作经验。咖啡店老板和他太太及孩子们都像我的家人一样。在日本我不仅能见到回到日本的老朋友,还能交到新朋友。直到现在,我还常常与我的朋友们通过 Skype 或 Facebook 聊天。我感觉日本的生活成本要比美国高,生活在国外有的时候比较辛苦,因为我要学会如何省钱。但是我觉得这也是件好事,我可以自己学一学做日本菜。我的朋友们和他们的家人教我如何做日本菜,我也能在朋友家聚餐时帮帮厨。我特别高兴自己能学做日本菜,因为现在我能给我在美国的朋友还有我自己做日本菜。在日本的时候,我学习特别忙,很遗憾没有时间参加任何俱乐部。但是,所有的时间我都和我的日本朋友们在一起,他们总能带我看看一些特别有意思的新鲜东西。如果我还能在另一个国家学习的话,我想去另一个亚洲国家学习,例如中国或者韩国,但是我还不会中文和韩文呢。)

同一小组的成员 S18 在跟帖中描述自己在新加坡留学的经历时,模仿了 F5 发帖的语言表达及内容结构,例如"I have had an opportunity to ...",在内容表达上,以 F5 为样本,从学习、生活、当地特色,还有自己的体会等角度描述在新加坡的学习生活,长度达 192 词。

S18:I have had an opportunity to go to Singapore as an exchange student. I didn't actually study there. It's more like a chance for us to experience the study environment, the life style and a different culture, and it lasted one week. The school in Singapore really have [has] strict discipline. Emphasis is put on students' punctuality, behavior and grade. I lived in a homestay during that week. My buddy, Cindy is very nice. She told many things about Singapore and took me to places of interests, including the famous landmark, the merlion. Singapore is known as the garden city, and it is indeed clean and beautiful. It's nice to breathe fresh air every day. I had several classes with them, but I have to say I don't fancy the way they study. It's a little bit too strict, though it has its advantages. I personally perfer a more casual way so that we can trully be willing to study.

People in Singapore care much about the environment. It is their protection of the environment that makes the country so clean.

Life in Singapore isn't difficult for me because most of the people in Singapore can speak both English and Chinese and the cost of life is similar to that in Shanghai.

(译文:我有幸去新加坡做过交换生。确切地说,我没有在那里学习。我只在那里待了一周的时间,体验了那里的学习环境、生活方式和文化。新加坡的学校纪律很严格,很注重学生的守时、行为、分数。那一周我住在寄宿家庭,我的伙伴 Cindy 很和善。她向我介绍了新加坡的很多情况,还带我去了景点,包括有名的地标"鱼尾狮"。新加坡是有名的花园城市,干净又美丽。每天能呼吸新鲜空气,真好! 我上过几次课,但是我不喜欢他们的学习方式,尽管有它的优势,但太严格了。我个人更喜欢宽松一些的学习方式,这样我们才真正愿意学习。

新加坡人很注重保护环境,正是他们对环境的保护,才使得国家如此干净。

新加坡的生活对我来说没有什么困难,因为大部分新加坡人都能说中文和英文,生活成本和上海也很接近。)

5. 美国学生给中国学生发帖内容方面的反馈

第 3 周第 2 小组讨论中美文化的话题,谈到了书籍,S6 发帖如下。

例 8

S6:When it comes to Chinese books, most of the Chinese people's first impression is likely to be four masterpieces. They are *The Romance of the Three Kingdoms*, *The Story by the Water Margin*, *The Dream of the Red Chamber* and *Journey to the West*.

(译文:谈及中国的书籍,大部分的中国人第一时间会想起四大名著:《三国演义》《水浒传》《红楼梦》《西游记》。)

S6 同学发帖列举了中国四大名著,但是没有进一步介绍书的内容、作者或书中人物性格等,语言表达较为简单,内容单薄。这样的介绍对于不熟悉中国文化的外国人来说,过于概括,比较抽象。F3 跟帖,启发 S6 谈谈书的细节。

F3:Hey Martin! Can you go into detail about what each book is about? Maybe even uploading pictures of what the covers of these books look like?

(译文:Martin,你好! 你可以具体介绍每本书的内容吗? 或者你能否上传这几本书的封面图片? 我们看看每本书的封面是什么样的吧。)

F3 给 S6 的回复,提示 S6 从内容上扩展这个话题,增加语言输出。小组其他中国成员 S7 和 S8 在 F3 发帖启发下,继续扩展这个话题,介绍了《红楼梦》的故事情节和人物形象,并上传了书的封面及人物的图片,S6 在 S7 和 S8 的发帖后面继续跟帖。S6,S7,S8 三位同学的发帖词数加起来一共 1434 词,而 S6 在那一周论坛第一次发帖只有 46 词,与之相比,长度增加了很多,加大了语言输出。

6. 美国学生给中国学生发帖语言方面的反馈

第 7 小组第 2 周讨论话题是"传统节日",F7 对小组里中国学生的发帖给予了语言上的反馈,纠正她们的语言表达。例 9 是 F7 对中国学生 S6 发帖的反馈。

例 9

F7:In this sentence"The festival usually starts at the thirtieth of the twelfth lunar month, in January, February around." It is better to say "around" before "February", so your sentence would be like "The festival usually starts at the thirtieth of the twelfth lunar month, in January, around February."

（译文：在"The festival usually starts at the thirtieth of the twelfth lunar month, in January, February around"这句话里，最好把 round 放到 February 前面，你的句子可以改为"The festival usually starts at the thirtieth of the twelfth lunar month, in January, around February"。）

例 10 中，F7 对中国学生 S2 的发帖给予语言上的纠正。

例 10

F7：For your sentences "Chang'e was forced to be separated from her husband Houyi. And they could meet each other once a year in 15th August according to China lunar calendar", you can easily combine them like this "Chang'e was forced to be separated from her husband Houyi, and they could meet each other once a year in 15th August according to China lunar calendar". Also, "witha" should be "with a". There are a few problems with spacing, but it might just be the website, I'm not too sure.

（译文：你的这两句"Chang'e was forced to be separated from her husband Houyi. And they could meet each other once a year in 15th August according to China lunar calendar"，可以合并起来，改成"Chang'e was forced to be separated from her husband Houyi, and they could meet each other once a year in 15th August according to China lunar calendar"。还有，"witha"应该为"with a"。还有一些空格错误，我不确定是不是网站的问题。）

S2 发帖问 F7 有没有吃月饼，F7 对 S2 发帖的语法错误提出修改意见。

例 11

S2：I think that we have the same taste! How is Cody? Do you have eaten mooncake?

（译文：我想我们口味应该很一致。Cody 还好吗？你吃过月饼吗？）

F7：I have not tried mooncake before. It looks nice though.

Another way to ask is："How about you, Cody? Have you tried/had/tasted mooncake?"

（译文：我没有吃过月饼。它看上去很不错。

你写的句子可以改为："How about you, Cody? Have you tried/had/tasted mooncake?"）

7. **美国学生给小组成员的反馈**

有的时候是单独回复某位小组成员,有的时候会在一个帖子里回复多位成员。

第3小组S3在第5周的论坛讨论里发帖,在小组成员发帖后,S3回复了所有已发言小组成员。这样的话中国学生觉得被重视,觉得小组成员认真阅读了自己的发帖,也有了发言的积极性。

例12

S3:Hello, everyone, I am happy to hear from you all.

Judy: Hello there, I really enjoyed reading your post. I see now that students over there work for experience and pocket money. That is really interesting. Thank you for sharing. By the way, how are you? How is your week going?

Ellen: Hello there, thanks for informing me about the PPT. I am working on it and I've been busy with another presentation. I will send everyone the ppt before Tuesday, so that you can look it over.

Janice: Hello there, I see the age limit for working is different over there. Very interesting. We can start at 16 but yes it would be much easier to start at 18 instead. Since the student would already be an adult.

Angela: Hello there, I agree with your statement about parents not allowing their children to not work if they do badly in school. I believe that working is a privilege and students should be more responsible.

(译文:S3:大家好!非常开心能看到你们所有人的回复。

Judy:你好,我很喜欢读你的帖子。我看到你们那边的学生做兼职是为了体验和赚零花钱。这真的很有趣。谢谢你的分享。顺便问问,你好吗?这一周过得怎样?

Ellen:你好!谢谢你告知我PPT的事情。我正在做PPT,我还忙着做另一个汇报。我周二前会把PPT发给每个人,你们可以看一看。

Janice:你好!我看到了你们那里的打工年龄的限制。非常有趣。我们这边16岁可以开始打工,但是18岁开始的话,应该更好一些。18岁的学生已经是成年人了。

Angela:你好!我同意你所说的,如果学生在校的成绩不好,父母就不允许孩子继续打工。我认为工作是一项权利,学生们自己应该有责任心。)

第三章　中美大学生跨洋远程合作的互动模式

这一章探究的是当以计算机为媒介的交流引入中国传统外语教学课堂后，学习者之间的互动呈现怎样的特点。我们运用话语分析来分析中国学生与美国学生在网络论坛上的讨论文本，旨在观察中国学生与美国学生是如何通过计算机媒介远程交互的。本研究的意义在于发现中国学生在远程合作中呈现出的语言表达特征。网络在线交流能够给中国学生带来与传统外语教学课堂环境不同的学习体验，在新语境下，中国学生与美国学生是通过怎样的话语互动模式与地球另一端的美国伙伴建立人际关系的？本章研究的问题是：中国英语学习者与美国学生跨洋远程合作中建立人际关系时有哪些互动模式？在互动过程中呈现了什么样的语言特征？

第一节　基于课堂的在线互动项目相关研究

通过以计算机为媒介的跨国网络交流，也称为"远程合作"，此类研究在近 20 年来蓬勃发展，研究角度多元化，包括语言学习、学生的动态发展、交流障碍、跨文化交际能力等。例如，研究在单一的外语课堂里在线交流对学习者特定文体写作的影响（Vurdien, 2013），对语言使用和观点交流的影响（Miceli, Visocnik-Murray & Kennedy, 2010）。大部分研究聚焦于跨越国界、文化、语言的远程交流。

本章分析中国英语学习者与英语为本族语者在远程合作项目中的互动模式，研究语料主要来自他们的网络论坛讨论。研究的理论框架及语篇分析工具借鉴了 CALL 领域中关于网络在线交流的相关研究，考察学习者是如何通过远程合作方式与身在遥远异国的学生互动的。本研究的意义在于把远程合作引入中国英语学习者的学习环境中，找出学习者在这种新的交流方式下的互动特点。网络在线交流提供了一种全新学习体验，让学习者能够有机会参与有别于传统语言课堂教学环境下的语言使用。在虚拟网络环境下,学习者为了更好地了解对方,建立并发展人际关系,使用不同的语言策略,创造良好的交流环境,消除时空限制,减少焦虑,以及创造平等参与、亲密接触和合作学习的机会。本章主要探究并描述双方学习者是如何通过语言策略进行远程合作互动的。

O'Dowd & Ware (2009)把远程合作中常见的 12 种任务类型分为三大类:信息交换、对比分析、合作。Guth & Helm (2010)指出这三类任务中,复杂度最高的是第三类,因为此类任务合作需要团队合作,学习者之间互相帮助,平衡分配,以及共同遵守时间节点。

目前有研究通过分析问卷调查、访谈、互动文本来找出怎样建立成功的合作关系,探究人际关系的建立,即学习者之间相互联结和互动。此类研究主要是对学习者跨文化交际能力的定性分析(Belz, 2005; Lee, 2009; Liaw, 2006; O'Dowd, 2003; Ware, 2005)。O'Dowd (2003) 研究了美国的西班牙语学习者与西班牙的英语学习者之间的远程合作,通过分析在线互动、访谈、问卷等考察了学习者跨文化交际能力的五个维度。O'Dowd 发现,跨文化交际能力强的学习者能够建立良好的人际关系,有深度地回答对方、感知到对方。Lee (2009) 分析了英语学习者和西班牙语学习者通过博客的互动,发现任务型项目能创造一个互动合作的动态氛围,其中起重要作用的因素是学习者个人参与程度及建立人际关系的意愿。

学习者通过多种在线媒介交流中语言的选择也被认为是在线交际技巧的表现。这种交流能力被认为是读写能力(literacy)的一种。在虚拟社会里的交流,称作虚拟读写能力(cyber literacy),强调的是技术对文化和人类行为的影响。在线交流技巧包括对语境的合理认识、文体规范及对远程交流的管理。

Byram (1997) 的跨文化交际模型包括知识、态度、技巧,前两类包括个人的特点、态度、价值观和文化及社会意识。知识包括对自己和对方及双方文化语境的认识;态度指的是对自己和他人的价值判断;技巧指的是在跨文化语境下,个体如何理解对方并与对方互动时使用什么样的语言。Belz (2005)研究了 Byram (1997) 跨文化交际模型中的一个元素——"发现的技巧",观察德国学习者与美国学习者之间的英语—德语远程活动,分析学习者的提问方式。学习者的提问方式展示了他们如何建立人际关系。Liaw & Bunn-LeMaster (2010) 分析了中国台湾学生与美国学生的互动活动,找出了几个类别:社交、情感、认知过程的词语,发现他们使用更多积极的表达情感的词语,更多的社交协同词语,较为缓和的词语来建立和支持双方的人际关系。

综上所述,远程合作互动研究主要涉及三个方面,即任务类型、人际关系的建立及语言特征，给本研究提供了理论分析框架。在此分析框架下，本章关注的是学习者如何建立人际关系以创造双方能够积极参与的良好交流氛围。

第二节　远程合作硬件准备

参与远程合作的中国学生，是上海理工大学外语学院英语专业一年级的学生。因为“综合英语”课程的教学不是在计算机多媒体教室进行的，中国学生如果要与美国学生实时或非实时互动交流，必须在各自宿舍里用自己的电脑进行。参加该项目的所有中国学生都有台式电脑或者手提电脑等网络交流工具。中国学生与美国学生的合作项目主要在课后完成。美国学生“计算机辅助教学”课程是加州州立大学弗雷斯诺分校 DISCOVERe 课程，要求学生在课内及课外使用平板电脑，促进自主学习。选修 DISCOVERe 课程的学生可以得到学校提供的补助，以优惠价格购入 iPad Air。学生们使用 iPad 阅读课程所列书目，做笔记，进行小组讨论，做展示，进行考试等其他课堂活动。在计算机实验教室，每位学生有一台可供连接互联网的台式机。双方学校都有校园网覆盖能连接互联网。中国和美国的教师在课堂上分配了若干课时，向学生介绍此次远程合作的要求，即中美学生最终要以小组为单位完成一个项目，并要求所有学生积极参与，每位学生每周都要在网络论坛上发帖参与讨论。双方教师在课堂上安排两次中美学生实时 Skype 视频讨论。在 Skype 视频讨论时，小组里美国学生使用 iPad，其他几名中国学生相约到其中一位同学的宿舍，对着一台电脑一起视频。

2014 年秋季参与远程合作的美国学生 8 人，中国学生 28 人，分为 7 个组。美方学生里有 1 名是中国留学生，因此，把这名中国留学生和另 1 名美国学生与其他 4 名中方学生分配在一个小组里。其他 6 个小组均由 1 名美国学生和 4 名中国学生组成。

第三节　语料收集及分析

我们把 2014 年秋季学期中国学生与美国学生的网络论坛讨论以小组为单位，每周的发帖全部下载，存为 Word 文档。我们通过话语分析，观察他们讨论的话轮顺序及如何开展话题。具体而言，我们考察的是学生在话轮中如何提问、如何回答对方的。Belz (2003) 和 Ware (2013) 的研究发现，提问—回答顺序呈现了个体是如何把自己和对方作为信息提供者和信息寻找者的方式。学习者可通过不同类型的提问:一般疑问句(是/否问题),特殊疑问句(什么/如何问题),观点问题(Schiffrin, 1994)。我们把学习者在互动中的意愿型情态词(boulomaic modality)标记为表示感情的一类,如 would like, hope to, would enjoy。意愿型情态用于表达讲话者的希望和意愿,说话者往往会用具有情态含义的动词以表达自己的意愿,如,I hope that you will leave, I wish you'd leave。还有一类是直接带有感情的词语,如 awesome, wow, love。我们以学习者的句子为分析网络论坛讨论编码及分析最小单位,具体示例如表 3.1 所示。

表 3.1　在线话语选择的编码及示例

编码	学生交流的例子
称呼个人	Hello, Tory, my name is Catherine. Nice to meet you. Ashely, have you been to China or other interesting places?
意愿型情态词	I would love to hear from you. I hope we will have a good time together.
表达情感的词汇	Wow, what you said sounds cool! That's so amazing! Interesting!
一般疑问句提问	Do you have your favorite writer?
观点问题提问	What do you think?
特殊疑问句提问	What do you want to know about China? How many kinds of the part-time jobs which are suitable for university students?

第四节　网络环境下学习者的互动技巧

在网络环境下,双方学生无法面对面,缺乏眼神、表情等辅助手段帮助传递信息,他们通过网络论坛发帖形式进行交流。在虚拟网络中,良好的互动及理解问题的技巧,能够使得双方交流顺畅展开。不好的互动技巧,常常会使得双方交流陷入僵局。

Ware & Kessler (2016) 描述了网络环境下成功的和不成功的学习者互动技巧。在不成功的互动对话中,常见情况是:学习者提出一些有很小限定范围答案的问题,对其他人的提问不回应,或者做不恰当的回应;提出没有语境线索的简单疑问句,提出模棱两可的问题;只回答对方问题的某一个方面,未给对方提供额外信息以帮助对方理解。

例13是一个不成功会话的示例。在第4小组第6周的讨论中,美国学生F4问起了小组里中国学生参加百老汇活动,这个活动是中国学生参加的学院组织的英文会演活动。S4回答过于简略,未讲述这个活动的情况,或者自己参加活动的感受等,她只写了简短的一句回答,没有提供可以供双方继续交谈下去的语境。F4只好又追问一句,尝试着让S4再描述一些具体细节,但S4并未给出回答。

例13

F4:My classmates were saying that some of your classmates mentioned you guys have some sort of Broadway event at your school! Is that true? Tell me about it!

(译文:我的同学们说,小组里的中国同学提起了你们学校的百老汇活动!是那样的吗? 和我说说吧!)

S15: Yeah. Like a party in my college.

(译文:是的。就像在大学里的一个派对。)

F4: Oh, what kind of party?

(译文:哦,什么样的派对?)

例14里第4小组第5周讨论电影。S15说美国电影和中国电影有不同的价值观,但是没有具体阐明有什么样的不同。这样的话小组其他成员无法参与到这个话题的具体讨论中。F4向S15提出是否可以举例说明,但S15再也没有回复了。

例14

S15: The American movie and the Chinese movie show different values.

(译文:美国电影和中国电影有着不同的价值观。)

F4: What kind of different values? Give me some examples.

(译文:有哪些不同的价值观呢? 给我一些例子吧。)

Ware & Kessler (2016)指出,较有技巧的互动对话具备的特征有下列几点:① 能提出关于某一类题材话题的信息询问型问题;提出关于想象场景或者高度情境化的"是/否"型问题;回答问题不仅从单一角度解释问题,而且试图通过提供额外的情境来解释或者评论。② 能提出需要解释的问题;提出开放性问题,并对问题给予解释及提供情境;多角度解释回答问题,试图解释或者提供可以联系起来的情境,或认同对方对语境的解释。③ 能提出超越个人经验之外的问题,如历史、文化或地理信息;解释个人理解,与其他观点区别开来;提出个人见解,与其他可能的解释区别开来。

在网络论坛讨论的第2周,第1小组中国学生S4首先在论坛上发帖①。

例15

S4: The topic of our group this week is "Traditional Festival". Every country has its own traditional festivals. For Chinese, we have traditional festivals like the Mid-autumn Festival, the Dragon Boat Festival and etc [and so on]. This time we will talk about on our festivals and our opinion on it, and find out the culture differences between China and America. The aspects that we will discuss are as followed.

① Tell the names of the traditional festivals.

② Choose one or two festivals to make an introduction. We can talk about its origin or background, how most people celebrate it (in order to make it different from our next topic, we should make it more specific on how the old people celebrate it in traditional ways) and ...

③ Our own experience and view on the traditional festival.

④ If there is any question, ask each other.

Danielle and Cathy, can you give us some suggestions? Hope to hear from you soon.

(译文:我们小组本周讨论的话题是"传统节日"。每一个国家都有自己的传统节日。中国人有自己的传统节日,如中秋节、端午节等。本次我们将讨论我们的节日和观点,并找出中国和美国的文化差异。我们将讨论以下几点:

① 介绍传统节日的名称。

② 选择一至两个传统节日做介绍。我们可以讨论节日的起源、背景,人们是如何庆祝节日的。为了与我们下一个讨论主题区分开来,我们主要详细讨论古代人们是怎样用传统方式庆祝的。

③ 我们自己庆祝节日的经历及对传统节日的看法。

④ 如果有任何疑问,欢迎互相提问。

Danielle 和 Cathy,你们可以给出一些建议吗?期待你们的回复。)

S4在发帖中首先列出本周讨论的内容提纲,设定了本周讨论范围是中美传

---

① 笔者在引用中美学生网络论坛讨论的帖子时,删除了学生发帖里面插入的表情包,仅保留文字。

统节日。他在发帖的最后向美方学生提问:"Danielle and Cathy, can you give us some suggestions?"这虽是一个一般疑问句,但他其实是期待对方能够给出更多的具体建议。接着他写道:"Hope to hear from you soon."这是一个意愿型情态词的使用,表达了中国学生希望邀请美国学生加入讨论的愿望。

美国学生 F1 很快回帖:

F1: We think the topic is pretty interesting and each of us should focus on one festival. We decide Danielle will post more details about Thanksgiving and I will post something about Christmas. Look forward to your postings.)

(译文:我们觉得这个话题非常有趣,每一位同学主要讲一个节日吧。Danielle 讲一讲感恩节,我来谈一谈圣诞节。期待你们的发帖。)

F1 的回帖马上回应了 S4 的提议,并告知了小组里的中国学生,她和 Danielle 将分别讲述圣诞节和感恩节。

该小组美国学生 F8 回帖,介绍了感恩节的风俗:

F8: Hi everyone! Hope you've all been well. Like Bob said, this week we're going to discuss traditional festivals. Here in America the 4th of July is a very important holiday. Also, Thanksgiving. Thanksgiving is usually associated with the Macy's Day Parade which is a parade that takes place in New York City but is televised for the entire country to watch, there's always a football game on Thanksgiving, and of course there's the traditional thanksgiving meal which usually includes turkey. We can also talk about Halloween and New Year's Eve, but those might be better to discuss next week.

Tell me your ideas!

(译文:大家好!大家最近还不错吧。就像 Bob 所说,这周我们将讨论传统节日。美国的 7 月 4 日是个非常重要的节日,感恩节也是。感恩节通常和梅西百货大游行联系在一起,这个游行是在纽约举行,通过电视向全国转播。在感恩节还有足球比赛,当然,传统感恩节大餐也是少不了的,大餐里有火鸡。我们下周还可以聊聊万圣节和新年前夜。把你们的想法告诉我吧。)

F8 在她的跟帖中,详尽地谈论了感恩节的习俗。虽然 S4 提出的是一个一般疑问句"Danielle and Cathy, can you give us some suggestions?",但 F8 并没有当作一般疑问句来回答,她把这个问题的回答扩展为一个段落。后面发帖的中国学生可以以她的回答为样本,发帖谈论中国的传统节日。最后她又邀请中国学生发表他们的想法,把小组成员带入话题讨论里。

这样的互动是比较成功的,能够引发小组成员在语境内讨论,并有效地建立人际关系。遥远国度陌生的小组成员之间能迅速拉近关系，消除陌生感。他们交流的媒介是计算机，双方不能面对面地交流，在虚拟学习社团里，他们需要通过选择不同的语言策略来建立人际关系。

我们观察了网络论坛讨论文本的提问和回答的形式及功能。在第1周讨论中，中美学生主要的发问形式是寻求信息型的特殊疑问句，出现了很多泛泛的信息询问。例如：

Do you have your favorite singer?（译文：你最喜欢的歌手是哪一位？）

I like *Harry Potter* so much! Do you like it?（译文：我太喜欢《哈利·波特》啦，你喜欢吗？）

What do you want to know about China?（译文：你还想了解中国的哪一方面？）

What kind of music do you like?（译文：你喜欢什么样的音乐？）

此类的提问在第1周的论坛讨论中占了大部分，例如，询问关于个人背景的一般信息问题。在第1周，中国学生和美国学生刚开始接触，为熟悉对方，他们的提问大多数是关于对方的兴趣爱好等个人信息。在后续几周里，一般信息类型的提问转向更加私人的提问，表现出对小组成员发帖的关注，以及更密切人际关系的建立，如例15和例16，是针对小组成员发帖里提到的具体信息而提问的。

例16

F5: These pictures are very beautiful. Did you take the photos yourself?

（译文：这些照片真漂亮。都是你拍的吗？）

例17

F6: Hi, Betty, please tell me about Jiangsu province. Is it near Shanghai?

（译文：Betty，你好！能给我介绍一下江苏省吗？那里离上海近吗？）

例18是在第7周第1小组论坛讨论时，美国学生F1提到了美国正在过感恩节。在例19里中国学生S4询问了F1如何度过感恩节，是否吃了火鸡，F1回复了S4的问题。

例18

F1: By the way, we are having a long Thanksgiving break from Wednesday to Sunday. I know we have already discussed about Thanksgiving, but we can sure develop more if you are curious about it.

（译文：顺便说一下，我们周三至周日感恩节放假。我知道我们已经讨论过感恩节了，但是你们如果感兴趣的话，我们还可以再多聊聊。）

例 19

S4：Happy Thanksgiving Day!!! How do [did] you spend your Thanksgiving Day this year? Have you eaten delicious turkey?

（译文：感恩节快乐！你今年怎么过感恩节的？吃过火鸡了吗？）

F1：I had a great Thanksgiving Day as I went to Las Vegas and Grand Canyon National Park to travel, so no turkey for me. Have a good week!

（译文：我度过了一个美妙的感恩节，我去了拉斯维加斯和大峡谷国家公园度假，没有吃火鸡呢。祝你这一周愉快！）

这些例子里，学生们对小组其他成员关于旅行、朋友、家庭或者宠物等话题的发帖表现出兴趣，做出评论。

有一类信息询问型问题是期待开放式的答案，但是以一般疑问句的形式出现。此类型问题的出现，意味着从最初的关于文化或者爱好之类泛泛而提的问题，转变为建立在评论对方发帖基础上更加具体的问题。

还有一类问题，是希望对方澄清或者解释，如例 20：

例 20

F1：Besides the presentation, I'm still curious about the Broadway Show you guys have mentioned before. Can you guys tell us something about it?

（译文：除了项目汇报之外，我对你们之前提及的百老汇秀很感兴趣。你们可以和我介绍一下吗？）

有的小组成员会针对对方发帖提问，这些问题是在小组讨论话题的语境中发生的，因此，我们称为“语境中的提问（contextualized inquirics）”，体现了学生们对小组其他成员提出的话题的密切关注。例如，第 1 小组第 2 周讨论“中美传统节日”话题，美国学生 F8 介绍了美国感恩节，中国学生 S4 提问。

例 21

S4：Hi, Danielle, the foods are so delicious! And I'm really curious about the parades. Can you tell me some details, like the scale of the parades, the clothes of the attendees, and something else?

（译文：Danielle，你好！这些食物太美味啦！我对大游行很感兴趣。你能具体介绍一下吗？例如，大游行的规模，游行者的着装，以及其他方面。）

S4 对 F8 发帖中提及美国感恩节的大游行表示出了兴趣，针对这个细节提出问题，希望了解更多的感恩节大游行的规模、游行者的着装之类的问题。这种类型的问题不局限于这个话题里对方个人经历，而是着眼于更广的视角。

第五节　学习者网络论坛互动模式分析

参照 Ware & Kessler (2016)的分类,我们把中美大学生网络论坛互动模式分为:称呼个人,意愿型情态词,表达情感的词汇,一般疑问句,观点问题,以及特殊疑问句问题。

1. 称呼个人

第 5 小组中国学生 S17 发帖。

例 22

S17:Hello, Nick! How are you recently? We all miss you and look forward to talking to you.

(译文:Nick,你好! 最近好吗? 我们都很想念你,期待和你交流。)

第 5 小组美国学生 F5 发帖。

例 23

F5: Hi Vanessa! If you have time tomorrow evening to Skype after I get out of class we can discuss our topics in further detail!

(译文:Vanessa,你好! 如果明天傍晚我下课后,你有时间的话,我们可以 Skype 视频,深入讨论我们的话题。)

2. 意愿型情态词

成功的互动中,学生会努力使得自己的回应有深度并提供语境,与对方建立个人联系。他们通过意愿情态词(would like, would love)或者情感标记词(awesome, great, lucky, wow)等语言策略来表达这种意愿,例 24 是学生们的回应,试图与对方一致。

例 24

F1: I would like to hear about how your presentations go.

(译文:我想知道你们的展示做得如何?)

例 25

F6: I would like Jessica and Betty to check in here and tell me what's going on with them.

(译文:我希望 Jessica 和 Betty 能登录论坛,讲讲她们最近怎样。)

例 26

F2: I just would like for everyone to agree on an idea for what you would like to talk about!

(译文:我希望大家能对将要讨论的话题达成一致意见。)

3. 表达情感的词汇

例 27

F6:Wow! Thank you all for the amazing photos! These are such wonderful pictures!

(译文:哇! 照片真不错,谢谢你! 这些照片太棒了!)

例 28

F3:Wow! I love everything I have seen so far guys!

(译文:哇! 到目前为止看到的所有东西,我都很喜欢!)

例 29

F4:I am proud of you all. I bet you all did a great job.

(译文:我很以你们为豪。你们一定表现得很棒!)

4. 一般疑问句

在网络远讨论互动模式分析里,一般疑问句通常不是期待简单"是"或"否""提问—回答",实际上是询问信息型的提问模式。

例 30 是一个一般疑问句"提问—回答"例子。在此例中,第 5 小组 F17 在第 2 周论坛讨论中,提出讨论的话题为自己的家乡。

例 30

F17:Hello, Nick. How are you recently? We all miss you and look forward to talking to you.

The topic of our group this week is our hometown. We can introduce the place of interest, the famous people, the cuisine and etc. I made a list for this week.

① Introduce your hometown. Everything will be OK.

② Tell some legend, history or some special stories about you and your hometown.

③ If there is [are] any questions, just ask each other.

So, do you agree with that? Please let me know your opinions.

(译文:Nick,你好! 最近还好吗? 我们都很想念你,希望和你交谈。

本周我们的讨论话题是我们的家乡。我们可以介绍旅游景点、当地名人、本土美食等。我列了如下清单:

① 介绍自己的家乡,任何方面都可以。

② 介绍家乡的传说、历史或其他特别的故事。

③ 如果有任何疑问,可以提出。

你同意这些提议吗? 告诉我们你的想法吧。)

S17 提议了这周第 5 小组讨论的话题后,列出了几个可以讨论的角度,最后提出了一个一般疑问句:"Do you agree with that?"

小组里的美国成员 F5 跟帖回复了这个问题。虽然 S17 问的是一个一般疑问句,但他并未简单地回复以"是"或者"否"回答这个问题。他给出了详细的回答,围绕"家乡"这个主题展开描述弗雷斯诺这座城市,特别介绍了当地的文化艺术节。

F5: As most of you already know my hometown is the city of Fresno, located in the middle of the Central Valley of California. Fresno is the 5th largest city in California and the 34th largest city in the United States. Fresno is considered to be the countryside and there are not a lot of things to do in Fresno like bigger cities such as San Francisco or Los Angeles. However, Fresno and the Central Valley are one of the largest producers and suppliers of fruits and vegetables in almost the whole world. This is one of my favorite things about the Central Valley. It is so easy to obtain fresh and organic fruits and vegetables which are good for me because I love to cook. Every week we have events such as the farmers market where you can go and buy your food fresh and directly from the farmer. This creates nice relationships with the farmers and the consumers because you get to talk to the person who grows your food. These farmers take a lot of pride in the food that they grow. Another favorite thing about my hometown is the Tower District and Downtown Fresno. These places are older parts of Fresno and they have so much culture and history in these locations. In Tower and Downtown there are a lot of local restaurants and venues. So you can always have access to good food and drinks plus there is a lot of music and community organized events in these areas. For example every first Thursday of every month there is an event called Art Hop. Art Hop consists of various music venues and art studios where you can go see local artist's art and hear local and travelling musicians/artists. It is really fun and it is a great way to meet new people. Another nice thing about Art Hop is the community is very close so you will always see a friend that you know. Usually no one plans what they are going to do that night and everyone has fun together without really setting a plan.

These are just some of the things about my hometown that I love and I consider to be unique. Even though a lot of people say there are not a lot of fun things to do in Fresno, I think they just haven't experienced Fresno Culture to its fullest extent. I usually recommend these events to people who are not from Fresno and even to people who grew up in Fresno their whole life have never heard of Art Hop which is funny to me because it is a huge event that is held once a month. However, recently more and more people are going to Art Hop and the community is growing bigger every year.

（译文：正如大家已经知道的那样，我的家乡是位于加利福尼亚州中央山谷的弗雷斯诺。弗雷斯诺是加利福尼亚州第 5 大城市，全美第 34 大城市。弗雷斯诺更像乡村，不像旧金山和洛杉矶那样的大城市有很多活动。然而，弗雷斯诺和中央山谷地带是全球最大的水果和蔬菜生产商和供应商之一。这就是我最喜欢中央山谷方面之一。在这里有很多新鲜的有机蔬菜和水果，我非常喜欢，因为我爱下厨。我们这里几乎每一周都有农夫集市，可以从农夫那儿直接买到新鲜的食物。这样也可以创造农夫和消费者之间的良好关系，因为你能直接和种植食物的人交谈。这些农夫以自己种的食物而自豪。在我家乡，我还喜欢的地方是灯塔区和弗雷斯诺市区。这两个地方是弗雷斯诺的老城区，有着悠久的文化历史。在灯塔区和弗雷斯诺市区有很多当地美食餐馆和聚会场所。你总是能够找到好吃好喝的东西，而且在这些地方还有音乐节及其他社团活动举行。例如，每个月的第一个星期四有一个艺术节，叫作 Art Hop。这里有多种多样的音乐表演和艺术展，你可以看到当地艺术家的作品，听到当地艺术家和旅行音乐家/艺术家的作品。这非常有趣，还可以遇到新的朋友。另外，这个社区非常近，你总能碰到你认识的朋友。通常大家不会计划晚上要做什么，聚在一起玩，不一定要有具体的计划。

这些是关于我家乡的一些我喜爱的并且我认为是比较特别的事情。尽管人们说弗雷斯诺没有什么很多有趣的事情可以做，大概是因为他们没有充分体验弗雷斯诺的当地文化吧。我常常向来弗雷斯诺的朋友推荐这些文化节，也向没有听说过 Art Hop 的弗雷斯诺当地人推荐 Art Hop。这是一个大型的有趣的活动，每月举行一次。然而，近来越来越多的人参加 Art Hop，每年这个活动越来越盛大。）

F5 的回答很详尽，谈到了很多个人体验和想法，并没有从单一角度回答中国小组成员提出的讨论话题，而是从家乡的地理位置、农业特产、当地特色文化活动等多个角度来拓展"我的家乡"这个主题。S18在F5的帖子后跟帖,针对F5谈到的Art Hop提出了疑问,这样的提问能够让话题讨论往纵深拓展。这是以澄清信息为目的的问题。

S18:What is Art Hop?

(译文:什么是Art Hop?)

F5回帖如下:

F5:Art Hop is an event that is held on the first Thursday of every month. The event does not take place in only one area. There are many different places that you go to and at each location there are different artists showing their artwork. You can also see a lot of different musicians and bands play at these art venues. People drink wine and other beverages and sometimes you can buy street food at Art Hop. Art Hop is very fun and the community is small so you get to see all your friends as well as you get the opportunity to make new friends. Art Hop is coming up soon so I will take pictures of Art Hop when I go in the next two weeks from now. Art Hop is fun because a lot of people get excited for Art Hop due to the fact that people are very busy so Art Hop is a nice excuse to take a break from your busy life. Also it is the beginning of a new month so it feels like you have the opportunity to have a fresh start in life.

(译文:Art Hop是每月第一个周四举办的活动。这个活动并不仅在一个地方举办。你能在很多不同的地方参加Art Hop,不同的艺术家们展示他们的艺术作品。在这些艺术场馆,你还可以看到许多音乐家和乐队的表演。人们喝酒、喝饮料,有时你也可以在Art Hop买零食。Art Hop非常有意思,这个社团比较小,你能见到你的朋友们,还有机会交到新朋友。Art Hop还有两周又要开始了,到时候我会去拍一些照片。Art Hop有趣的地方在于,人们平时非常忙碌,而Art Hop正好给大家有一个可以放松的好借口。而且Art Hop是每月的开头举行的,是一个让大家有生活新开端的好机会。)

F5的回帖描述了什么是Art Hop,举办的形式,以及人们为什么喜欢Art Hop。

5. 观点问题的"提问—回答"模式

观点问题的"提问—回答"模式是征询对话者观点的问题。例31是第7小组第2周的论坛讨论,小组成员对于讨论话题提出了各自的建议,S26提议讨论文学作品,提出了一个询问对方观点的问题,征求对方意见。

例 31

S26：As for literature, it is feasible to recommend some interesting book [books] to each other or select a book we all have read to talk about our ideas of it. What do you think of it?

（译文：选文学作品为讨论话题的话，哪一种比较可行呢，是互相推荐一些有趣的书，还是选一本我们都读过的书然后分享读后感？你怎么认为的呢？）

接着该小组美国学生 F7 回帖，提出了自己对 S26 提议的看法。

F7：If there are a few books, or a book, that you all have read, we can definitely talk about it. If we cannot find a book that we all have read, or all of you have read, then we can just talk about individual books that we have read; we can talk about books that we liked and recommend it to everyone, too. Good ideas.

（译文：如果有几本书或某一本书，你们都读过的话，我们当然可以讨论大家都读过的书。如果没有大家都看过的书，那么我们就各自讲讲自己读过的书吧，我们谈谈自己喜欢的书，并推荐给对方。这个主意不错。）

6. 特殊疑问句"提问—回答"模式

特殊疑问句是期待对方能够回答内容的问题。例 32 是由美国学生提特殊疑问句来引导小组成员发言。这是第 3 小组美国学生 F3 在第 2 周论坛讨论时的发帖，她在发帖里提出了一连串特殊疑问句。

例 32

F3：Hi guys, last week we chose the topic of part-time jobs in China vs. part-time jobs in the USA. Thank you Ellen and Angela for coming up with some questions so that we can further discuss our topic.

Here are the questions again：

① How many kinds of the part-time jobs which are suitable for university students do you know?

② Where do you want to work in your spare time?

③ What's [What are] your ideas about part-time jobs?

④ What can you learn or gain from part-time jobs?

⑤ Parents' opinion on part-time jobs.

This week we will each answer these questions (me included) and then send your response back to me. Remember we are focusing on part-time jobs in China vs. part-time jobs in the USA. I will do the USA portion of the comparison while you four will work on the China portion. I will organize these ideas (after you send me your responses) and then I will post them so that we can all look at them.

Ellen can you please explain what you mean by "And we also got some parts about this topic, so each of us need choose one or two questions which you interest [you are interested] to find the answers" from your last post? Are we supposed to choose the questions from the list above? Or are we supposed to choose questions of our own to answer?

Thank you everyone and remember message me on Skype if you have any questions.

(译文:大家好! 我们上周已经选定中国做兼职和美国做兼职的比较。感谢Ellen和Angela提出的一些新的问题,使得我们可以继续开展这个话题的讨论。

重复一下这些题目:

① 你知道有哪些适合大学生的兼职工作?

② 在你的业余时间,你愿意去哪里做兼职?

③ 你们对于兼职的看法是什么?

④ 你们从兼职工作中学到什么?

⑤ 你们父母对兼职的看法是什么。

这周我们将依次回答这些问题〔包括我在内〕,并把你们的回复发回给我。我们的焦点在于中国做兼职与美国做兼职的对比。我来讲美国的兼职,你们四位同学讲中国的兼职。你们发帖后我再来总结并发帖,这样大家都可以再看一下。

Ellen,你上次发帖提到"我们分配这个话题的一部分,这样每人选一两个感兴趣的话题回答",是什么意思? 你是指我们从以上题目中自选问题吗? 还是我们选自己的问题来回答?

谢谢每一位同学,如果有任何问题,可以在Skype视频讨论时和我提出。)

F3同学所在的第3小组,选定了"中美大学生做兼职"作为这个小组的主要讨论话题。为了推进小组讨论,让小组的中国学生知道自己在跟帖中应该写些什么,F3在这周论坛首次发帖中提出了一系列特殊疑问句,包括what, where, how的问题。中国学生在接下来的跟帖中可围绕这些问题,提出自己的看法和回答。

F3在发帖中直接称呼个人"Ellen can you please explain what you mean by 'And we also got some parts about this topic, so each of us need choose one or two questions which you interest [you are interested] to find the answers' from your last post?",直接称呼小组里的中国学生 Ellen,向她提问。这种直接称呼对方的方式,能够得到对方的及时回答,建立双方对话关系。Ellen 马上跟帖回答了 F3 的提问:"I mean we should choose one or two questions to talk to everybody in the show time."

S10 在跟帖中回复:

S10:Hey guys ~

I think the common choices will be working at stores such as H&M, IKEA, 7 - 11 etc., working at a restaurant, working as a tutor or a teacher assistant, working for a small company and working at the reception of a cinema. Most of my friends chose to work at stores. They usually are not in charge of cashing. What they need to do is to put things in order and help the customers. I don't know much about working at McDonald or Starbucks because I think those who work there have to be trained at first? One of my friends translates short articles to earn money. But the job was given by her relative. That's good too. Another popular part-time job among Chinese students is to work on Internet such as providing customer service and after-sale service at a Taobao (like eBay in America) shop.

(译文:大家好! 我认为比较常见的兼职选择是在诸如 H&M、宜家、7 - 11 之类的店里做店员,在餐厅打工,做家庭教师、助教,在小公司里实习,或者在电影院前台工作。我大部分朋友选择的是在店里兼职。他们通常不直接接触现金,他们需要做的是整理货物,接待顾客。我不太清楚麦当劳和星巴克的兼职,他们是不是需要先接受培训? 我的一位朋友翻译短篇文章赚钱。这份工作是她亲戚介绍的,也不错呢。在中国学生中比较受欢迎的兼职是在互联网上工作,例如做淘宝,类似于美国的 eBay 的客服或售后服务。)

S10 同学的跟帖内容详细丰富,发帖较长,基本上围绕 F3 同学列的问题提纲来回答。这样的回答紧扣话题讨论的语境,也能为后面的讨论提供可延续的讨论角度。

在特殊疑问句"提问—回答"模式中,特殊疑问句常常用来帮助拓展信息。例 33 是第 7 小组第 2 周的"中国春节"话题讨论,S26 发帖谈到了中国的春节,F4 接着提出了 4 个问题,这些问题提示 S4 进一步丰富、扩充其内容的提问。

例 33

S26:For example, the Spring Festival is one of the most important festivals in China. Before it, we have to prepare the food that can support us nearly a month, the new clothes to welcome the new year, firecrackers, New Year gifts, couplets stuck on the wall, some red envelopes, some nuts and candies and so on.

Family reunion dinner is a very important activity during the festival. So, it must be very delicious! There are some pictures:

(译文:例如,春节是中国最重要的节日之一。在春节前,我们必须准备可供一个月吃的食物、迎接新年的新衣服、鞭炮、新年礼物、贴在墙上的对联、红包,还有坚果糖果等。

家族聚会大餐是这个节日最重要的活动,因此,这顿大餐很美味! 下面是一些图片:)

F7 看到 S26 的帖子,在跟帖中提出了 4 个问题。

F7: Interesting. Is the Spring Festival your favorite festival? Do all people use firecrackers or is it mostly children that play with them? What types of New Year gifts are normal? When does the Spring Festival start and end?

(译文:真有趣! 春节是你最喜欢的节日吗? 所有人都会放鞭炮,还是大部分是小孩子在玩鞭炮? 通常大家都准备一些什么新年礼物? 春节从什么时候开始,到什么时候结束?)

F7 的发帖提出了 4 个问题,提示 S26 可以补充一些春节的有关信息,在原本发帖上扩展内容。S26 跟帖如下:

S26: Actually, the Spring Festival is my favorite festival. The festival usually starts on the thirtieth of the twelfth lunar month, in January, February around. This evening we will be together with our families and have a family reunion dinner. And when [it] come [comes] to the new day (of course, the New Year), we will set off firecrackers. The firecrackers are very big, so adults will set off them in order to protect the children. Of course, if kids are brave enough, some parents may let them do it. At the same time, children can play with little firecrackers outside, which mostly belongs to children.

As for New Year gifts, it's different in different place. But we usually bring some health care products, drinks, olive oil and so on, which are good for relatives' health.

The Spring Festival will last for seven days; however, we students can rest for about 20 days (the winter holiday).

（译文：确实，春节是我最喜欢的节日。这个节日通常从中国农历 12 月 30 日就开始了，大概是公历的一二月份。除夕夜我们和家人在一起吃团圆饭。新年第一天，也就是新的一年，我们会放鞭炮。鞭炮非常大，为了小孩子的安全，一般是大人们放。当然，如果小孩子们足够勇敢的话，大人们也会让他们放鞭炮。同时，孩子们可以在外面玩小烟花，这是属于孩子们的娱乐。

新年礼物的话，每个地方的风俗不一样。我们通常会买一些营养品、饮料、橄榄油等，对家人身体健康有益的礼物。

新年通常持续七天，但是学校学生有二十多天的休假，也就是寒假。）

S26 在 F7 的提示启发下，针对 F7 提出的 4 个问题，多角度介绍春节，对春节的描述更加生动，长度也明显增加，第 2 次发帖为 150 词，与第 1 次发帖 77 词相比几乎翻倍。F7 的发帖，实际上给了 S26 再次发帖的内容提纲，激发了她的语言输出，她的帖子从内容到语言使用方面都有所提升。

还有另外一种提问，目的是为了推进讨论。例 34 是在第 3 周第 1 小组针对话题“饮酒法定年龄规定的中美差异”的讨论，小组成员讨论热烈，从中可以看到提问在推进话题讨论中的作用。F1 首先提出了“饮酒法定年龄”这个话题，并提出了 4 个问题，邀请小组其他成员发表意见。

例 34

F1：As we have already done so much about festivals last week, I'm thinking about making our topic broader. More discussion about different life styles between American and Chinese sounds more interesting for me than just talking about festivals. For this week, we are going to state our opinions of alcohol.

In China, we don't have a drinking age, which means that Chinese teenagers can start drinking whenever they want. However, in America, the drinking age is 21. People who are younger than 21 are not allowed to buy wine, beer, and any other drinks that have alcohol in it, and they are not allowed to enter a bar or even a “wine festival”.

So, what's your opinion about it? Do you think China should also have a drinking age in the law? Do you think 21 is a suitable age to start drinking? Why or why not?

Share your thoughts with us! Really look forward to your replies.

（译文：我们上周已经讨论了“节日”这个话题，我在考虑把我们的话题范围扩大一些。我们可以讨论美国和中国生活方式的差异，我觉得这比仅仅讨论节日更有趣。这一周,我们谈谈对饮酒的看法。

中国没有法定饮酒年龄,也就是说,中国的青少年想喝酒是没有限制的。但是,在美国法定饮酒年龄是 21 岁。低于 21 岁的青少年,不允许买葡萄酒、啤酒和其他含有酒精的饮料,不允许进酒吧,不允许参加酒的节日。

那么,你们的观点是什么呢? 你们认为中国也应该设定法定饮酒年龄吗? 你们认为 21 岁是一个合适的饮酒年龄吗? 为什么?

和我们分享一下你们的观点吧! 非常期待你们的回复。)

F1 在发帖最后提出了 4 个问题:"So, what's your opinion about it? Do you think China should also have a drinking age in the law? Do you think 21 is a suitable age to start drinking? Why or why not?"引导小组成员思考。小组成员表示对这个话题感兴趣,但是,中国学生对于"饮酒"话题不太熟悉,F1 主动先发表了自己的想法,带动后面同学加入讨论,并在最后提出问题:"Do you agree with me?"

F1:I'm going to state my view first. I think we have the right to start drinking when we are younger than 21. On the one hand, I think 21 is kind of old for us to start drinking. It is acknowledged that eighteen years old is the age when we turn from an adolescent to an adult. If we were older than eighteen, we are responsible for all of our behaviors, and we have the capability to take care of ourselves. Under this situation, it will be so unreasonable to forbid us drinking couple cups of red wines or beers if we are already 18 or 19.

On the other hand, drinking alcohol is not always a bad behavior. Scientists have already claimed that moderate drinking is good for our health. Alcohol has the function to adjust systems in our bodies and it can always make us feel relaxed, especially red wines and other high-quality wines. Therefore, we should have the right to get access to this kind of alcohols.

However, the American society is acting as a strict teacher when anything is related to the alcohol. The police will take all the people who are under 21 in a wine party to the jail. But what is very ironic is that most of the people start drinking when they are in high school. As far as I'm concerned, the policy needs to be changed and the drinking age needs to be lower.

Do you agree with me?

(译文:我先来说吧。我认为我们在没到 21 岁之前也有饮酒的权利。一方面,我认为 21 岁对于允许喝酒来说有些迟。一般来说,青少年到了 18 岁就变为成年人了。18 岁以后,我们就对自己的所有行为负责任,我们能够自己照顾自已。这样说来,我们18岁或19岁的时候,不允许我们喝一两杯酒,有点儿说不过去啊。

另一方面,喝酒不总是一种坏的行为。科学家们已经证实,适量的饮酒有益身体健康。葡萄酒,特别是红葡萄酒和其他高品质的酒,具有调节我们身体系统的功能,能够让我们放松。因此,我们应该有权利喝酒。

但是,美国社会就像一位严厉的教师,对任何与酒有关的都很严格。警察会把参加酒派对的21岁以下的人全部逮捕入狱。但是具有讽刺意义的是,很多人高中就开始饮酒了。我认为,法律应当修改法定饮酒年龄,降低饮酒年龄。

你们同意我的观点吗?)

S2:I hold the same view with you. It is a common practice for the young to drink wine when they are having a party no matter with the adults or their friends. I do not think we should be limited to drinking since we will not do something too far [since we will behave ourselves].

(译文:我和你的观点一致。年轻人与大人们或者他们的朋友一起参加聚会的时候,常常会喝一些葡萄酒。我认为我们不应该限制饮酒年龄,因为我们不会做出格的事情。)

S3:I have the opposite opinion with yours. In my mind, though the law is too strict, it's good for our health and safety. If teenagers drink wine or beers when they have dinner, they may drive home and cause much danger. So, do you think youngsters who are younger than 21 can control themselves when they taste wine or whiskey?

(译文:我和你们的观点相反。我认为,法律虽然有些严苛,但对我们的健康和安全是有好处的。如果年轻人聚餐时喝葡萄酒或者啤酒,开车回家的路上很危险。那么,你认为21岁以下的青少年喝了酒或威士忌,能控制好自己的行为吗?)

S3在发帖中表达观点,并在帖子最后提出问题:“So, do you think youngsters who are younger than 21 can control themselves when they taste wine or whiskey?”征询小组成员的看法,引导讨论继续深入。

S4在跟帖中为了让讨论更加针锋相对,主动提出自己要站到对立的立场,在表达自己观点后,也提出了问题:“Do you have any question? I'm looking forward to your different ideas! I hope we can have a hot discussion on this topic.”邀请小组其他成员就他提出的观点表达看法。

S4:“Drinking alcohol” is an interesting topic, I really like it.

The first thing I want to analyze is the reasons why youngsters like to drink wine. Firstly, wine is delicious. It tastes not bad. Secondly, people used to drink down sorrow. When someone is drunk, he may forget all the worries, sadness and all the other things temporarily. This is the most common reason why people drink wine. Besides that, to some extent, wine, especially the red wine and medicinal liquor, do [does] good to our health. Last but not least, some youngsters drink wine just for fun. They see others drink wine, and just want to follow them. These four reasons are the main causes of drinking wine of youngsters. I hope you can add more reasons! Thanks ~

Cathy has given many detailed information about "We have the right to start drinking wine when we are younger than 21". In order to make our discussion more exciting, I want to stand on the opposite side, which means my opinion is we shouldn't start drinking alcohol when we are younger than 21.

There are two disadvantages. Since the internal organs are not strong enough at our age, drinking alcohol does have bad influence on our kidney, liver and spleen. We should drink wine when these organs really have the ability to resolve alcohol, otherwise we will have terrible diseases. What's more, since teenagers' brains are not fully developed, we can't control our behavior when we drunk. As we all know drunk driving is very dangerous, because alcohol influences our judgment balance control and language expression greatly, especially to our teenagers. Youngsters may do something unexpected when they are drunk.

In brief, we shouldn't start drinking alcohol when we are younger than 21. Do you have any question? I'm looking forward to your different ideas! I hope we can have a hot discussion on this topic.

(译文:"饮酒"是一个有趣的话题,我很喜欢。

我先分析青少年饮酒的原因。首先,酒很美味,味道不错。其次,人们可以借酒消愁。人喝醉了的时候,会暂时忘却所有的烦恼和忧愁。这就是人们喜欢喝酒的最普遍的原因。再次,从某种意义上说,葡萄酒特别是红葡萄酒及药酒,对我们的身体有益。最后,一些年轻人喝酒只是为了取乐。他们看见别人喝酒,也学他们的样子去喝酒。这四方面是年轻人喝酒的主要原因。我希望你们再提出更多的喝酒原因。谢谢!

Cathy 给了我们"21 岁之前,我们应当享有喝酒的权利"这个话题很多具体的信息。为了让这个话题讨论更加激烈，我打算站在反方立场来讨论，也就是说，我的观点是我们21岁之前不应该饮酒。

21岁之前饮酒有两个弊端。我们身体内部器官没有足够强壮，饮酒对我们的肾脏、肝脏、脾脏都有坏的影响。我们应当在身体器官能够消化酒精的时候再去饮酒，不然会患上严重疾病。而且，青少年的大脑没有发育完全，我们醉酒时无法控制自己的行为。我们都知道，尤其对于青少年来说，酒驾十分危险，因为酒精极大地影响我们对平衡控制的判断及语言表达。青少年喝醉酒时，可能会做一些无法控制的事情。

简而言之，我们21岁以下不应该饮酒。你们还有其他问题吗？期待听到你们不同的观点！我希望我们能就这个话题开展热烈的讨论。）

F8：You made some very interesting points here, Bob. I do have a question though. I notice both you and Eileen only mentioning wine. Is that the most popular alcohol over there? Here in America we drink a lot of beer and liquor. In fact, I think beer is the most popular alcohol of choice amongst the younger generations. Let me know because I am very interested!

（译文：Bob，你在这里提出了一些很有趣的观点。我确实也有一个问题。我注意到你和Eileen都只提及了葡萄酒。葡萄酒是你们那里最受欢迎的酒吗？在美国我们喝的比较多的是啤酒和烈性酒。事实上，我认为年轻人比较喜欢喝啤酒。我对这个很感兴趣，和我说说吧。）

F1：Good job, Bob! I do appreciate that you demonstrate a totally different opinion. But I don't think most of teenagers would lose control after drinking. Take me as an example, I start drinking around 12 years old, but I have never drunk before. Do you like drinking? I'm so curious of your own experience of alcohol. Do you want to share with us?

（译文：Bob，说得很好！我非常欣赏你能够展示一个完全不同的观点。但是我不认为大部分青少年会酒后行为失控。以我自己为例，我大概12岁就开始喝酒，但我从没喝醉过。你喜欢喝酒吗？我很好奇你的饮酒经历。你能和我们分享吗？）

F8和F1都对S4发帖做出评论，也依据S4发帖提出问题："Is that the most popular alcohol over there?""Do you like drinking? I'm so curious of your own experience of alcohol. Do you want to share with us?"这些问题是与S4发帖密切相关的情境化问题。S1马上回答了第一个问题，S4回答了第二个问题，描述了自己的饮酒经历。

S1: Actually, in China, the most popular alcohol is beer not only among the teenagers but also among the adults, because beer is cheaper and easily bought.

(译文:事实上,在中国最受青少年和大人们喜欢的酒类是啤酒,因为啤酒比较便宜,也容易买到。)

S4: To tell you the truth, I nearly don't drink wine. Even on the family dinner, I just drink a small glass of wine. I think there're two reasons. The main reason is my parents prevent me from beer, they don't allow me to drink beer. Another reason is that I don't like the taste of beer. I prefer sodas like Coke and Sprite to beer. I love sweet things. So I seldom drink beer.

But there is an exception. During this summer holiday, in August, I went to Qingdao with my mother. As you know Qingdao is a city which is famous for its beer. So one day, at dinner, my mum ordered a large glass of beer (in Chinese quantifier we called it "扎" *zha*, maybe it is as much as 1 liter). I drank all the beer. A quarter of an hour later, I felt dizzy and extremely happy. On the way back to the hotel, I had to grasp my mum so that I could walk in a straight line. Next day morning, my mum told me I was laughing happily when I was drunk. It's my first time to be drunk. I really hate the dizzy feeling. And I'm so curious about the reason why I was so happy and the reason why I laughed for no reason. Maybe it's the magic of alcohol.

(译文:说实话我不喜欢喝酒。在家庭聚会上我也只喝一小杯酒。主要有两个原因:第一个原因是我的父母不让我喝啤酒,另一个原因是我不喜欢啤酒的口感。相比啤酒,我更喜欢可乐和雪碧。我喜欢甜味,因此很少喝啤酒。

但是有一次特例。这次暑假8月份我和我妈妈去了青岛。众所周知,青岛以啤酒闻名。有一天吃饭时,我的妈妈点了一大瓶啤酒(在中文里我们用量词"扎",大概是1升吧)。我把所有的啤酒都喝了。一刻钟之后,我觉得头晕,还有莫名的开心。走回宾馆的路上,我不得不紧紧地抓住我妈妈的手,这样我才能走直线。第二天早上,我妈妈告诉我,我喝醉的时候一直开心地笑。这是我第一次喝醉。我真的很讨厌这种晕乎乎的感觉。我很好奇为什么喝醉了,我会感到莫名的开心,没理由地笑。也许那就是酒精的魔力。)

在接下来的讨论里,小组成员讨论了怎样解决醉酒引发的问题,提出各自的方案。

F1: Wow, thanks for sharing your experience of being drunk with us! It's an interesting story! I think as a human, experience the feeling of a little bit drunk should not be forbidden, but we must remember that never drink too much!!! A lot of people lose their life because of alcohol poisoning and drunk driving. We should be responsible for ourselves.

（译文：哇！谢谢你和我们分享你喝醉酒的故事！真是个有趣的故事！我认为，体验微醺的感觉也不为过，但是我们必须记住千万不能喝太多！很多人因为酒精中毒和酒驾而丧命。我们要对自己负责。）

F8：Like I said, the drinking age is a very controversial topic here and to be honest I'm not entirely sure how I feel about the drinking age. I can understand both sides of the argument. In the United States, you are considered as an adult when you turn 18. You can vote, enlist in the army, be tried as an adult in a court of law, and buy cigarettes. But you aren't allowed to buy or consume alcohol until you turn 21. There have been times in American history when the drinking age has been 18, but there have always been so many consequences, like more deaths caused by alcohol poisoning and drunk driving. With that in mind, I agree with the current drinking age. I've personally never had a problem with having to wait until I turned 21 to start drinking.

Also, I think it's sort of unfair to compare our drinking age here to that of other countries. American culture is very different than other cultures. The government has tried lowering the drinking age, but it has never worked.

（译文：正如我所说，合法饮酒年龄是一个有争议的话题，我自己也不完全确定我对饮酒年龄的看法。我认为双方观点都有道理。在美国，18 岁就是成年人了。你有投票权，可以参军，可以上法庭，也可以买香烟。但是到 21 岁才可以买酒。在美国历史上，曾经多次规定过饮酒年龄是 18 岁，但是总是有各种各样问题出现，例如，酒精中毒和酒驾导致死亡。从那个角度来说，我赞同目前的饮酒年龄。我个人对于 21 岁以后开始饮酒，没有任何异议。

另外，我认为把我国饮酒年龄与其他国家比较，有点不公平。美国文化与其他国家的文化非常不同。我国政府曾试图降低饮酒年龄，却没有成功过。）

S1：To some extent, I share the same opinion with you, Danielle. Although we are defined as an adult after we become 18, I still think the drinking age should be older than 18. And I think the government don't [doesn't] have to lower the age because it is reasonable. I will illustrate my opinion below.

I think Cathy has raised an interesting topic. About the drinking age, there is no limit in China so we teenagers often neglect this problem which I think is serious. Drinking alcohol is regarded as a form of relaxing, a special way of socialization. But I think setting a limit is very important and necessary. In most countries, the age of 18 means becoming an adult and assuming responsibilities. That is OK but do you think we really have the ability to assume responsibility and do everything by ourselves like people who is 21 or more? So I think the drinking age in America is reasonable. The law is made to protect people and avoid tragic things from happening. Teenagers don't have a strong ability of self-control. So, without the limit, abusing alcohol is possible. Thus they become drunk, crazy, mad, etc. and finally cause tragedy. In most cases, we have responsibility but we can't bear. And people under 18, in our country, do not have to be set in the prison, which I think is not fair to someone who suffers the pain. But the age of 21 is different. At that age, we will have our first internship, first job, and first salary. They all support us to live on our own and declaring that we become an individual indeed. So I think drinking age has to be set and the age of 21 is reasonable.

(译文:Danielle,某种程度上来说,我和你的想法一致。尽管我们18岁就成人了,我仍然认为我们应该18岁以后再饮酒。设置饮酒年龄是合理的,政府不必降低饮酒年龄。我会在下面继续陈述我的观点。

Cathy提出了一个很有趣的话题。中国没有设定法定的饮酒年龄,所以我们青少年常常忽视这个问题,这是很糟糕的事情。饮酒被认为是一种放松的方式,一种特别的社交活动。但是,我认为设定一个限制是重要的而且是有必要的。在大部分国家,18岁意味着成年,可以承担责任。这是可以接受的。我们是不是在21岁以后才真正有能力为自己所有行为承担责任?因此,我认为美国设定饮酒年龄是有道理的。这条法令能够保护人们的安全,避免悲剧的发生。青少年没有很强的自控能力,如果没有限制的话,很可能酗酒。他们会喝醉、变得疯狂,最后导致悲剧发生。大部分情况下,我们有责任但没法承担。在我国18岁以下不用坐牢,但是对于受到伤害的人来说,是不公平的。21岁就不一样了。在那个年龄,我们会开始实习、工作、领薪水。我们能够养活自己,能够独立。因此,饮酒年龄设为21岁是合理的。)

F1:Hi, Una! You list a bunch of reasons why 21 is a reasonable age of drinking, from which what I like most is your statement about the differences between 18 and 21. It is a very convincing point. Good job!!!

（译文；Una，你好！你列举了很多支持21岁为法定饮酒年龄的理由，我最喜欢的一条是你对于18岁和21岁区别的论述。这一点很有说服力。非常好！）

S4：To some extent, setting a law to prevent youngsters who are under 21 has limit [limitations]. Youngsters can't buy wine from shops, there are still many other ways for them to get wine. For instance, they can get wine from their parents or elder friends and so on. So setting a law is not enough. If the government wants to solve this problem, education is more important. Kids should be taught in their young age. Besides that, parents should also be educated. So this problem could be solved more efficiently.

（译文：某种程度上来说，限定21岁以下青少年饮酒的立法，有其局限性。年轻人不能到商店买酒，他们仍然有其他渠道得到酒。例如，他们可以从父母那里、年长的朋友那里拿到酒等。因此，仅靠立法是不够的。如果政府想要解决这个问题，教育更加重要。可以从小开始教育。除此之外，也要教育父母。这样才能更有效地解决这个问题。）

F1：I agree with you. Education is always the best way to solve any problem completely, but it is also the most difficult and complicated method to implement. Therefore, although setting a law cannot solve every question, it is still necessary to set the law first and then put more effort in education, which is a long way to go.

（译文：我同意你的看法。教育总是解决很多问题的最佳途径，但是实施起来也是最难最复杂的。所以，尽管法律不能解决所有问题，仍然很有必要首先立法，再在教育方面下功夫，这是需要假以时日的。）

第六节　网络远程合作互动模式总结

我们分析了中美大学生网络论坛讨论的互动模式，把互动模式分类为称呼个人、意愿型情态词、表达情感的词汇、一般疑问句提问、观点问题提问及特殊疑问句提问。这些互动模式能够帮助中国大学生和美国大学生在虚拟的网络环境里建立起人际关系，并推动话题讨论的进展。总结话语分析的结果，我们发现在比较成功的交流中，学习者在互动中倾向于选择“信息寻找型问题”，此类问题能够导入谈论话题，引发双方在此情景内的更多互动讨论。与之相反，在不成功的交流例子里，学习者倾向于提情境之外的问题。此类型问题在论坛讨论进展中，除了初始的发问外,极少能引发后续的话轮。与 Ware & Kessler (2016)研究发现一致,在网络讨论中,学习者会借助情态词、词语的选择、协同的标记来表明他们对在线交流的开放态度。而不太成功的在线交谈很少使用这些开放的话语标记来建立人际关系,也较少关注如何在回答对方时深入拓展。整体而言,学习者倾向于提出大量的信息寻找型问题,而不是解释性的问题,但是他们在如何回应对方问题方面存在很大差异。交流比较成功的小组,交流过程较为顺畅,不会打断交流,组员们倾向于用情态词、词汇选择、协同标记来表示他们与对方的参与密切程度。网络交谈不太成功的小组,则较少地使用能建立人际关系的开放式的话语标记,回应对方问题时未能深入拓展。

第四章　中国学生英语写作准确度、流利度和复杂度的发展

这一章是基于中美大学生网络远程合作的实证研究，在互动假说和建构主义理论框架下，探究网络环境下的协作学习对中国英语学习者的英语写作语言特点的影响。结果显示，实验组与对照组相比，在写作流利度和复杂度上有显著差异，在准确度上无显著差异。但实验组的组内前后测显示流利度及准确度上有显著提高。论坛发帖的语言分析显示，词汇复杂度、句法复杂度、词汇分布随着每周讨论的内容有所变化。

第一节　远程合作中的外语写作

随着现代科技的发展，计算机和互联网越来越多地应用于外语教学。计算机技术为外语学习者创造真实语言学习环境有着独特优势作用。中国英语学习者在课堂环境下学习英语，缺乏使用外语交际的需要和压力，缺少用英语与英美人士进行互动交流的机会，只能从课本上学习语言知识，很少在真实语境下使用英语。远程合作(telecollaboration)以计算机为媒介，突破时空的局限，通过电子邮件、网络论坛讨论、视频讨论等方式，创造学习者与英语为母语者之间的互动机会，使来自不同国家的学习者能够交流。O'Dowd 指出："远程合作活动能够提高学生的跨文化交际能力，而这一点传统文化学习材料可能做不到。"(2007：146)远程合作改变了语言学习环境，在互联网平台上，英语学习者与外国学生在真实自然的语言环境下，以交际为目的使用英语，增加了语言学习中的互动合作和交际。

远程合作项目能最大化地实现语言使用的真实生活语境。基于互联网的远程协作学习，可以营造虚拟的参与学习文化，提高学习者的自主语言学习能力(Kessler, 2013:315)。外语学习者与英语为母语者合作写作，能提高学习者的写作能力，增强他们的参与度、自信心和责任心(Strasma & Foster, 1992:111 -

127)。学生自主学习,自行掌握学习的内容及进展。远程合作还能激发学习者的学习动机及兴趣,提供一个轻松的交流方式(Skinner & Austin, 1999:270 - 280;Sadler, 2007:11 - 30)。学习者通过体验真实的语言交际能提高语言能力和跨文化交际能力(Chen & Yang,2014:57 - 75)。本章试图从写作的角度探究远程合作的影响。

第二节　远程互动对学习者英语写作的影响相关研究综述

目前研究证实,远程合作在一定程度上对学习者英语写作语言能力的提高有作用。Chen & Yang(2014:57 - 75)的研究中,中国台湾七年级学生通过网络论坛、博客、Skype 及电子邮件与美国学生进行了 1 年远程合作项目,词汇方面得到提高,但这个结果是基于学生的问卷调查,并无实证数据。Li (2000:229 - 245)把任务型电子邮件写作融入英语写作课堂,考察不同写作目的、读者互动、任务对 132 份学习者任务型电子邮件写作的语言特点的影响。通过对句法复杂度、词汇复杂度、语法准确度的分析,发现学习者在与其他同伴有互动的情况下,句法复杂度和词汇复杂度有显著提高。在不限定框架的写作情况下,学习者对于语言的使用有更大的控制权,语言体现了更复杂和多样的表达。Li 使用 Wordsmith Tools 和 Word Perfect 7.0 统计句法复杂度、词汇复杂度和语法准确度。与 Li 的测量方法不同的是,本研究中除了使用文本统计软件外,还采用 Wolfe-Quintero, Inagaki & Kim. (1998) 提出的英语写作发展测量公式,并使用人工标注统计方式。

薛红果(2010:57 - 60)探讨了美国学生对中国学生的网上写作辅导是否优于中国学生之间的辅导学习。结果显示,中美大学生之间的网上辅导与交流有助于中国大学生写作水平的提高。该研究采用总体评分法,这种测量方法把内容、语言等结合起来考察写作能力,着重于和写作相关的能力,如修辞、语篇构建等。而本章考察写作的语言能力着重观察学习者在写作中语言如何发展,衡量指标为语言的流利度、复杂度、准确度等客观指标。

第三节　互动假说与续理论

互动假说(Long, 1981:259 - 278)认为与本族语者或第二语言水平较高者会话，学习者通过协商意义而有选择地注意到所学语言的特征，可有效地将语言输入、输出及学习者的内在能力连接起来，促进第二语言习得。人际互动之所以对学外语有促进作用，是由语言使用的互动本质决定的。人际互动总是发生在情景语境里，为学习者提供了使用语言的平台，使得他们的语言学习能力处于应激状态，迫使他们契合变化的情景语境。人际互动是促进语言形式与情景互动的黏合剂，是学习使用外语的必经之路(王初明，2007:193)。

互动假说体现了教育学家 Vygotsky(1978，1986)的社会建构主义的思想，他提出的“最近发展区域”(ZPD)认为和高水平学习者之间的互动可以为低水平学习搭建“脚手架”(scaffolding)，帮助低水平学习者提高。学习者的 ZPD 不仅可以通过教师的教学活动来实现，也可以通过与能力较强的伙伴开展协作来实现。因此，我们鼓励高水平和低水平学习者之间的合作学习，以创造激发 ZPD 所需要的条件。这也和外语学习中的协同效应的理念一致，即在协同过程中，如果他人的语言水平高，低水平的学习者将得益于协同的拉平效应，语言水平提高快。

王初明(2016)提出了语言学习机理的“续理论”，认为语言是通过“续”学会的。典型的“续”出现在对话过程中，指对话双方使用语言去补全、拓展和创造说话内容。“续”能激活几乎所有促学语言的主要因素，含“续”的语言学习任务能够促学语言，功效显著。中国学生与美国学生在网络论坛上共同讨论话题，也可认为是中国学生“续”美国学生的语言表达的一种语言学习任务。

网络论坛是一个新的二语互动环境，传统的二语习得研究大多关注外语学习者之间、师生之间、外语学习者与英语为母语者之间面对面的互动，很少关注网络环境下的互动。网络论坛的互动具有书面交流的文本性和面对面交流的互动性的特点，是英语写作研究的新视角。目前英语写作研究语料大多是学习者在虚拟场景下的写作，本章要探究有真实交际目的驱动，并有英语为母语者反馈的情况下，学习者的英语写作语言发展会呈现怎样的特点。

第四节 远程合作项目写作的研究设计

1. 研究问题

我们通过一个学期的中美大学生网络远程合作的实证研究，探究网络远程合作这种互动形式对中国大学生英语写作的语言发展的影响及论坛讨论中呈现的语言特点变化。采用定量与定性结合的研究方法，回答以下两个研究问题：

① 中美大学生网络远程合作对中国学生英语写作复杂度、准确度、流利度分别

有什么影响? ② 中国学生的网络论坛发帖的句法复杂度、词汇复杂度、词汇分布等语言特点呈现怎样的变化?

2. 实验参加者

上海理工大学英语专业一年级2个"综合英语"班与美国加州州立大学弗雷斯诺分校选修"计算机辅助教学"课程的8名学生参加了实验。实验班28人,对照班20人,年龄居于18岁至21岁。2个班的基本授课环境相同,教师集体备课,授课内容、进度一致。区别在于实验班学生与美方学生以小组形式完成自选主题的项目,每周在网络平台上开展讨论,期末以小组形式汇报项目。而对照班无此教学内容。

问卷调查显示,大部分中国学生没有在网络环境下与英语为母语者合作学习过。美方学生来自语言学、新闻、英语文学等不同专业背景,选修这门课程是为取得TESOL(Teaching English to Speakers of Other Languages)证书的学分,5名女生,3名男生。由于美国大学入学政策较宽松,因此,他们年龄跨度比较大,大部分介于18岁至24岁,有1位学生50岁以上。问卷调查显示,一半的美方学生有过在网络环境下与英语学习者合作的经历,另一半学生则没有。

3. 测量方法

(1) 复杂度、准确度、流利度的测量方法

英语写作的语料来自实验班和对照班在学期初和学期末的作文。复杂度、准确度、流利度的测量方法有很多,本文采用 Wolfe-Quintero, Inagaki & Kim (1998) 提出的英语写作发展的测量方法,即关注学习者写作能力发展轨迹,测量学习者的语言表现及其发展。准确度测量公式为:EFT/T (Error-free T-units/T-unit),E/T (Errors/T-unit)。流利度的测量公式为:W/T (Words/T-unit),W/C (Words/Clause),W/EFT (Words/Error-free T-unit)。复杂度包括:① 句法复杂度,测量公式为 C/T (Clauses/T-unit),DC/C (Dependent clauses/Clause); ② 词汇复杂度,测量公式为 LWT/T (Number of lexical word types/T-unit)。语言准确度、复杂度和流利度的测量方法如表4.1所示。

表4.1 语言准确度、复杂度和流利度的测量方法

维度	测量方法
准确度	① 无错误T单位总数与T单位总数之比(Error-free T-units/T-units)
	② 错误总数与T单位总数之比(Errors/T-units)

续表

维度		测量方法
复杂度	句法复杂度	① 从句总数与 T 单位总数之比(Clauses/T-unit)
		② 非独立从句总数与从句总数之比(Dependent clauses/Clause)
	词汇复杂度	T 单位的词汇类型总数(Number of lexical word types/T-unit)
流利度		① T 单位的平均单词数(Words/T-unit)
		② 从句的平均单词数(Words/clause)
		③ 无错误 T 单位的平均单词数(Words/error-free T-unit)

写作前后测的文本的各项指标,由研究者和一名语言学专业研究生手工标注和统计,共同完成。

(2) 论坛讨论发帖的语言特点的测量方法

我们用 Wordsmith 7.0 和 Vocabprofile 4.0 文本分析软件分析论坛发帖,从句法复杂度、词汇复杂度、词汇分布这几个方面统计中国学生论坛发帖语言特点的变化。参照 Li(2000:236)用文本分析软件统计句法复杂度和词汇复杂度的测量方法,句法复杂度的指标为平均句长;词汇复杂度的指标为:①词汇密度,②词汇丰富程度。词汇分布包括 1—1000 之内的常用词汇(K1 words)、1001—2000 之内的词汇(K2 words)、学术词汇(AWL words)和其他词汇(off-list words)在整个语料中的比重。

4. 实验过程

该远程合作项目融入中方的"综合英语"课程和美方的"计算机辅助教学"课程中,作为课程的一部分。中美学生交流平台是沪江英语网为这个项目专门设计的网络论坛,持续 7 周时间。为消除学生们交流讨论的心理障碍和顾虑,创建一个友好、和谐的学习氛围,在项目开始之前,中美双方的教师向学生介绍项目安排,培训学生使用沪江英语论坛操作界面,鼓励学生提出想要讨论的话题。双方学生在论坛上做自我介绍时放上个人照片,教师还在课堂时间安排了 2 次小组 Skype 视频,以消除双方的距离感和陌生感。双方教师分别配备了助教,每周在网络论坛上发讨论主题帖,敦促双方学生在网络论坛积极发帖,以及反馈学生发帖情况。

中美两方学生共分成 7 个组,每个小组各自选项目主题。他们以论坛讨论形式为主,合作项目,最后小组汇报并演示。第 1 周,小组成员自我介绍,提出讨论话题的设想。第 2 至第 5 周,中美学生自主选择话题,开展讨论,话题涉及节日风俗,如感恩节、圣诞节、万圣节、春节、端午节等;中美对大学生兼职的不同看法;中美影视作品;旅游经历;对美国设饮酒年龄规定的看法;中国的四大名著与诗词,美国的文学作品;中美不同的校园生活;饮食礼仪、着装礼仪;音乐;网购,美国的“黑色星期五”购物;等等。第6至第7周,双方学生共同总结话题讨论内容,分别在各自班级汇报小组项目成果。

5. 数据收集及分析

在实验前,实验班和对照班进行了写作前测,题目为“My View on Online Courses”;实验结束后,两个班进行了写作后测,题目为“Will Online Courses Make Teachers Unnecessary?”。两次作文题材相近。SPSS 23.0 统计软件用以对比分析实验组与对照组在实验前后的准确度、复杂度、流利度,并检验实验组内部前后测的差异情况,对照组内部前后测的差异情况。

中美学生7周论坛讨论的语料,用文本分析软件来分析中国学生的句法复杂度、词汇复杂度、词汇分布这三方面的语言特点呈现怎样的变化。

项目结束后,我们对学生进行问卷调查,了解他们的学习背景,登录论坛发帖的频率,每周在项目上所花时间,学习体验,对技术界面的评价和建议等。

第五节　研究结果

1. 实验数据分析

写作语言的变化是从流利度、复杂度、准确度3个维度的8个指标来体现的。我们用独立样本 t 检验来比较两组之间的3个维度的变化,用配对样本 t 检验来比较组内学生的3个维度的变化。

表4.2　对照组和实验组写作3个维度前测独立样本 t 检验结果

			T	Sig.
流利度		W/T	0.516	0.305
		W/C	0.642	0.250
		W/EFT	0.589	0.280
复杂度	句法复杂度	C/T	-0.094	0.463
		DC/C	-0.704	0.243
	词汇复杂度	LWT/T	1.038	0.153
准确度		EFT/T	0.385	0.351
		E/T	-0.224	0.412

($^{*}p<0.05$)

如表4.2所示,实验组和对照组的写作前测在流利度、准确度、复杂度3个维度上,8 个指标均未显示出显著性差异。

表 4.3　对照组和实验组写作 3 个维度后测独立样本 t 检验结果

			T	Sig.
流利度		W/T	1.849	0.036*
		W/C	1.559	0.063
		W/EFT	0.826	0.207
复杂度	句法复杂度	C/T	1.858	0.035*
		DC/C	1.078	0.144
	词汇复杂度	LWT/T	1.695	0.049*
准确度		EFT/T	−0.741	0.232
		E/T	0.367	0.358

($^{*}p<0.05$)

如表 4.3 所示,实验组和对照组后测在流利度指标 W/T($p=0.036$)及句法复杂度指标 C/T($p=0.035$)和词汇复杂度 LWT/T($p=0.049$)上有显著差异,而在其他 5 个指标上无显著差异。

表 4.4　实验组前后测配对样本 t 检验

			Mean	SD	t	Sig.
流利度		W/T	−1.27120	2.42814	−2.618	0.008*
		W/C	−0.68560	1.94684	−1.761	0.046*
		W/EFT	4.55040	15.80263	1.440	0.082
复杂度	句法复杂度	C/T	−0.04720	0.26098	−0.904	0.188
		DC/C	0.01120	0.10365	0.540	0.297
	词汇复杂度	LWT/T	0.11720	1.55068	0.378	0.355
准确度		EFT/T	−0.09200	0.23696	−1.941	0.032*
		E/T	0.10520	0.28117	1.871	0.037*

($^{*}p<0.05$)

如表 4.4 所示,实验组的组内前后测配在流利度两个指标 W/T ($p=0.008$)和 W/C($p=0.046$)上出现显著性差异,在准确度的两个指标 EFT/T($p=0.032$)和 E/T($p=0.037$)上出现显著性差异。而在复杂度上,实验组的前后测没有显著性差异。

表 4.5 对照组前后测配对样本 t 检验

			Mean	SD	t	Sig.
流利度		W/T	-1.37474	3.00389	-1.995	0.031*
		W/C	-0.58600	1.77088	-1.655	0.056
		W/EFT	0.30474	10.25775	0.129	0.449
复杂度	句法复杂度	C/T	0.3263	0.20941	0.679	0.253
		DC/C	0.01263	0.12036	0.457	0.327
	词汇复杂度	LWT/T	-0.01737	1.93183	-0.039	0.485
准确度		EFT/T	-0.03105	0.19482	-0.695	0.248
		E/T	0.06368	0.22413	1.239	0.116

（$^{*}p<0.05$）

如表 4.5 所示，对照组的组内前后测结果显示，对照组只在流利度指标 W/T 上出现显著差异（$p=0.031$），其他 7 个指标上并无显著差异。

2. 网络论坛语言分析

中美学生在网络论坛讨论共发帖 934 次，总计 68674 词。美国学生比较积极主动，人均发帖 41 次，平均 3357 词；中国学生人均发帖 23 次，平均 1608 词，中国学生发帖次数最多为 57 次。

Wordsmith 7.0 和 Vocabprofile 4.0 对中国学生的发帖语料的分析结果如表 4.6所示。

表 4.6 实验组论坛发帖词汇复杂度和句法复杂度的变化

		第 1 周	第 2 周	第 3 周	第 4 周	第 5 周	第 6 周	第 7 周
词汇复杂度	词汇丰富度（标准类符形符比）	16.42	23.70	23.79	20.15	20.53	23.84	41.32
	词汇密度	0.48	0.53	0.51	0.49	0.50	0.49	0.46
句法复杂度		12.24	13.79	14.15	14.15	14.60	12.07	9.12

词汇复杂度有词汇丰富度和词汇密度两个指标，如表 4.6 所示。词汇丰富度的测量方法是类符形符比（Type/Token Ratio），形符（token）是指文本词的总数，类符数（type）是指文本中总共有多少个不同的词形，即不重复计算的形符数。类符形符比反映了一个文本的词汇丰富度，比值越高，该文本用词越丰富，反之，则越贫乏。结果显示，学习者的词汇丰富度随着讨论的进展，相比第 1 周都有增加。词汇密度的计算方式是实义词与总词数之比，词汇密度也是学习者正式书面语表达的一个衡量指标，词汇密度越高，表达越正式。相对于第 1 周，

第2至第6周词汇密度略有上升，第7周略有下降。

句法复杂度的指标为平均句长，平均句长是文本中的句子的平均单词数。就整个语料库而言，句子的长短在一定程度上反映了句子的复杂程度，如表4.6所示。相比于第1周，第2至第5周，平均句长略有增长，第6、7周略有缩短。

表4.7　实验组论坛发帖词汇分布变化

	第1周	第2周	第3周	第4周	第5周	第6周	第7周
K1 words	83.77%	78.32%	80.58%	83.33%	84.35%	82.71%	84.53%
K2 words	4.80%	5.92%	6.90%	5.28%	4.72%	4.56%	4.50%
AWL words	2.07%	2.27%	1.87%	2.26%	2.62%	3.47%	2.34%
off-list words	9.36%	13.49%	10.65%	9.13%	8.31%	9.27%	8.63%

词汇分布统计分为1—1000之内的常用词汇（K1 words），1001—2000之内的词汇（K2 words）、学术词汇（AWL words）和其他词汇（off-list words）。从表4.7可以看出，实验班同学词汇大部分集中在1—1000之内的常用词汇，但从第1周之后，K1词汇略微有所下降，1001—2000内的词汇在第2、3、4周有所增加，学术词汇的比重除了第3周低于第1周外，其他几周均比第1周增加。

3. 问卷调查结果

实验结束后，我们对实验班和美国学生共36名学生进行了问卷调查，收回36份问卷全部有效。调查问题及结果分析见表4.8和表4.9。

表4.8　实验组中国学生问卷调查统计

问题	结果及百分比				
	完全不同意	不同意	中立	同意	完全同意
总体而言，我从这个项目受益很多	0（0%）	1（4%）	0（0%）	21（75%）	6（21%）
与小组成员交流帮助我学习	1（4%）	0（0%）	6（21%）	15（54%）	6（21%）
这个项目给我提供了非常难得的和英美人士真实互动的机会	1（4%）	3（11%）	4（14%）	12（43%）	8（28%）
这个项目促进了文化交流	1（4%）	1（4%）	4（14%）	15（53%）	7（25%）
这个项目使得我们的学习更加有意义	0（0%）	0（0%）	4（14%）	16（57%）	8（29%）
完成此项目给我提供了以交际为目的使用英语的机会	1（4%）	0（0%）	1（4%）	19（67%）	7（25%）

续表

问题	结果及百分比				
	完全不同意	不同意	中立	同意	完全同意
网络发帖给我提供了和美国学生交流的机会	0（0%）	1（4%）	4（14%）	17（61%）	6（21%）
网络论坛讨论帮助我提高了英语写作水平	1（4%）	0（0%）	4（14%）	18（64%）	5（18%）
网络论坛讨论使我在英语写作时更加注意语言表达的准确性	0（0%）	1（4%）	4（14%）	17（61%）	6（21%）
与美国学生在线交流激发了我学习英语的动力	0（0%）	2（7%）	7（25%）	14（50%）	5（18%）

表 4.9 美国学生问卷调查统计

问题	结果及百分比				
	完全不同意	不同意	中立	同意	完全同意
我对小组项目的成果很满意	0（0%）	0（0%）	0（0%）	6（75%）	2（25%）
我认为我尽力去领导这个小组	0（0%）	0（0%）	1（12.5%）	4（50%）	3（37.5%）
与小组成员交流帮助我学习	0（0%）	0（0%）	1（12.5%）	5（62.5%）	2（25%）
此次跨洋互动项目是一个有用的项目	0（0%）	0（0%）	0（0%）	6（75%）	2（25%）
这个项目给我提供了非常难得的与英语学习者互动的机会	0（0%）	0（0%）	1（12.5%）	4（50%）	3（37.5%）
这个项目促进了文化交流	0（0%）	0（0%）	0（0%）	2（25%）	6（75%）
我认为通过网络论坛讨论，我的小组成员的写作水平得到了提高	0（0%）	0（0%）	2（25%）	5（62.5%）	1（12.5%）
我给我的小组成员直接或间接的反馈	1（12.5%）	1（12.5%）	3（37.5%）	1（12.5%）	2（25%）
我会尽量通过自己发帖给中国学生以示范	0（0%）	0（0%）	0（0%）	1（12.5%）	7（87.5%）

结果显示，双方学生都对此次远程合作持积极态度，96%的中国学生认为从中非常受益，100%的美国学生认为这个项目是个非常有用的项目，并对小组项

目成果满意。大部分中美学生都认为通过网络论坛讨论，从对方学到了东西，同时促进了文化交流。71% 的中国学生认为这个项目能够使得他们获得与真正的英语为母语者互动的机会，68% 的中国学生与美国学生的网络交流激发了学习英语的动力。92% 的中国学生认为，项目完成过程给他们提供了以交际为目的使用英语的机会，网络发帖提供了和美国学生交流的机会。

在英语写作方面，82% 的中国学生认为网络论坛讨论帮助他们提高了英语写作水平，82% 的中国学生认为网络论坛讨论让他们在英语写作时，更加注意语言表达的准确性。而 75% 的美国学生也认同自己的小组成员的英语写作能力得到了提高。87.5% 的美国学生在小组讨论中尽量发挥领导角色，75% 的美国学生表示通过网络论坛讨论，中国学生的写作水平得到了提高，100% 的美国学生尽量在自己的发帖中给中国学生以正确的语言示范。

第六节　讨　论

1. 美国学生反馈对英语写作的影响

实验组和对照组后测结果显示，流利度指标 W/T（$p=0.036$）及句法复杂度指标 C/T（$p=0.035$）和词汇复杂度 LWT/T（$p=0.049$）上有显著差异，而在其他 5 个指标上无显著差异。实验组能够说明学习者 T 单位的平均单词数和从句的平均单词数有了提高，T 单位的词汇类型变得更多。

实验组的组内检验结果显示，在流利度两个指标 W/T（$p=0.008$）和 W/C（$p=0.046$）上出现显著差异，在准确度的两个指标 EFT/T（$p=0.032$）和 E/T（$p=0.037$）上出现显著差异。而在复杂度上，实验组的前后测没有显著差异。学习者 T 单位的平均单词数和从句的平均单词数有了提高。在准确度的两个指标 EFT/T 和 E/T 上出现显著差异，说明学习者无错误 T 单位总数增加，T 单位的错误数减少。

对照组的组内检验结果显示，对照组只在流利度指标 W/T 上出现显著差异（$p=0.031$），其他 7 个指标上并无显著差异。组间对比与组内对比的结果显示，相比于对照组，实验组的流利度、复杂度和准确度都得到了一定程度的提高。

与美国学生的网络论坛讨论，实际上增加了学习者的写作输出量。网络论坛讨论兼具口语与书面语特点的表达形式，虽然发帖中夹杂图片、表情符号、口语化表达，但它仍是以写作形式呈现，可认为是额外的写作训练。

美国学生通过不同方式给中国学生语言表达反馈，如例 35 中，F7 对中国学生关于中国新年的发帖马上进行跟帖。

例 35

F7：In"*This evening we will be together with our families and have a family reunion dinner. And when come to the new day, we will set off firecrackers.*" It is better not to start the sentence with "and", so you can just start it with "when". An example of how I would write the sentence is this："*During this evening, we would be together with our families, and have a family reunion dinner. When it comes time to the new day, we will set off firecrackers.*"

（译文：在"*This evening we will be together with our families and have a family reunion dinner. And when come to the new day, we will set off firecrackers.*"这句话里，最好不要以"and"为句子的开头，因此你可以用"when"开始一个句子。这个句子还可以写成："*During this evening, we would be together with our families, and have a family reunion dinner. When it comes time to the new day, we will set off firecrackers.*"）

美国学生尽量通过自己的发帖给中国学生以正确的语言示范。如 F3 所说："在论坛讨论时，我非常注意自己的语言表达，同时我还要关注他们的语言表达。"他们也注意到中国学生在跟帖时会模仿他们的语言表达。例如，美国学生 F7 发帖以"As for"开头，后面跟帖的学生也用这个短语开头。下面是一个中国学生在跟帖美国学生发帖的时候，出现了语言表达协同的例子。

例 36 中，第 3 小组第 2 周讨论适合中美大学生做的兼职工作时，美国学生 F3 发帖表达了她的想法。

例 36

F3：Hi everyone,

OK so I think we should focus on the first question only for this week. I want to hear all of your opinions on the first question. I will answer this question here.

I think suitable jobs for universities students would be working at a library, working at a coffee shop, working at a fast food restaurant, and working as a tutor. Many American students work at fast food restaurants like McDonald and Burger King, but other jobs that I know students have are nurses or working at the movie theater.

（译文：大家好！我们这一周就讨论第一个问题吧。我想听听大家对第一个问题的看法。我先谈谈我对第一个问题的想法吧。

我认为适合大学生的工作有在图书馆、咖啡馆、快餐店工作，或者是做家教。很多美国学生在麦当劳、汉堡王之类的快餐店打工。据我了解，还有做护士或者在电影院打工的。）

该小组成员 S10 跟帖如下：

S10：Hey guys ~

I think the common choices will be working at stores such as H&M, IKEA, 7 – 11 etc., working at a restaurant, working as a tutor or a teacher assistant, working for a small company and working at the reception of a cinema. Most of my friends chose to work at stores. They usually are not in charge of cashing. What they need to do is to put things in order and help the customers. I don't know much about working at McDonald or Starbucks because I think those who work there have to be trained at first? One of my friends translates short articles to earn money. But the job was given by her relative. That's good too. Another popular part-time job among Chinese students is to work on Internet such as providing customer service and after-sale service at a Taobao (like Ebay in America) shop.

（译文：大家好！我认为比较常见的兼职选择是在诸如 H&M、宜家、7 – 11 之类的店里做店员，在餐厅打工，做家庭教师、助教，在小公司里实习，或者在电影院前台工作。我大部分朋友选择在店里兼职。他们通常不直接接触现金，他们需要做的是整理货物、接待顾客。我不太清楚麦当劳和星巴克的兼职，他们是不是需要先接受培训？我的一位朋友翻译短篇文章赚钱。这份工作是她亲戚介绍的，也不错呢。在中国学生中比较受欢迎的兼职是在互联网上工作，例如做淘宝，类似于美国的 eBay 的客服或售后服务。）

S10 的发帖与 F3 的发帖在语言结构和用词上产生了协同，F3 的帖子里出现了："I think suitable jobs for universities students would be working … working at … working at … "S10 的跟帖的句型是："I think the common choices will be working at … working at … working as … working for a …"这种语言形式协同现象的出现印证了王初明(2016：785)提出的"续理论"，即高效的语言学习利用了对话过程中存在的不完整语段，学习者一边理解对方所说的语段，一边对其进行创造性补全和拓展，这个过程中语言理解与产出有机结合，学习者能提高语言运用能力。"续"在对话中无处不在，学习者因"续"而主动聚焦于语言用法，无须他人提醒，在"续"的状态下习得语言，学习效果更佳。(王初明，2016：791)

中国学生认为他们在网络论坛发帖中锻炼了写作技能，"I think I have

practiced my writing skills(我认为我锻炼了写作能力)(S6)""I think my writing skills improved. Our partner is very careful and he corrected some mistakes for me (我认为我的写作能力提高了,我们的美国同伴非常细心地帮我纠正错误)(S4)""I have learned some authentic expressions of English(我学会了地道的英语表达方式)(S10)"。

网络论坛讨论对学习者的英语写作的语言影响,体现在他们后测与对照组相比,以及实验组的组内相比,在流利度、准确度、复杂度上都有一定程度的提高。

2. 与真实读者互动对写作的影响

中国学生网络论坛发帖的语料分析显示,随着每周论坛讨论内容的不同,以及写作目的的变化,语言特点发生了相应变化。第1周是自我介绍及讨论项目主题的选定,第2至第5周是项目主题的展开讨论,第6至第7周进入总结收尾阶段。在第2至第5周,学习者的词汇复杂度、句法复杂度、K2词汇和学术词汇的比重都有所上升,K1词汇的比重逐渐减少。这说明与美国学生的有主题的网络论坛互动,能够激发学习者使用更复杂的词汇表达,使用更长的句子,增加高级词汇的使用,偏向正式的表达方式。这个结果与Li(2000:229-245)的研究结果一致,真实的读者对象互动和不同的写作目的,能够提高学习者的句法复杂度和词汇复杂度。

美国学生面对的互动对象为英语学习者,他们主动承担小组领导角色,积极提出话题,引导中国学生展开讨论。如例37中,F3同学针对"中美大学生做兼职"这个话题提出了5个问题,给小组成员的发帖提供框架。

例37

F3:Hi guys, last week we chose the topic of part-time jobs in China vs. part-time jobs in the USA. Thank you Ellen and Angela for coming up with some questions so that we can further discuss our topic. Here are the questions again:

① How many kinds of the part-time jobs which are suitable for university students do you know?

② Where do you want to work in your spare time?

③ What's your ideas about part-time jobs?

④ What can you learn or gain from part-time jobs?

⑤ Parents' opinion on part-time jobs.

(译文:大家好!我们上周已经选定中国做兼职和美国做兼职比较。感谢

Ellen 和 Angela 提出的一些新的问题,使得我们可以继续开展这个话题的讨论。

我再罗列一下这些题目:

① 你知道有哪些适合大学生的兼职工作?

② 在业余时间,你愿意去哪里做兼职?

③ 你们对于兼职的看法是什么?

④ 你们从兼职工作中学到什么?

⑤ 你们父母对兼职的看法是什么。)

有着真实交际意图的交流,并且有美国学生搭建框架,学习者有话可说,踊跃表达观点,增加语言输出。在这个语境中,学习者有真实的思想要表达,他们有创造思想和知识的积极机会。同时,美国学生对于语言方面的反馈也能让学习者更加注意自己的语言表达。美国学生会在论坛交流中纠正中国学生的英语写作错误。如他们所说:"I learned how to lead a small group of ESL students in discussion. I have also learned some good things to do and what not to do as well. I was able to both implicitly and explicitly teach my students, and this was a beneficial real world learning experience."(我学会了如何在讨论中带领一个英语学习者的小组。我还学会了哪些好的事情可以做,哪些不可以做。我能够通过直间或间接的方式教他们,这对我而言是一个有益的来自真实世界的学习经验。)(F2)"I liked having a teacher role and correcting their English mistakes."(我很乐意承担教师的角色并帮他们纠正英语错误。)(F8)但他们的重点主要在内容上,不会过多地纠正错误,干扰交流。例如:"I wanted to help them more with their grammar and punctuation. However, after about the second or third time, I didn't want to say much because I didn't want to be nagging them about it."(我想在语法和标点上更多地帮助他们,但帮助过他们两三次后,我不想多说了,不想让他们生厌。)(F7)

3. 远程合作对学习者英语学习动力的影响

问卷调查结果显示,学习者从此次远程合作项目中收获很多,认为这个项目让他们有机会与真正的英语为母语者互动,以交际为目的使用英语,与美国学生的网络交流激发了他们学习英语的动力。他们在调查问卷中写道:

"I think this project has offered us a valuable chance to talk with a native English speaker. Our peer taught us authentic English, to which we can hardly gain access in our daily life."(我认为这个项目给我们提供了与英语为母语说话者交流的宝贵机会。他教我们地道的英语表达方式,这在我们日常学习中很难学到。)(S11)

"I'm very happy that I can have such an American friend. I think it is a good experience to chat with her."(我非常开心能有这样一位美国朋友,与她交流是一次很棒的经历。)(S1)

"I think it is an exciting and meaningful experience because it was the first time that I talked to foreigner."(这是我第一次与外国人在网上讨论,很令人激动,很有意义。)(S10)

"It provided an opportunity for me to communicate with native speakers. It motivated me to learn English."(这个项目让我有机会和美国人交流,让我更有动力学英语。)(S27)

"Communicating with others develops my learning interests, and leads me to learn more about what they had talked about."(与其他人交流激发了我的学习兴趣,我从他们的谈论中学到了更多。)(S4)

"It promotes me to learn English and to recite more words."(参与这个项目促进我学英语,背更多单词。)(S5)

"It gives me the first chance to talk to foreigners on the Internet; it's a very happy experience."(这个项目给我了第一次在互联网上与外国人交谈的机会;这是一次很开心的经历。)(S3)

"It provided a precious chance for me to communicate with native speakers in America."(这个项目给我一个与美国学生交流的宝贵机会。)(S25)

可见,网络论坛讨论给学习者提供了与美国学生真实意义交流的机会及表达自己思想的机会,同时也极大地激发了他们学习英语的积极性和动力。

4. 远程合作中的互动和 ZPD 对学习者语言的作用

从以上讨论中,中美大学生远程合作的实证研究为互动理论和建构主义理论提供了来自网络的实证数据。中国学生与美国学生的互动,围绕项目主题展开讨论,让他们有了真实语境下的交际。中国的英语学习者缺少用外语进行交际的需要和压力,虽然教师可以创造一些氛围,让学生互用外语交流,严格说来,这样的交流只能算是语言操练,谈不上是真正的交际。真正的用外语交际应该发生在不同的母语说话者之间,由于不懂对方的母语而被迫用外语交流。在真实语境里体验外语的使用对学好用好外语至关重要,英语本族语者就是真实语境的化身。和英语本族语者交流互动,就是在真实的语境里学英语(王初明,2006:81)。在此次远程合作中,中国学生与美国学生的交流互动,就是在真实的语境里学英语的过程。在互动过程中,美国学生为学习者搭建"脚手架",为他们在内容上和语言上进行反馈,帮助学习者提高语言水平。

第七节　远程合作对中国学习者英语写作影响研究小结

本章在网络平台这个新的互动界面上，探究了远程合作对中国英语学习者的英语写作中的语言特点的影响。为期7周的中美学生远程合作项目的实证研究，证明学习者在英语写作的流利度、复杂度上有显著提高；实验班组内统计数据还显示，学习者的英语写作的流利度和准确度均有提高；学习者在与美国学生论坛互动过程中词汇复杂度、句法复杂度、K2词汇与学术词汇的使用随着每周讨论进展均有增加；学习者对此次远程合作持积极态度，认为学习动力、英语写作均有提高。随着中外国际合作办学交流日益增加，我们可以利用计算机和互联网的便捷高效的优势，将英语学习者和外国学生联系起来，为中外学生远程合作搭建网络交流平台，把协作学习融入课堂，最大限度地为学习者创建真实语境，推动以计算机为媒介的交流在英语写作课堂更广泛地应用远程合作，增加学习者在真实交际目的驱动下的语言输出，提高学习者的英语学习及英语写作的积极性。

第五章　活动理论视角下跨洋远程合作的互动研究

本章在活动理论框架下研究上海理工大学28名学生与美国加州州立大学8名学生为期7周的跨洋远程合作，构建跨洋远程合作的活动模型，分析远程合作活动系统的要素之间的矛盾。通过学生的网络论坛讨论、周记、问卷调查等，分析远程合作中的4对矛盾，即工具—分工、规则—目标、工具—目标及主体—主体之间的矛盾。本研究展示了活动理论如何用于识别及解释远程合作活动系统中的矛盾，以及这些矛盾是如何驱动学习者的语言能力和跨文化交际能力的发展，为外语学习者远程合作研究提供启示。

第一节　远程合作研究背景

远程合作是指身处不同国家的语言学习者利用电子邮件、论坛及视频会议等网络交际工具，进行实时或非实时的互动。课堂环境下外语学习主要依赖课本，而远程合作具有独特优势，能够创造大量有意义的学习者互动机会。远程合作能提高学习者参与度，减少用外语交流的焦虑，语言错误能得到针对性纠正，有充分交流的机会，语法错误显著减少（Kelm，1992）；出现更多的提问、反馈、意义澄清（Chun，1994）；增加学习者语言产出，词汇和语法的复杂性（Kern，1995）；能提高语言能力和跨文化交际能力（Chen & Yang，2014）。

然而，并非所有远程合作都能取得满意结果，仅通过技术把不同国家的学习者联系起来并不能自动产出学习效果。需要探究学习者所处的外部社会文化历史环境和远程合作的最终结果之间的复杂关系，才能理解远程合作中学习者行为（Bashraina，2007；Ryder & Yamagata，2014等）。在远程合作中，鉴于任务设置、学习者跨文化交际水平、学习者动机等因素，预期目标往往不能实现，出现参与度低、不积极、学习者之间的冲突、对同伴或他们文化负面评价等问题，导致远程合作失败（O'Down & Ritter，2006）。矛盾（contradiction）或冲突（tension）是指实际结果与预期目标之间不一致，出现互动中误解、冲撞及中断等现象。解决矛盾冲突是语言学习者在远程合作中为了达成有意义的学习活动而必须跨越的障碍（O'Down & Ritter，2006），因此有必要关注矛盾现象，了解其原因，观察学习者如何解决矛盾。目前远程合作的矛盾研究以德语、西班牙语、法语为母语学习者为研究对象，少量以中文为母语学习者为研究对象。语言作为中介工具及文化语境，在远程合作中起重要的中介作用，中文为母语学习者的远程合作研究仍需要更多的实证支持。本章拟在活动理论框架下研究中国英语学习者与美国学生在远程合作项目中的矛盾，探究其表现形式、形成原因及作用。

第二节 活动理论及矛盾

活动理论起源于苏联心理学的文化历史学派，后经 Vygotsky（1978）、Leont'ev（1981）、Engeström（1987）发展，现已成为教育心理学、社会心理学等领域的一个重要理论框架。第一代活动理论由 Vygotsky（1978）提出，其核心观点是中介概念，强调人类行动与客体的联系不是直接的，而是通过符号和工具建立联系。第一代活动理论的局限性在于其分析单位是个人，没有关注到外部环境。第二代活动理论在第一代活动理论的基础上增加了规则、共同体、分工三个重要的社会因素，主体必须借助中介才能达成目标，经过主体的努力，可以将客体转化为期望的结果。主体的活动并不是个体行为，而是一种集体社会实践活动，存在于由规则、共同体和劳动分工等成分组成的社会文化历史环境中。将个体与集体、历史、背景之间的互动关系及情境和活动的互动凸显了出来，因此，人的行为被视为一系列相关活动的建构，一种文化历史的形态。

鉴于第二代活动理论多重点关注的仍是客体，缺乏对系统之间互动的关注，Engeström（2001）提出了“学习者集体”和“高级学习网络”的概念，将活动理论进一步发展到第三代，第三代活动理论突破了只研究个体与共同体互动的局限，视野拓展到了活动系统之间的互动。从第三代活动系统模型（图 5.1）可以看到，不同活动系统之间的互动，使得客体之间产生了交互作用而生成了潜在的共享目标（客体）。换言之，虽然客体为活动提供了一个确定的方向，但同时在活动中，不同活动系统的对话必然导致对于目标的协商，从而使活动中的目标始终处于流动状态。将活动与活动相互联系，形成更大的活动系统，增加了活动的开放性与活动之间的交互性。

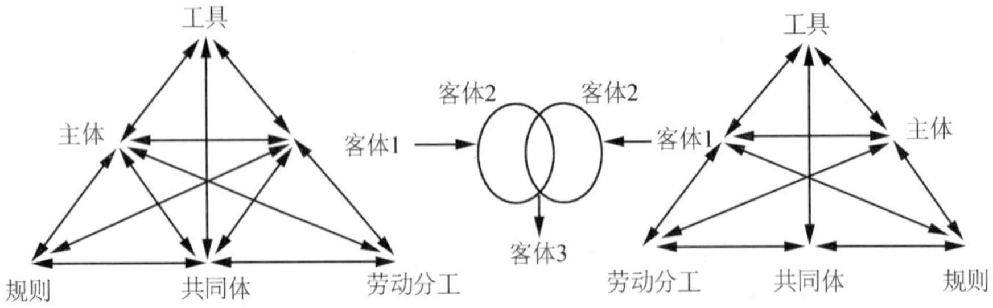

图 5.1　第三代活动系统模型(Engeström, 2001: 136)

第三代活动理论强调了矛盾的重要性,矛盾是活动理论的核心,变革和发展的源泉,驱动活动系统变革的内在动力。矛盾不仅发生在单个活动中的不同的发展阶段,还发生在不同的活动系统中。任何一个活动系统都处在不断变化的社会环境中,活动系统与外部环境之间、活动系统之间及活动系统内部会产生矛盾。当阻碍主体取得既定目标的情况出现时,即矛盾产生了(Engeström, 2001; Yamagata-Lynch, 2010)。矛盾如果能够得到解决,有助于取得预定目标;反之,将阻碍目标实现(Yamagata-Lynch, 2010)。矛盾可以成为人类活动的推动器或障碍 (Yamagata-Lynch, 2007)。矛盾是理解活动的关键,也使得活动发展与演进成为可能。为了实现目标,个人或集体根据活动系统的变化而不断做调整。解决矛盾,能够让旧的活动系统转向新的活动系统,目标能够转变出新的结果(Engeström, 2001)。

远程合作的网络环境下学习者的互动是一个有别于课堂环境的新的学习情境。活动理论有助于研究者理解环境下的个体活动,以及个体、个体活动及外部环境之间如何互相影响(Yamagata-Lynch,2010),因此,本研究选择活动理论为分析框架,识别网络学习情境中的矛盾现象及分析矛盾如何得到解决,可以全面、动态地分析活动系统,诠释个体或群体如何进行学习、实现目标,捕捉发展与创造的动态过程。

第三节　活动理论视角下的矛盾

活动理论被用于分析矛盾现象,解释个体与其所在社会文化历史环境之间的相互作用,了解为什么活动系统能够顺利进行或中断失败。Roth & Tobin (2002)通过观察师范生的教学活动,注意到教学法不当、中产阶级语言(工具),缺乏尊重、缺席(规则),学生不守纪律、学校低期望值(社团),教师之间的等级关系(分工)而导致了冲突。Goodnough (2016) 考察了小学教师为提高教学而进行的合作式行动研究,分析了活动系统中的矛盾如何转变为职业发展的驱动。颜奕和杨鲁新(2017)采用活动系统分析方法,探究某英语教师专业学习共同体发展过程中出现的主要矛盾及主体应对矛盾的拓展学习过程。矛盾包括英语教师主体间的矛盾,中介工具与客体之间的矛盾,教师重构教学经验(客体)与教师固有的教学活动之间的矛盾,中心活动与邻近活动之间的矛盾。孟春国和陈莉萍(2015)调查了全国60余所高校1043名英语教师的研究实践与认知状况,发现主体与客体、工具、共同体、规则、分工之间存在冲突,以及客体与规则、分工之间存在的冲突,教师主体在操作活动客体与结果及使用中介工具时起关键作用,且对调和活动系统内在冲突担负主要职责。

矛盾可来自活动系统内部,也可来自多个活动系统之间,或者外界因素与活动系统之间。Lai, et al. (2014) 研究了课外实地考察活动中引入移动科技带来的矛盾与冲突。新规则的引入导致规则内部矛盾,即"限制使用电子摄像机的时间"与"做反思笔记"之间的矛盾,使得活动系统难以实现既定目标。活动系统也会受到外部社会文化历史环境的影响,外力介入活动系统,导致矛盾出现。Ware (2005) 研究了12位德国的英语学习者与9位美国的德语学习者之间的远程合作,探讨了"错过的交流",即学习者碍于面子等问题采取逃避策略而错失交流的机会。研究结果发现3对冲突:远程合作的不同期望值与规则,影响冲突的社会和学校因素,动机及时间安排的个体差异。Liu (2014) 研究了美国高中数学课堂上学习者学术英语的发展情况,发现了3对冲突:院系里关于补考政策与政府的年级学业要求政策的冲突,教师如何平衡教数学与教语言的冲突,成人与学生对于教学方式与课堂活动偏好不同的冲突。前2对冲突来自活动系统之外,第3对冲突来自系统之内。这些冲突没有得到解决,阻碍了学术语言及数学的教学。

目前远程合作矛盾研究,大多聚焦跨文化交际方面。远程合作不能确保起到促进了解对方文化的作用,因为跨洋远程合作活动是在一个更大的文化历史和地理环境下发展,学习者各自文化背景不同,依赖的媒介是文字输入,缺乏手势表情等其他辅助交流形式,容易产生误解(Kramsch & Throne,2002;Bashraina,2007)。

Bashraina (2007)考察了分别身处3个不同国家的52名日本英语学习者、37名墨西哥英语学习者、46名俄罗斯英语学习者通过网络课程的论坛讨论,发现了以下矛盾:① 2个文化间的矛盾:发帖还是不发帖,使用正式语气还是非正式语气;② 3个文化内的矛盾:不对等的参与、作弊、话题选择的冲突;③ 3个技术相关的矛盾,即过度信息加载、论坛发帖速度慢、姓名与性别的混淆。Bashraina 建立了一个跨文化环境下远程合作活动模型,阐释了远程合作是在社会、文化历史和政治环境下活动,活动结果深受外部环境影响。

Ryder & Yamagata (2014)研究了美国北伊利诺伊大学 7 名"中级汉语"课程的美国学生与中国山东师范大学 7 名对外汉语专业学生之间 16 周的跨洋合作。该研究考察的是跨文化交际能力,双方学生首先用母语完成 3 个问卷,包括词语联想、通过访谈、情景反应,然后再就对方的问卷回答在网上发帖评论及在线讨论。双方学生要轮流扮演教师角色,教对方语言。通过日志及录像录音等,分析了高效率组和低效率组在跨文化学习交流中的冲突,包括工具—分工、规则—目标、工具—目标及主体—主体之间的冲突。高效率小组中成员之间能够平均参与,很好地转换教师—学生角色,面对冲突时,采取积极的解决方法,主动沟通;低效率组中双方成员的参与度不平衡,对矛盾多采取回避策略。

Priego & Liaw (2017) 的研究中,加拿大学生与中国台湾英语学习者通过邮件、网络论坛等进行 3 个月英语故事创作,发现 3 对矛盾:使用脸书还是邮件讨论故事创作(社团—工具矛盾),双方的学业时间安排不一致影响项目进度(规则—分工矛盾),在故事创作时部分加拿大学生依赖中国台湾学生(工具—分工矛盾)。高效率组能够靠策略解决矛盾,而低效率组无法解决矛盾。高效率组解决矛盾的策略包括保留面子、给面子、提供其他选择、道歉、接受道歉、感谢、提供帮助、给出指令、幽默等。

综合以上文献,目前远程合作的研究多聚焦于跨文化视角,例如,Bashraina (2007)主要探究的是文化间及文化内的矛盾,而 Ryder & Yamagata (2014)考察的现象特指由跨文化交际能力差异导致的冲突。远程合作活动在中文语境下的矛盾实证研究还有待深入。与前人研究不同的是,本章不以跨文化交际为唯一考量角度,不事先设定以跨文化交际为远程合作主要目标的学习任务。本章以中美大学生跨洋远程合作为研究对象,在活动理论框架下,构建远程合作系统模型,探究远程合作活动系统中各因素之间的关系与矛盾,用动态的视角理解学习者的变化发展。

第四节　远程合作项目学习者互动的研究设计

1. 研究问题

① 中美大学生跨洋远程合作活动系统中出现了哪些矛盾?

② 学习者如何解决这些矛盾?

2. 被试

上海理工大学28名英语专业一年级学生和美国加州州立大学8名学生参加了本实验。中国学生来自同一个“综合英语”自然班,年龄居于18岁至21岁,7名男生,21名女生。美方学生是选修“计算机辅助教学”课程学生,5名女生,3名男生,介于18岁至24岁,有一位学生50多岁。一半的美方学生曾经在网络环境下与英语学习者合作过,中国学生没有在网络环境下与英语为母语者的合作经历。

3. 课程设计

远程合作项目融入中方“综合英语”和美方“计算机辅助教学”课程中,作为课程的一部分,持续7周。在项目正式开始之前,中美双方教师向学生介绍项目安排及要求,让学生熟悉网络论坛操作界面,提出想要讨论的话题。中美学生共分成7个组,每组由1至2名美国学生和4名中国学生组成。每个小组自选主题,在沪江英语网搭建的平台上,以论坛讨论为主要交流形式,最后小组汇报项目成果。

第1周,小组成员自我介绍,提出讨论话题的设想并选定主题。第2周至第5周,中美学生自主选择话题,开展讨论,话题多样,涉及节日风俗,如感恩节、圣诞节、万圣节、春节、端午节等,对大学生兼职的看法,影视作品,旅游经历,对美国设饮酒年龄规定的看法,中国四大名著与诗词,美国文学作品,中美校园生活,饮食礼仪、着装礼仪,音乐,网购,美国“黑色星期五”购物等。第6至第7周,中美学生共同总结讨论内容,在各自班级汇报。除了网络论坛讨论为主外,他们还通过Skype视频、邮件交流。视频讨论是网络论坛讨论的延伸,他们可以延续论坛话题讨论,也可讨论双方感兴趣的话题。

在这7周期间,学生写周记及Skype视频小结,项目完成后,写反思报告,回顾在此项目中的收获、学习体验及建议。最后学生们完成问卷调查,了解他们在项目中的学习行为、总体感受等反馈等信息。

第五节　远程合作活动系统模型的构建

在远程合作中,学习者不只是参与单个活动系统,而且是同时参与多个活动系统,单个活动系统三角模型无法描述中美双方学生的活动,无法清晰呈现个体与社会文化环境之间复杂的互动关系。第三代活动理论除了重视个体与个体、个体与集体之间的互动之外,更注重将活动系统放置于整个社会文化历史背景之中,以相互作用的互动系统为分析单位。基于第三代活动理论模型,我们构建远程合作活动系统模型(图 5.2)。该模型包括中国学生和美国学生两个系统,这两个系统交互产生新目标,即目标 3。

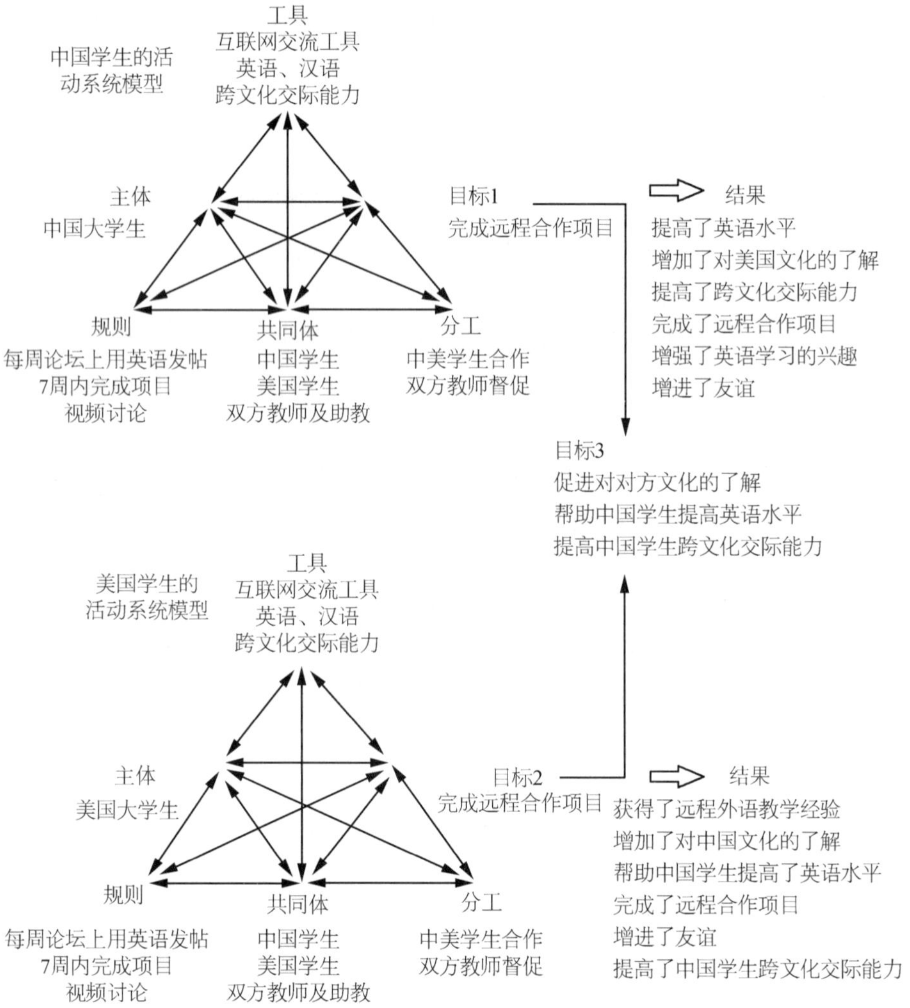

图 5.2　远程合作活动系统模型

虽然中美两国学生是此次远程合作的主体,但中介工具不同,同样的目标导致最后结果不尽相同,所以中美两国学生所属的活动系统并不相同。中国学生活动系统的主体是中国学生,目标是完成远程合作项目,工具包括互联网交流工具、英语、汉语、跨文化交际能力。中国学生所处的社会文化环境由规则、共同体及劳动分工构成。规则包括每周按照计划在论坛发帖、视频讨论及7周内完成项目;共同体包括中方学生、美方学生、双方教师及助教;劳动分工包括中美学生合作、双方教师起督促作用。美国学生的活动模型与中国学生的活动模型不同之处在于,工具中没有中文,英语水平及跨文化交际能力的差异。这两个活动系统相互作用,中国学生活动系统的目标1与美国学生的目标2互相作用产生了目标3,即促进对对方文化的了解,帮助中国学生提高英语水平,提高中国学生的跨文化交际能力。

第六节 远程合作活动系统矛盾分析结果

双方学生7周的网络论坛讨论全部下载,与学生的问卷调查、反思报告、每周小结等文本收集起来,用以分析此次远程合作的活动系统模型及学习者在此过程中的变化。问卷调查显示,96%的中国学生和100%的美方学生对此次远程合作项目表示满意。中美学生在网络论坛讨论共发帖934次,总计68674词。美国学生人均发帖41次,平均3357词;中国学生人均发帖23次,平均1608词。

1. 活动系统模型中的矛盾

图5.2显示的是预期的远程活动系统模型,但活动并非按照设想的情况顺利进展。中国学生的身份是外语学习者,他们在合作中遇到诸多挑战,活动系统中要素之间的矛盾表现明显。我们从论坛讨论的文本及学生的反思报告、周记、问卷调查等中识别出活动系统中的4对矛盾。① 工具—分工矛盾:由于中国学生英语水平及跨文化交际能力(工具)的限制,中国学生无法承担完全平等的合作伙伴角色(分工),与美国学生不能实现平等的劳动分工。② 规则—目标矛盾:中美学生对规则的不同理解及实时视频讨论的时差问题给实现目标带来障碍。③ 工具—目标矛盾:中国学生英语水平及跨文化交际能力(工具)成为实现目标的障碍。④ 主体—主体矛盾:中美学生及中国学生之间个体差异的矛盾,阻碍目标实现。

2. 矛盾分析及矛盾解决

当活动系统中出现这些冲突时,学习者意识到冲突的存在并采取策略解决矛盾。由于目标清晰,他们采取相应的策略应对,避免冲突使得活动系统崩塌,从而使得解决冲突的过程转变为学习者的学习机会。

(1) 矛盾1及解决

工具—分工矛盾源自中国学生英语水平及跨文化交际能力的不足,他们与美国学生不能实现平等的劳动分工。分工不平衡的很大原因来自语言水平的差异,中国学生在反思报告中反映,英语的语言水平是与美国学生交流的很大障碍,导致合作无法实现"平等"。在双方学生互动过程中,分工由"平等"转变为"美国学生主导"的模式。美方学生逐渐起到主导作用,并扮演了"教师"的角色,他们几乎都是第一个在论坛里发帖,开展话题的讨论,尽量反馈每一位组员的发言,起到论坛讨论推动作用。在讨论过程中,有的学生发一次帖就不继续发言,组里的美国学生引导他们进一步发表意见。如:

"Hey S6! Can you go into detail about what each book is about?"(译文:S6,你好!你可以详细讲讲每本书是关于什么的吗?)(F2)

如在讨论美国对饮酒年龄限制话题时,F1 提出问题,并鼓励组员发表各自的意见,她写道:

"So, what's your opinion about it? Do you think China should also have a drinking age in the law? Do you think 21 is a suitable age to start drinking? Why or why not? Share your thoughts with us! Really look forward to your replies."

(译文:你们的意见如何?你们认为中国是否应该立法规定饮酒的法定年龄?你们认为 21 岁应不应该设定为法定饮酒年龄?为什么?把你们的想法和我们分享吧!好期待你们的回复!)

在这一组的讨论发帖里,中国学生 S3 发帖如例 38 所示:

例 38

S3:Well, I think it's a more interesting topic and we're sure to have a lot to say. Actually, in my mind, drinking alcohol has lots of bad effects, such as spit [vomiting] in public, argue [arguing] with others or talk [talking] dirty. All these terrible behaviors may make bad impressions on the others, so it does harm to your future and relationships. Personally I think, the law which require [requires] that children can't drink alcohol until 21 is useful and reasonable. In China, there aren't any laws like America. Because of this, many Chinese youngsters become intemperate after parties or gathering. Actually, my classmates sometimes drink beers or wine. They may not mean to do this, but their friends or parents tell them to drink a little at dinner table or during the Spring Festival. As time passes, they formed a bad habit "intemperate" [of "being intemperate"]. Compared with Americans' laws, Chinese laws are not complete enough.

Secondly, 21 is old enough for American teenagers to drink alcohol, they can control their mind and feelings. Last but not least, Chinese parents should pay more attention to their children and care more about their mental health. In this situation, many families can avoid arguments and worries. In short, it's useful and reliable to have this law. Teenagers should obey the rules and avoid alcohol to make the world a better life.

(译文:嗯,我认为这是一个很有趣的话题,我们一定有很多可以讨论的。事实上,在我看来,饮酒有很多坏处,例如,当众呕吐,和其他人争吵,或者说脏话。这些坏行为可能给别人留下糟糕的印象,对未来前途和人际关系有害。我认为,法律规定低于21岁不能喝酒是合理的。中国没有类似美国的法律。正因为如此,许多中国年轻人在派对聚会后变得毫无节制。实际上,我的同学有时也喝啤酒或葡萄酒。他们本来不想喝的,但是在宴会或春节,他们的朋友或父母常常叫他们喝一点。时间一久,他们就养成了"毫无节制"的坏习惯。和美国法律相比,中国法律并不完善。

其次,21岁对于美国青少年来说是个可以喝酒的年龄,他们可以控制自己的思想和情感。最后,中国父母应当多多关注他们的孩子,注意他们的身心健康。这样的话,很多中国家庭可以避免争执和烦恼。简言之,这条法令是有用且可靠的。年轻人应当遵守规定,避免酒精,生活将会更美好。)

F1看了S3的发帖后,认为结构需要再调整。

F1:You made three sub-points in your posting. The first and the last one are well-developed, but the second one only has one sentence, which is not perfect in American writing style. If you could explain and give us more example of your second point, your posting would be better! Overall, I like your writing! Go for it!!!

(译文:在你的帖子里有三个支撑观点。第一个和最后一个观点得到了充分的展开,但是第二个观点只有一句话,这不符合美国的写作风格。如果你能够对你的第二个观点给出更多的例证,你的帖子会更棒!总的来说,我喜欢你所写的!继续加油!)

为了避免讨论过于空泛,F3在每周论坛讨论的开始,列出本周讨论的话题的几个问题,并依次给出自己的答案。例39是她在第2周论坛讨论刚开始时候的发帖。

例39

F3:Hello, everyone,

This week we will discuss these questions:

① In your opinion, would a part-time job cause stress to a university student?

② How should students persuade their parents to allow them to have a part-time job?

③ What are your parents' opinions on part-time jobs?

I will give you all my answers here:

① In my opinion, I think part-time jobs can cause stress to students. I think this because students are balancing school, work, and their own social lives all together. When this happens they start to get tired and forget to study for tests or come to work late.

② I would persuade my parents to let me have a part-time job by telling them that I want to gain experience for the future. I want to also have money to spend on clothes and video games that I like. I also would tell them that after I graduate from school companies would hire me because they see on my papers that I have had experience working somewhere else. It's all beneficial to me.

③ My parents' opinions about part-time jobs are positive. They want me to get a part-time job so that I can buy a car and move out. I am currently living with my parents and they feel that I should get a part-time job and move out soon. They are not trying to be mean but they want me to get experience of the real world.

These are all my answers to the questions but we will further discuss them this week. Please post your answers here and we will discuss them on live chat on Skype this week. Thanks.

(译文:大家好！本周我们将讨论以下话题:

① 在你看来,兼职会给大学生带来压力吗?

② 大学生们该怎样劝说父母们让他们去做兼职?

③ 你的父母对你做兼职是什么态度?

我先说说我自己的看法吧:

① 我认为兼职会给大学生带来压力。这是因为,大学生们要平衡学业、工作,还有他们的社交生活。如果去做兼职的话,他们会觉得疲惫,忘记学校的考试或者上班迟到。

② 我会劝说我的父母让我去做兼职,告诉他们我想为将来的工作积累经验。我还想赚钱买我喜欢的衣服和电子游戏。我也会告诉他们,毕业后会有公

司雇用我，因为他们在简历能看到我有工作经验。这对我很有帮助。

③ 我的父母对我做兼职的态度是赞成的。他们希望我能有一份兼职，这样我就能买一部车，搬出去自己住。我目前和我父母住在一起，他们认为我应该做一份兼职，尽快搬出去。他们并不是对我不好，而是希望我能够从现实世界里获得经验。

这些就是我对上面几个问题的回答，我们这一周还要深入讨论。请把你们的想法发帖到网上吧，我们还将在这一周的 Skype 视频聊天里继续讨论。谢谢！）

后面跟帖的小组里中国学生也会依照这个框架发表自己的观点，有的同学赞同大学生做兼职，有的同学不赞同大学生做兼职，各抒己见。S12 在回帖中还模仿了 F3 的句式"My parents' opinions about part-time jobs are positive"，写了"My parents' opinions about part-time jobs are negative"。S10 在 F3 的启发下，发了长帖，一一回复那三个问题，下例是 S10 的回帖。

S10：① I think it would. Although the time-table of university can be very flexible, it still will be hard to arrange the time if you have to attend the school activities or preparing for final examination. Besides, having a part-time job means less time to hang out with friends, being tired, possibility of meeting difficulty, etc. University students are different from high school students because we are freer and begin to step into society. But we are different from real adults as well because we still respect each other and the relationships in university are still simple. However, when having a part-time job, you meet more different kinds of people and try to serve them, satisfy them, especially if your job is a waiter/waitress or a casher. That's really tough.

② Eh ... I think it's pretty easy because having a part-time job can relief a part of financial burden for parents. Say something like "It's time for me to try to be independent and help you", "I want to pay the bill on my own", "I want more clothes and I'm not going to use your money" or "Don't worry about the spending of hanging out with my friends because I can earn money myself". And it's really important to promise that the study in university will not be affected.

③ They want me to have a part-time job as soon as possible. And they don't seem to worry my study in university at all because they think a part-time job is in some way helping my study.

（译文：① 我认为做兼职会给大学生带来压力。尽管大学的时间安排比较灵活，但是如果你必须参加学校的一些活动或者准备期末考试，时间仍然比较难安排。另外，做兼职工作意味着和朋友们出去玩的时间减少了，会感到疲惫，还有可能遇到各种困难。大学生与高中生不一样，因为我们时间更加自由，开始进入社会。但是我们与成年人还是不同，我们尊重对方，大学里的人际关系依然单纯。但是，如果你的兼职是做服务生或收银员的话，你会遇到不同的人，要想为他们提供服务并且让他们满意。这真是很难啊！

② 嗯，我认为劝说父母比较容易，因为做兼职可以为父母减轻经济负担。我们可以说"是时候让我试着独立来帮助你们啦""我想自己付账单""我想买新衣服，不想再用你们的钱啦"，或者"不用操心我和朋友们出去玩的花费，因为我可以自己赚钱啦"。非常重要的是，我们要保证自己在大学的学习不会受到影响。

③ 我的父母希望我尽快能找到一份兼职。他们不担心我在大学里的学业，因为他们认为兼职工作在某种程度上对我的学业有帮助。）

美国学生不断地用激励性话语鼓励组员发言，如"Good job!"（译文："真棒！"）"You made some very interesting points here!"（译文："你说的观点很有趣！"）"Wow, thanks for sharing your experience of ..."（译文："哇，谢谢你分享有关于……你的经历"）等。

（2）矛盾2及解决

规则—目标矛盾来自中美学生对规则的不同理解而阻碍了目标的实现。由于中国学生是大一新生，对这种新的互动模式并不熟悉，也没有与外国学生网络合作的经验，并且按照规则，中国学生要每周在论坛上发帖与美国学生讨论，以及通过 Skype 进行视频讨论，然而，有的中国学生不积极参加讨论，仅为完成任务而发帖一次，有的学生在论坛讨论时总是拖到一星期的最后才发帖，有些学生会忘记发帖。美国学生也发现了这个现象，他们在反思报告中汇报了组员拖延发帖、延迟回复或者不回复帖子等情况。于是，小组内美国学生承担起"领导者"的责任，督促组员及时回复讨论。如："Hi, everyone, I hope you are all well. I just wanted to let you guys all know that no one has replied to my post besides S11. I hope you all can post soon."（F3）（译文：大家好！你们最近还好吧。我只是想和你们说一下，除了 S11 以外，没有人回复我的帖子。我希望其他人尽快发帖回复。）"We now just need to hear from S24. I hope she'll post something soon."（F6）（译文：我们现在需要听一听 S24 的想法。我希望她能很快发帖。）中美学生 Skype 讨论面临中美时差问题及小组成员不同时间安排的矛盾，组员们需要通过讨论协商时间来解决，如例40的对话。

例40

S18：Hi, F5! Will you be available at 12:45 to 14:45 on Friday? Because I have class at 15:05. So I think maybe we can video chat at that time if it's convenient for you.

（译文：F5，你好！星期五的12:45至14:45你有空吗？因为我15:05有课，所以我想如果你那边时间也合适的话，我们可以在那个时间段视频讨论。）

F5：I am sorry but I will not be available on Friday during this time. I have work from 1:00 pm until 9:30 pm and I am avaible the following day at 6:30 am until 2:30 pm. However I would love to have video chat on Saturday (California time) during the evening time if this works for you. Message me on Skype and let me know your availability this weekend. Thank you. I look forward to talking!

[译文：很抱歉，我星期五这个时间段没有空。我得从下午1点一直工作到晚上9:30，第二天从早上6:30工作到下午2:30。如果你们时间也合适的话，我们可以星期六晚上（美国加利福尼亚时间）视频讨论。请在Skype上留言，告诉我你们这个周末是否有空。谢谢！很期待与你们交谈！]

（3）矛盾3及解决

工具—目标矛盾是指中国学生的英语水平及跨文化交际能力阻碍目标的实现。美国学生通过纠正性反馈帮助中国学生提高语言水平。美方学生选修这门课是为了学习如何使用计算机技术辅助外语教学，给中国学生反馈的同时，他们也获得了教学经验。

他们对组员的发帖给予篇章上的反馈。例如，F1指出组员的帖子里有3个分论点，但是第2个分论点只有一句话，应当给出更多的例证以充分展开。对于中国学生在论坛讨论中出现的语法错误，美国学生会采取直接或间接的方式给予纠正性反馈。当F7发现S25在第4周发帖中写"which is teached by a beautiful British, Rose. She is a humor person ..."时，他回帖"So your class is taught by Rose, and she is humorous"，通过改写S25的句子来纠错。

美国学生的发帖起到了正面的语言输入作用。美国学生在发表看法时，基本上都写四五百字的长帖，篇章结构完整，用词丰富，句型多样。在例41里，F6在讨论旅游话题时，谈到自己在日本和埃及的故事，写了743词的帖子，相当于一篇小文章。这种基于真实交际目的的语言输入，给中国学生提供了本族语者的语言范本。

例 41

F6:Hello, everyone! Welcome to Week 3. OK, so I guess I'll start. I'll focus on the foods I've eaten in Japan and Egypt.

Of course, most of what I ate in Japan was Ramen (usually ordered in small Ramen restaurants found all over Tokyo). One of the funny practices (and it might be the same in China), the customer views a selection of various "meals" (plastic models representing the particular food item). Each item has an alpha-numeric code given to it.

The customer then goes inside the restaurant and places their order with a machine by pointing in money, and then selecting the alpha-numeric buttons that correspond to the food item he wants. After selecting which item, the machine ejects a small paper ticket which has printed on it the code of the item ordered. The customer then gives this ticket to an employee at the counter who tells the chef which food item to prepare. After a few minutes, the bowl of Ramen is presented to the customer. So long as the meal is to the customer's liking, the customer is expected to finish the meal entirely, right down to the last drop of juice. To leave anything behind is considered an insult to the Ramen chef.

The other food I ate in Japan was sushi. Of course, Japan considers sushi to be their national food. There are many different types of sushi available to the customer. Different types of fish (all raw) are available to choose from.

One sushi restaurant I visited had me sitting at a counter, and plates of sushi passed by me on a conveyor belt. Any item that suited my taste, I could remove from the conveyor belt to eat. Various types of sushi were placed on special plates (each with different designs on the plate). The price of each food item is determined by the design on the plate. When we were done eating and ready to leave, we took our stack of plates to the cashier who would look at the various plates and determine the total price for your meal.

As far as eating in Egypt I went, that was a bit different from Japan, and a bit more similar to western custom. However, the food was very different. About the only food I ate in Egypt that was similar to what I might find in the U. S., was Lasagna (pronounced as "la-zanya" —originally an Italian food) which contains ground beef, tomato sauce, cheese, and pasta. Other food I had in Egypt was called "felafel", which is made from Fava beans and eggplants. It is also very delicious. I also ate something called "Shawarma", which is a long sandwich that includes sliced lamb meat with vegetables, and a special dream dressing.

Oh, hahaha. I also had pizza from Pizza Hut while I was in Egypt. I was pleasantly surprised to find it very similar to the pizza we have in the U.S.

Unlike in Japan though, it is customary to leave a small amount of food on your plate to let the chef (or whomever prepared the meal) to know you're full and can't eat anymore. If you eat everything on your plate, they will take that to mean you're still hungry and want more food (which they will happily bring more for you). People of Arab culture are known for their generosity to their guests.

As for the people I've seen on these travels, I think Egyptian people are very different from Japanese (of course). Many Egyptian females wear either western fashions, or they might wear clothing that reflects their religious faith in Islam. Most Egyptian men also wear western style clothing. However, the less educated men may wear a robe called a Gallabiya. Even in Cairo, there are different landscapes. Some are more like desert, while other areas are more "green" and garden-like.

So, I think that's all I have to say for right now. If you have questions about things I didn't mention that you'd like to know more about, please ask because it will help contribute to our topic.

I look forward to hearing from each of you about some of the food you've had. For those of you who haven't traveled outside China, you can talk about food and the festivals they are related to. Just make sure you don't all talk about the same foods and festivals. Try to give some different examples of food, custom.

(译文:大家好!欢迎大家进入第3周的讨论。那么我先开始吧,我来讲讲我在日本和埃及吃过的美食。

当然,我在日本大部分时候吃的是拉面,在东京大街小巷遍布着很多小拉面馆。有趣的是,顾客看着不同的塑料食物模型点餐,这在中国大概也有。每一种食物都有一个编号。

顾客走进餐馆,在点餐机器那里塞入现金,选择与食物相对应的号码点餐。

选好后,机器会吐出一个印有已选号码的小票。顾客把这张小票给柜台的服务生,服务生会告知厨师顾客所点的餐。几分钟以后,一碗拉面便上桌了。如果拉面正合顾客口味,顾客就会把拉面吃得精光,不留一点汤汁。如盘中有剩余的话,会被认为是对拉面厨师的不尊敬。

我在日本吃过的另一种食物是寿司。寿司是日本有代表性的食物。顾客可以选择不同种类的寿司,有不同种类的生鱼片供顾客选用。

我曾经在一家寿司店吃寿司是坐在柜台边,我面前是一盘盘放在传送带上转动的寿司。如果看到了我想吃的寿司,我就从传送带上拿下来。各式各样的寿司放在特制的盘子里,每一个盘子的花色都不一样。寿司的价钱是由盘子花色决定的。我们吃完后,就把盘子垒起来,送到收银台,收银员数不同盘子的数量来计算餐费。

埃及的食物和日本的不一样,和西方习俗很像。当然,食物是不一样的。我在埃及吃过唯一与在美国食物相像的是"烤宽面条",这个词来自意大利语,里面有牛肉馅、番茄酱、奶酪、意大利面。我在埃及吃的另一个食物叫作"沙拉三明治",是用蚕豆和茄子做的,味道不错。我还吃过一个叫"沙瓦玛"的食物,是一种长长的三明治,里面有羊肉片、蔬菜,配有一种特别的调味品。

哦,对啦,在埃及的时候我还去必胜客吃了比萨。令我惊喜的是,比萨的味道和我们在美国吃的味道是一样的呢。

与日本的习俗不一样,在埃及吃饭,我们通常在盘子里剩一点点食物,厨师看到后就知道你吃饱了。如果你把盘子里的食物都吃光了,他们会觉得你没有吃饱,还想继续吃,他们就会给你再添加食物。阿拉伯人以热情好客而闻名。

说起我在旅途中遇到的人,我觉得埃及人和日本人差别很大。埃及女性要么穿着打扮很西化,要么穿她们伊斯兰教的服装。大部分埃及男性穿的是西式服装。但是,受教育程度低一些的男性穿着宽大的白色长袍。在开罗,多种不同的景观并存,一些地方像沙漠,另一些地方有绿色植被或者像花园一样。

我就先说这么多吧。如果还有我没提到的或者你们还要什么想知道的,可以问我,有利于我们开展话题讨论。

我很期待听你们聊聊你们吃过的美食。如果有的同学没有出国旅行过的话,就谈谈和节日相关的美食吧。注意,你们不要选同样的食物和节日来谈。介绍食物和风俗的时候,多举一些例子。)

有了F6同学的长帖做范例,中国学生在跟帖里积极发表观点。该小组的中国学生S24谈论了意大利食物,S23介绍了中国上海美食、重庆美食和内蒙古美食,也写得比较长,分别为390词和397词。大学一年级刚入学的学生作文长度一般为200词至250词,S23和S24的跟帖长度相当于一篇小作文。学生跟帖里面虽然有些标点符号、时态等语法错误,但是思想表达清楚,用词较丰富。

S24:Hi, Tory! I want to tell some of my feelings about Italian food. In China, almost every hot dishes of meat are full of sauce, but when I order a steak in an Italian restaurant, there is no sauce on it, even no salt or sugar, maybe the chef just fried it. I am [was] very unhappy about the taste, after I have asked the waiter, I knew that on the menu some steaks are with sauce, some are not, so we must read the menu carefully.

Another impressing dish for me is salad. As you know, Chinese haven't the custom of eating salad, most of us do not like cold things and we often eat rice, which is well-done and heated, as our major food. But in Europe, such as Italy or France, they eat cold fried rice with tuna and Basil as a salad, the rice is medium-rare. Although it has a difference [was different] from our rice, it is [was] delicious and I love [loved] it. By the way, the Italian have a custom of putting olive oil on their salad, every table of Italian restaurants offer a bottle of olive oil and a bottle of vinegar for customers, before I left there, I even bought a bottle of olive oil and some Basil. I love them so much.

The third dish I want to introduce is the most famous one—pasta. There are many kinds of pasta in Italy, such as Spaghetti, Macaroni, Jumbo Shells, Bow Ties (they are all names of pasta), the most classical one is spaghetti. There are two kinds of sauce—white and red, white means Carbonara which is cooked with cheese and seafood. Red means tomato sauce with beef. Every chef in Italian must have their own kind of tomato sauce. As far as I am concerned, I like Spaghetti with tomato sauce and beef best, but the spaghetti cooked in Italian traditional way is a little harder for me to eat.

The last thing I want to introduce is prosciutto with cantaloupe. Prosciutto is a raw, salt-cured, dried ham. It has a long history of more than 2,000 years and you can order it to start your meal. Italian people are really proud of century-old prosciutto production. If you go to Italy, you must order it.

In addition, Tory, I also have seen many women of Arab culture in Dubai Airport, I think they are very beautiful but they have to hide their beauty under an Islamic veil because of their religious faith, I feel shame for this but we may respect their culture.

Looking forward to hearing from you.

(译文:Tory,你好! 我想和你分享我对意大利菜的想法。在中国,大部分热的荤菜都有很多酱汁。但是我在意大利餐馆点了牛排,上面却没有酱汁,也没有盐或者糖,可能厨师只是煎了煎这块牛排。我不喜欢这种味道。问过服务生以后我才知道,菜单上的牛排有些有酱汁,有些没有,我们点菜前要仔细看看菜单。

另一个让我印象深刻的是沙拉。你应该知道,中国人没有吃沙拉的习惯,我们多数人不喜欢冷的食物,主食的话,吃煮熟的热大米较多。但是在欧洲,例如意大利和法国,他们的沙拉是由冷的炒饭、金枪鱼和紫苏做的,米饭只有半熟。尽管和我们吃的大米不同,依然很美味,我挺喜欢吃。还有,意大利人习惯在沙拉里放橄榄油,意大利餐厅的每一张餐桌上都给顾客准备了一瓶橄榄油和一瓶醋。我离开时,还买了一瓶橄榄油和一些紫苏。这也是我很喜欢吃的。

第三样我想介绍的美食是最有名的意大利面。意大利面有很多种,例如,意大利细面条、通心粉、大扇贝面、蝶型面,其中最经典的是意大利细面条。酱有两种,白的酱和红的酱。白的是干酪沙司,与奶酪和海鲜一起做。红的是番茄酱与牛肉。意大利的每位厨师都有自己配制的番茄酱。我最喜欢配有番茄酱和牛肉的意大利面,但是我觉得意大利传统做法的面条有点难吃。

我最后想介绍的食物是香瓜配帕尔玛火腿。帕尔玛火腿是一种生的盐腌的干火腿。这种火腿有着两千多年的历史,你可以点它做前菜。意大利人很以这种有着悠久历史的火腿为豪。如果你去意大利,你一定得尝尝。

另外,Tory,我还在迪拜机场看到很多阿拉伯女性,我觉得她们很美丽,但是由于宗教信仰,她们得把自己的美丽藏在伊斯兰面纱后面。我觉得很遗憾,但是我们应该尊重她们的文化。

期待你们的回复。)

S23 回帖如下:

S23:Hi, Tory! I am very glad to know something about table manners and such a lot of things like various Sushi, Lasagna, Ramen from you. And it is clear that you make a comparison about table manners between Egypt and Japan, I am really notice there are many things different like the difference of food, the difference of table manners.

And, Tory, I really admire you, because what you introduce us is extremely detailed. By the way, although I have not travelled abroad, I travel to many provinces in China, and have tasted many local foods.

At the beginning, for I am a Shanghainese, I want to introduce you our

Shanghai local famous sacks: Nanxiang crab soup bun, pan fried pork bun, pancake, fried Bread Stick, soya-bean milk which is mixed with onion, fried bread and small shrimp. For our Shanghainese, choose [choosing] fried bread stick and pancake as our breakfast almost have became [become] one of our daily habits. Tory, if you are especially interested in snacks among these food [foods] or have some questions about these foods, you can tell me and I will send you some pictures.

And just like what Betty said, table manners in Shanghai is [are] different from European countries. For instance, if we eat all the food in our bowl when we are invited to our friends' home to have meals with them, they always think that we are still hungry, and will always add food to our plate, which sometimes seem to be waste [wasted]. However, sometimes eat [eating] up all the foods also show [shows] your politeness, for it shows that your friends cook well and their foods are very delicious.

And I want to talk something about other provinces. Do you know Chongqing, a province which is famous for pungent and spicy? Oh, yes, almost all the food there is [are] very spicy. Hot pot is their local food.

Also last summer holiday, I went to Inner Mongolia. There is [are] many prairies which are as far as the eye can reach. Also local people live in Mongolian yurt.

What's more, local people eat mutton, beef mainly. And they are very enthusiastic. They will offer up you a piece of silk like this to show their welcome to you.

Tory, these are some foods which I introduce you today, and I will tell you more later. And I will also introduce you some unique festivals, for we have talked something about the Spring Festival, Dragon Boat Festival, Mid-Autumn Festival last Saturday, maybe I can introduce you our Valentine's Day, the Tomb-sweeping Festival, for it is midnight here, I have to go bed so let me continue introduction next time.

(译文:Tory,你好!我非常高兴能够从你那里学到很多关于餐桌礼仪及美食的知识,例如,各种各样的寿司、烤宽面条、拉面。你对比了埃及和日本的餐桌文化,我注意到了两国在很多地方有差异,例如不同的食物、不同的礼仪。

Tory,我真的很羡慕你,你介绍给我们的内容很细致。我虽然没有去过国外旅行,但是我去过中国很多省份,品尝过许多当地美食。

因为我是上海人,我首先介绍一下上海的美食吧,上海有南翔蟹粉小笼、生煎、煎饼、馄饨、油条,以及里面有葱、油条和虾米的豆腐脑。上海人习惯早餐吃油条和煎饼。Tory,如果你对这些小吃有兴趣的话,或者有任何疑问,你可以告诉我,我可以给你发一些图片。

正如 Betty 所说,上海的餐桌礼仪与欧洲很不同。例如,我们应邀去朋友家做客时,如果我们把碗里的食物全部吃光,朋友们会认为我们依然很饿,就会往我们盘子里添加食物,而这些食物往往会被浪费掉。但是,有时出于礼貌,我们会吃光所有食物,这表示朋友们做的饭菜很好吃。

我还想谈谈其他省份。你听说过重庆吗? 那是一个以食物辛辣而闻名的省份。那里几乎所有的食物都是辣的。火锅是当地的美食。

上个暑假,我去了内蒙古。眼睛所及之处都是大片的草原。当地人住在蒙古包里。

当地人主要吃羊肉和牛肉。他们非常热情,会给你一条哈达表示他们的欢迎之情。

Tory,这就是我今天介绍给你的美食,以后我会介绍更多的美食给你。我还会介绍一些特别的节日,上周六我们已经讨论过了春节、端午节、中秋节,我以后可以介绍我们中国的情人节、清明节。这里已经是半夜啦,我要去睡觉了,下次再继续介绍。)

在 S23 的回帖中,首先总结了 F6 的帖子内容,这说明她看帖很认真。她模仿 F6 发帖的措辞和内容,介绍上海、重庆、内蒙古的美食。

F7 注意到小组成员从他每周发帖中学习到他所使用的短语或表达方式,并在跟帖时模仿这些语言。于是 F7 尽量每周第一个发帖,给中国学生在语言表达及语篇结构上起到示范作用,引发中国学生跟帖时在语言层面的协同效应。

在与来自不同语言文化背景的同伴进行跨洋远程合作的过程中,跨文化交际能力在其中起重要作用。中国学生对于美国文化的不了解,使得跨文化交际能力这一工具不能充分发挥其中介作用。Byram (1997)的跨文化交际能力模型包括 4 个相关的部分:知识、技能、态度和意识。跨文化学习不仅要求学习者掌握一些"事实性知识",而且要求学习者对另一种文化持包容开放态度,尊重他人的文化,不带偏见地理解他人文化,具有较强的全球视野和跨文化思维能力,保持开放的心态和对异国文化的宽容度。为提高跨文化交际能力,应鼓励学习者反思文化差异。当学习者能辨别并接受新信息时,他们反思新信息,并与已有知识联系起来,这种反思过程产生了新知识,跨文化交际能力也能得到提高。

这一工具—目标矛盾给学习者带来了学习机会，中国学生在论坛里表示出了对美国文化的好奇，想要了解对方文化。中国学生在论坛讨论时纷纷向美国学生提问，例如“美国大学的学分制”“美国人的餐桌礼仪”“给服务生小费”等。而美国学生也对中国文化提出问题，例如“中国最受欢迎的酒是不是啤酒”“中国的方言多样，不同地方的人们如何交流”等。在问答互动过程中，中国学习者的语言水平及跨文化交际能力都得到提高。

（4）矛盾4 及解决

主体—主体矛盾来自中美学生差异及中国学生的个体差异，语言水平、动机强烈程度、个性迥异，在远程合作中的表现不一。有的学生比较被动，但也有个别活跃的学生。例如 S4 是中国学生发帖次数最多的一位，共计发帖 57 次。在饮酒年龄限制的话题讨论中，为了使得讨论更激烈些，S4 决定站到反方立场辩论。美国学生也注意到这种差异。F7 发现 S26 的英语熟练程度比其他组员高很多，是小组中最活跃的。F5 的组员 S17 最早回帖，整个学期都表现得很踊跃。主体—主体矛盾表现最明显的是 S13，她英语水平不高，怯于在论坛发言，选择做一位沉默的组员，这在中国课堂上是很常见的。刚开始时，她的美国组员 F4 非常不理解 S13 的被动行为，甚至生气地向老师抱怨 S13。项目进展后期，S13 渐渐开始把自己写的东西发给 F4，请她帮忙修改。F4 在项目反思报告中写道，不同的语言水平的学生需要不同的对待方式，如果她花更多的时间在 S13 上，也许 S13 能够突破心理障碍，尽可能地多使用英语。在 Skype 视频讨论时，当英语无法完全表达意图或听不懂美国学生时，有的中国学生需要中文做中介工具。

中国学生的积极性在论坛交流过程中起伏不定，F3，F4 和 F6 在反思报告中都提及这个现象，有时候论坛的话题讨论缺乏中国学生的回应和交流。F7 提出的解决办法是给论坛讨论设定具体的时间表。面对主体间的矛盾，美国学生做出了努力，推动不积极的学生参与项目，变化也非常明显。好几位美国学生在反思报告里写到他们不理解中国学生被动的表现，这说明美国学生一开始设想的是平等合作的关系，并没预期到中国学生在项目中表现被动。为了使活动系统能够继续运转下去，美国学生从“合作伙伴”角色转变为“领导者”角色，推动了活动进展。项目初始，中国学生的交流对象仅指向美国学生，中国学生之间的互动很少，但是随着项目的推进，中国学生开始互相回应，越来越多的回帖发生在中国学生之间。这种互动对于高水平和低水平的学习者都有益。在解决冲突的过程中，中国学生在进步，例如他们更多地参与讨论，从仅仅把美国学生作为单一的对话对象变为中国学生之间越来越多的互动。

第七节 远程合作活动系统中矛盾产生的原因及作用

1. 矛盾产生的原因

中美大学生跨洋互动是在虚拟社团里，来自不同文化背景的学习者参与活动，学习者通过语言、跨文化交际能力、互联网这些中介工具来实现活动目标，出现实际结果与预期不一致的矛盾现象。规则—目标矛盾及主体—主体矛盾，很大程度上由中西方课堂的文化差异导致。由于中西方文化传统存在差异，因此，中西方课堂话语结构有很大的不同。西方学习者的主要特点是用各种方式表达自己的想法并挑战权威，挑战现有的知识体系，对探索知识抱着兴趣与好奇，动机强烈，试图去发现、创造，寻找解决问题的途径（Li, 2012:36），他们愿意主动提问及与同伴讨论。而深受儒家思想的影响，中国好学生具备尊敬师长、谦逊诚实的美德（49）。在中国课堂上基本是教师为中心模式，学生温顺服从，不质疑权威，习惯于填鸭模式，在课堂上安静被动，而外教常常对中国课堂里“听话的好学生”的表现颇为失望（72）。在远程合作中，中美双方学生“在虚拟的空间里，把自己所熟悉的交流方式赋予外语交流行为中”（Kramsch & Throne,2002:99）。中国学生所理解的规则是“发过帖就可以”，所以会出现延迟回复，仅发帖一次，或者忘记发帖的行为，他们认为在论坛讨论中，只要做聆听者及接受者即可。这种行为并不是出于对美国学生的不合作，相反，他们把美国学生视为“权威”，把这个发表意见的平台让给美国学生唱主角。加之中国学生在英语水平不及美国学生，他们在论坛讨论时不太主动。主体—主体矛盾一直处在不断变化之中，美国学生的角色从开始的“合作者”变成了“领导者”，推动了网络论坛讨论的进展。

2. 矛盾的解决推动了活动系统及学习者的发展

通过对中美大学生跨洋远程合作活动系统 4 对矛盾的分析可以看出，矛盾解决的过程对活动系统及学习者发展起驱动作用。矛盾“并不是问题，既带来了动荡和冲突，也带来了活动的革新”（Engeström, 2001: 137），矛盾既能够驱动活动演变，也能展现人类活动是如何与多个复杂的环境密不可分的（Yamagata-Lynch, 2010:8）。中国学生的活动系统模型与美国学生的活动系统模型交互，产生了新的目标，并在应对活动系统的矛盾中往前发展。整个远程合作的活动系统中由于这些矛盾的存在，中美学生采取不同的策略应对这些冲突，正是这些要素之间的冲突推动了活动系统的前进，带来了学习者的发展。中国学生与美国学生的活动系统交互，产生新的目标，最后的结果也不仅限于最初“完成远程合作项目”目标。

在解决工具—分工矛盾及工具—目标矛盾时，美国学生为中国学生的语言能力及跨文化交际能力发展起到了“脚手架”作用。Vygotsky（1978）的“最近发展区域”（Zone of Proximal Development，简称 ZPD）认为，与高水平学习者之间的互动可以为低水平学习者搭建“脚手架”，帮助低水平学习者提高。高、低水平学习者之间的合作学习，能创造激发 ZPD 所需要的条件。美国学生给中国学生大量的正面语言输入和纠正性反馈，中国学生能有意识地注意语法结构，这也是语言习得的关键（Schmidt, 1993）。中国学生在跟帖时与美国学生的发帖在语言层面产生了协同效应，模仿其语言表达。协同效应的产生发生在跟帖时，学习者通过上文激发他们的内在表达动力，自发模仿上文的语言用法来表达自己的思想（王初明，2017）。论坛讨论时，基于真实交际目的的互动，例如意义澄清及双方协商 Skype 视频讨论时间等，都能促进学习者的语言发展。美国学生的语言输入可以作为低水平学习者的中介工具，提高中国学习者的语言水平。问卷显示，中国学生学习英语的兴趣增加了，82% 的中国学生认为自己的英语写作能力得到提高，这已通过实验数据得到证实（熊淑慧，2017）。71% 的学生认为 Skype 视频讨论使得自己的英语口语水平提高。中国学生将“跨文化交际能力欠缺”这个问题变为学习机会，向美国学生了解美国的文化，提高了跨文化交际能力。在项目临近结束时，双方学生的友谊日渐深厚，纷纷表达依依不舍之情，这种对异国文化包容与欢迎的态度也是跨文化交际能力发展的表现。

第八节　远程合作活动系统矛盾分析小结

本章将活动理论引入中美大学生跨洋远程合作项目的分析中，构建了远程合作的活动系统模型，呈现了活动中的 4 对矛盾，解释了矛盾出现的原因，提出了解决方式。基于网络的远程合作有别于传统课堂环境下的互动形式，本研究为用活动理论解释网络环境下远程合作中的学习者行为提供了新的实证研究，也为如何运用活动理论分析解释远程合作中活动系统中的冲突给予了研究方法上的启示。主体的活动是发生在情境中复杂的活动，活动系统模型能把主体与情境结合起来。在活动模型中通过对活动目的、客体、工具、共同体、主体与共同成员之间遵守的规则和劳动分工等要素的界定，完整地描述了活动发生的情境，并厘清了活动系统中各个要素之间的关系。活动理论分析并呈现跨洋合作活动系统的一个动态网络模型，在复杂动态的情景下，分解地观察各个元素之间的关系，并且能追踪到各个关系的发展脉络（Bashraina , 2007）。

在远程合作中，教师应当帮助学生用英语协商、理解、表达，解决矛盾。Vygotsky（1978）指出，理解学习者发展路径的最佳方法是分析那些被中断的情形，也就是活动系统停止的情形。如果不积极解决矛盾，交流会中止。教师还必须考虑学习者现有的跨文化交际能力，其中包括 Byram（1997）提出的技能、态度、知识和批评性文化意识。亚洲的课堂文化深受儒家思想影响，注重考试及保守的学习文化。在遇到由于文化背景带来的活动系统中的冲突时，教师应当主动帮助建立新的学习文化（Pham & Renshaw, 2015），通过工作坊的形式向学习者介绍对方国家的文化背景及课堂文化特点（Ryder & Yamagata-Lynch,2014）。

第六章　中美网络远程合作对跨文化交际能力的影响

本章探讨的是中美大学生远程合作对中国英语学习者跨文化能力的影响。中国英语学习者学习英语的主要目的是能够和英语文化的人们交流，跨文化交际能力是英语专业学生的一项重要能力。而在现实的教学里，中国的英语学习者很少有机会和英语为母语者进行跨文化交流。2014 年秋季学期，来自中国上海的 28 名英语专业大一学生和 8 名来自美国加州州立大学的学生进行了 7 周跨洋远程合作项目，主要形式为网络论坛讨论，辅以 Skype 视频和电子邮件为交流方式。这个跨洋合作项目旨在提高学生的语言技能和跨文化交际能力。本研究采取定性和定量研究相结合的方法，用调查问卷、每周小节、反思报告等来调查学习者的反馈及学习过程。结果显示，中美远程合作项目为学生创造了真实的跨文化交际情景，学习者对于跨洋远程合作的跨文化语言学习持肯定态度。在远程合作项目中，学习者可以在真实的语言交流环境下交流，提高跨文化交际能力，这种跨洋远程合作可以最大限度地为学习者提供接近真实的交际语境。

第一节　远程合作对学习者跨文化交际能力发展影响的研究背景

随着与国际接轨的步伐不断加快，中国的跨文化交际活动日益频繁。为了应对时代的挑战，满足社会对人才的渴求，教育部颁布的《高等学校英语专业英语教学大纲》和《大学英语课程教学要求》都明确提出了培养跨文化交际能力。通过对 810 份驻外商务人员问卷的统计分析，证实了外派人员外语能力与跨文化交际能力的双重社会需求，揭示了跨文化交际能力更为显性的社会需求。国际化外语人才培养不仅要提升学生的外语能力，更要发展学生的跨文化交际能力（史兴松，2014）。中国英语学习者学习英语的主要目的是能够与其他文化的人们进行交流。随着中西文化交流的日趋紧密，培养具有较强外语综合应用能力，既了解本国文化又能吸收和借鉴国外文化精华的跨文化交际型人才成为当前外语教学的中心任务。帮助学生了解西方文明、思维方式、生活习惯，以批评性眼光看待西方文化及其核心价值，熟悉中外文化差异，培养跨文化交际能力。外语教学的过程是“学习者与他者文化之间以及他们各自相关语言—文化对话性的互动过程”，外语教学的最终目标是“将学生培养为具有跨文化交际能力的跨文化人”（宋莉，2008）。

跨文化交际能力是恰当运用语言文化知识与异文化成员进行有效而得体交际实践的能力，是跨文化交际活动中的决定性因素。仅有语言能力已经不能满足外语学习的需求，跨文化交际能力是外语教育的最终目的（贾新玉，1997）。跨文化能力包括学生对目的语文化和母语文化差异的敏感性、宽容性和灵活性。跨文化交际实际上是一个双向调节、互相适应的过程，交际双方根据实际情况临时修改，甚至放弃自己原有的文化习惯，去顺应对方的习惯；在尽可能多地保留自身文化特征的同时，最大限度理解并接受对方，最终获得成功的跨文化交际。

我国英语学习者很少有机会在自然的语言环境下学习英语，课堂学习是他们提高英语能力的主要途径，他们极少有机会和英语为母语者进行基于真实交际目的的互动，在现实语言环境中锻炼语言使用的机会较少。全球化和英语的普及已经挑战了传统的英语教学模式，学习英语的主要目的是有效地和来自其他文化的人士进行交流。中国英语学习者学习英语的困难之一在于缺乏使用英语进行跨文化互动交际的体验。在课堂教学环境下，教师是中国人，主要通过课本来学习文化知识，英语教学的非真实性很难满足全球化背景下对跨文化交际能力的要求。在信息科学技术高速发展的21世纪，具有高效性、灵活性及方便性的网络作为一种主要工具，给教学开辟了新视角。新的教学模式应以现代信息技术，特别是网络技术为支撑，使英语的教与学可以在一定程度上不受时间、地点限制，朝着个性化和自主学习的方向发展。远程合作（telecollaboration）是基于网络技术的合作，以计算机为媒介（computer-mediated communication）进行跨国、跨文化交际，从而培养外语学习者的跨文化交际能力。移动学习技术为大学生英语跨文化学习创设了真实的学习情境，提供了丰富的互动学习资源。目前已有不少相关研究，将互联网和计算机技术融入英语教学中，丰富了英语教学内容。互联网能够扩大学生的眼界，拓宽他们的全球视野，使他们产生更强的学习动力，能给学生提供他们所渴望的真实的、现实的和自然的互动体验。研究显示，科技在创设真实语言学习环境方面有着重要作用。O'Dowd 提出：“相比传统的跨文化教材，远程合作活动能够促进学生的跨文化交际能力的提高。”（2007：146）

Chen & Yang(2014)的研究也有类似的发现,中国台湾7年级英语学习者使用网络工具(网络论坛、博客、Skype及电子邮件)与美国学生进行了1年远程合作项目。结果显示,学习者对该项目持积极态度,他们通过体验真实的语言学习来提高语言能力和跨文化交际能力。远程合作项目最大化地实现了语言使用的真实生活语境。

但是Kauffman, et al. (1992) 提出,传统的方式如问卷和访谈,局限性比较大,趋于简化,呼吁新的、总体的、多面的方法。以计算机为媒介的协作,依靠互联网强大的信息传输功能,能打破时间和空间的阻隔,能将不同国家和地区的学生联系在一起共同学习,构建真实而丰富的学习情境。实现不同文化背景下学习者之间的同步交互,有利于多元文化的学习和交融。根据情境认知理论与维果斯基的社会文化理论,学习是学习者基于一定的社会文化情境,在与学习环境的互动中自我建构意义和身份的一种活动。

在本研究里,中国大学生与美国大学生共同参与远程协作课程,该课程的最大优势是营造了良好的跨文化交际情境。基于网络的远程合作与外国学生的互动对于学习者而言常常是很有趣的过程,但是,这些互动多大程度上能够实际提高学生的跨文化能力?本章试图围绕这个问题,从中美大学生互动的语料中寻找学习者跨文化交际能力发展的例证。

第二节　远程合作中学习者跨文化交际能力相关研究回顾

合作学习指学习者为了完成共同任务,有明确责任分工的互助性学习。合作学习可以培养学生的合作精神、交往能力、竞争意识,激发学生学习的潜能和创新思维,有利于提高学生的语言认知能力、培养学生积极的情感态度,使他们乐于与他人进行交流,主动解决问题(李健萍,2012)。合作学习中交际双方的互动能够提供双向的语言输入。Pica(1994)指出,学习者之间预测、感知和体验到信息难以理解时发生的互动修正和调整就是协商。

协作学习是建构主义学习理论指导下的一种学习策略。计算机技术的发展,特别是多媒体技术、网络技术的飞速发展,极大地推动了协作学习的发展。与传统的协作学习相比,网络环境下的协作学习具有交互方便、灵活多样、面广效高等特点。基于问题的协作学习是协作学习的一种具体学习方式。它强调把学习设置到复杂的、有意义的问题情境中,学习者通过合作来共同解决问题,这种学习方式对于促进学生开展各种高级认知活动、提高学生解决与处理问题的能力有明显的作用。

合作学习对提升学习者语言认知能力、移情和适应能力及语言操作能力有积极的促进作用。在合作学习中,双方学习者讨论时,对信息意义的可理解性进行协商。通过互动协商,学习者获得的符合情境的可理解性输入,可以唤起学习者对自己语言认知能力的深入探寻,从而提高语言认知能力;交际中的情感认同和适应能力的培养,是跨文化交际能力的特征。在互动协作过程中,符合情境的可理解性输入可以提高学习者个体的语言认知能力;和谐的气氛和良好的人际关系可以降低语言学习焦虑,提高交际双方的情感认同和适应能力;有意义的语言输出,可以催化新旧信息的重组与融合,促进隐性知识的增长,提高学习者的语言综合应用能力(李建萍,2012)。

在合作学习中,来自同伴的帮助和反馈可以激发学习者更强的学习动机,能够培养学生的跨文化意识和尊重不同意见,并最终达成一致的社交素养;通过围绕其他学科知识的合作学习活动,将语言学习和学科学习有机结合,发展学生高层次的分析思考能力。计算机为媒介交流带来了外语学习的一个新方向,它打破了传统语言教学中以教师为中心的模式。在新的媒介支持下,教师不再是一味灌输,而是学习者主动、自主地"提取"可理解性输入。计算机为媒介交流提供的不再是语言贫瘠的教学内容。基于网络的多媒体环境提供了本族语者和外语学习者之间的合作和互动,较之于面对面的交流,学习者在以计算机为媒介交流环境中更专注于信息内容,而不是发送人和接受人的特征,因此,更乐于表达,更乐于参与到平等互动中去(王勃然,2009)。学习者们置身于虚拟学习社区之中,打破地域时空的束缚,平等地参与网上互动。

任仕超、梁文霞(2014)探讨了新型课堂教学模式即中外远程协作课程对英语专业学生跨文化交际能力的影响。研究结果显示,中外远程协作课程借助计算机网络为学生创设了真实的跨文化交际背景,显著提高了学生跨文化敏感度中的交际信心、交际愉悦感和跨文化效力整体水平。在其研究中,远程协作课程的参与者是我国一所省属大学 44 名英语专业大一学生和美国一所州立大学的学生,在课程中双方师生使用英语进行交流。研究者采用相同问卷分别在课程前后对受试的跨文化敏感度与跨文化效力进行调查,并收集了课堂观察及分析受试的课程反思日志。由于中美两国的时差,远程协作课程安排在北京时间晚上 8 点至 9 点进行,每周 2 次。课堂教学以学生活动为主,每次课程先由中国或美国学生按预定话题做展示,之后双方学生就展示的话题进行自由交流,教师不进行太多干涉,只是在学生求助或出现明显错误时提供指导。课程历时 9 周,话题范围涉及校园生活、婚姻家庭和传统节日等贴近学习生活的内容。问卷为跨文化敏感度量表(Chen & Starosta, 2000)和跨文化效力量表(Portalla & Chen, 2010)。该研究分析问卷调查的定性数据,结合课堂观察记录与学生日志,得出以下结论:①中外远程协作课程对学生跨文化敏感度整体水平影响不显著,但对其中的交际信心和交际愉悦感两个因素影响显著;②中外远程协作课程对学生跨文化效力整体水平影响显著,并对其中除信息处理技巧之外的其他因素都影响显著。

学习者对文化的差异性与多样性的了解是在跨文化交际实践中获得的,关键是帮助他们在参与交际实践中悉心地感悟和总结。跨文化交际能力是动态的能力系统,跨文化交际实践是推动这一能力系统发展的强大动力(高永晨,2006)。高永晨(2006)的调查发现,超过半数的学生认为在传统教学模式和教学手段下,"跨文化交际氛围的缺乏"是阻碍其跨文化交际能力进一步提高的主要因素,他们认为想要提高交际能力,应该引进外籍教师参与教学。创设语境和情境能够使学生在一种自然真实的语境中学习语言,使学生直接感受语言的交际用途,把语言的学习和运用有机地结合起来,让学生在直接交流和沟通中锻炼和提高他们的跨文化交际能力。跨文化能力包含"文化知识、解释和关联技能、探索、跨文化敏感度"等一系列相互关联和相互作用的因素(Byram 1997:73)。跨文化敏感度是跨文化交际能力这一框架中的核心要素,该理论框架比较客观、全面地评价一个成功的"跨文化人"在跨文化交际中应该具备的能力。

在真实的跨文化情境中进行跨文化交际可以帮助学生掌握跨文化交际需要的语言和跨文化能力。传统课堂教学中,文化学习是脱离真实的语境,仅仅部分呈现了现实中真实交际场景。数字化时代下的跨文化交际教学,通过远程互动,基于网络的技术可以带来真实的跨文化交际的体验,以弥补课堂教学的局限(Byram, 1997; Byram, et al., 2002)。网络技术的发展,如Skype视频、社交网站等可以让课堂与真实世界连接起来。研究表明,把技术引入课堂,教师可以让学生体验不同的文化,通过与真实生活交际事件相关、有意义的学习环境,能够提高语言能力(Cunningham, Fagersten & Holmsten, 2010; Cziko, 2004; Greenfield, 2003; Kilimci, 2010; Lee, 2009; Wu & Marek, 2010; Wu, Yen & Marek, 2011)。

随着互联网应用的新趋势的出现,网络技术为语言学习者创造能够练习语言和体验跨文化交际体验的真实场景。Web 2.0推动了学生之间参与和互动的电子学习平台的创新,新的教学设计鼓励学生参与,促进自我反思,建立新的学习社团。Web 2.0使得学习者能在教室之外与真实的读者互动,表达自己的思想,因为Web 2.0可以提供一个社交网络,鼓励跨文化交际。

互联网环境下的社交网络把真实的社团联系起来,来自不同文化背景的人们在这个平台上分享自己的文化。不同文化之间的互动可以促进各个文化之间的理解,并且这种互动里的反馈,也能促进跨文化交际。Wu, Marek & Chen (2013)的研究中,中国大学生与英国大学生基于Wiki平台开展商业研究项目,充分发挥Wiki的开放性和协同性,提高学生的跨文化交际能力。网络合作模式具有协作性、信息多模态、突破时空限制等诸多特性。网络交际模式主要依靠网络作为交际媒体,学生通过在线学习平台Skype等互动软件,与学习伙伴、教师或国外朋友进行交互。根据教学目标,学习者分析选择和组织恰当的文化教学资源,组建学习小组,确定学习主题,分配学习任务,创设教学情景,小组协作与交流,小组汇报与教学效果评价。培养学生对文化差异的理解和包容,具有多维、立体的思维方式和宽容、开放的情感态度。

(computer mediated communication,简称CMC)相对于口语对话而言,可以让学习者有更多的机会注意到语法结构,这对于语言学习非常重要。而且学习者在CMC时可以参照上下文、查字典及其他的参考资料。英语学习的一个主要目的是能够和来自英语国家的人们进行交流,而目前中国英语学习者缺乏用英语与英语为母语者之间的互动交流机会。在课堂环境下,身为母语非英语的教师,也只能够教语用知识,而有限数量的外教和学生一对一交流的机会也不多。这种非真实语境的英语学习无法让学生真正提高英语跨文化交际能力。互联网技术在创造真实语言学习环境上有重要的作用(Thorne, 2005)。

很多研究发现在二语学习中CMC的诸多优势。Wu, Marek & Chen (2013)研究了中国台湾某大学一学期的"高级英语会话"课的16名大二学生通过Skype视频与一名美国教师的实时互动。每次课程的安排如下:先由美国教师展示事先录制好的视频,学生们准备相关话题的展示,学生现场通过Skype即兴展示,美国教师与学生们围绕该话题继续开展讨论。课程内容是美国教师与中国台湾学生通过视频讨论文化的异同。学生的反思报告显示:这种形式的课堂设计对学生很有帮助,他们能深刻理解节日的文化含义,帮助他们形成多元文化世界观,增强自信心。

Sevingil, & Bayyurt (2010)的研究中,19名土耳其某大学的英语学习者与3名美国大学生通过邮件讨论事先选定的话题。结果显示,使用邮件作为学习工具可以帮助他们学习对方国家的文化,了解目标语的文化习俗。

Liaw (2006)论述了使用电子论坛(E-forum)进行文化教学的研究,验证了其促进二语学习者跨文化交际能力发展的效果。他指出,电子论坛(E-forum)具有培养跨文化能力的四种作用:①能理解异国文化生活方式,并愿意将自己民族文化介绍给他人;②视角转换能力;③跨文化交际中了解自己民族和其他民族的文化知识;④跨文化交际过程的知识。Dorothy M. Chun (2011) 利用 CMC 教学方式在美国和德国的两所大学做了一项实证研究,该研究验证了 CMC 教学在提升大学生跨文化交际能力方面的作用。信息技术在文化教学中具有的优势包括创设真实的跨文化学习情境和语境,及时获得本族语者的反馈,基于网络组织在线和离线的真实交际。

Kelm (1992) 通过对葡萄牙语学习者使用 CMC 的情况的研究,发现 CMC 可以提高小组成员的参与度,减少焦虑,情感表达更坦诚,在语言学习者中间创造充分的交流机会。Chun(1994)在对德语学习者的研究中发现,在 CMC 中,学习者向同伴及老师提更多的问题,给对方反馈。Kern (1995)对法语学习者的研究发现,与面对面交流相比,CMC 使学习者的语言产出增加,减少了用二语交流的焦虑。

本章旨在通过分析中国大学生和美国大学生之间开展的为期 7 周的跨洋远程合作项目的交流,探讨技术支持下的跨文化交流任务是否能够通过为学习者提供一个真实语境,从而提高学习者的跨文化意识。现有关于学习者跨文化交际能力发展的研究是通过测试、问卷和访谈的手段。本研究是通过学生的论坛讨论发帖,结合问卷和反思报告来了解网络远程合作项目对中国学生跨文化交际能力的影响。

第三节 跨文化交际能力的理论分析框架

跨文化思维能力,是指具有较强的全球视野和跨文化思维能力,保持开放的心态和对异国文化的宽容度。语言与文化密不可分,语言的交际在语境中产生,与文化之间存在不可割裂的联系。准确地使用语言,固然能够帮助语言使用者有效地交流,但更重要的是能够在适当的语境下进行表达。文化在语言教学中的作用不言而喻,要增加英语教学的真实性,教师应该注重语言使用的语境,让学习者能够在文化浸润下学会跨文化交际。

近年来,跨文化交际能力成为英语课堂教学的一个关注点。跨文化交际不仅是文化之间的碰撞,还应该被当作一个复杂的过程来分析。很多研究者提出了跨文化交际教学模式(Byram, 1997; Deardorff, 2006; Spitzberg, 2000; Spitzberg & Changnon, 2009; Stier, 2006),其中比较有影响的当属 Michael Byram 模型,这个模型把语言能力与跨文化能力结合起来,并且有着清楚、实用的道德目标(Byram, 1997)。Byram 提出跨文化教学目的应该包括:培养学习者跨文化交际能力及语言能力;能够和来自其他文化的人互动,让他们理解并接受来自其他文化的人,作为具有其他独特的方面、价值观和行为的个体;帮助学习者把这种互动看成是一个丰富自我的经历(Byram, Gribkova & Starkey, 2002:10)。

Byram 模式由五个方面组成:客观评判的文化意识,知识,跨文化交际的态度,解释与讲述的技巧,发现和互动的技巧。其中,客观评判的文化意识处于中心位置。在 Byram (1997)的框架下,跨文化学习不仅要掌握一些"事实性知识",学习者还需要对另一种文化持包容开放态度,尊重他人的文化,不带偏见地理解他人的文化。为提高跨文化交际能力,应鼓励学习者反思文化差异。跨文化交际能力包括知识、技能和获取与专业人士沟通交流的能力,这三部分互相关联。当学习者识别并获取新信息的时候,跨文化交际能力的发展就会得到激发。他们反思这种新信息,并把新信息与他们现有的知识联系起来,这是基于意义的思维网络,这个反思过程能带来新知识。Byram (2012:9) 认为客观评判的文化意识"包含语言教学的教育范畴""语言与文化方面的技能、态度和知识,应当以批判性文化意识为中心"。

我们在本章中运用 Byram 提出的跨文化交际能力的这几个维度,来分析所收集的语料。

第四节　数据收集

远程协作项目通过体验式学习、反思、小组合作,帮助学习者提高跨文化交际能力。网络环境可以增加互动及意义协商,学习者还可以分享个人观点和经历,把这个论坛作为社交和交换信息的媒介,成为外语课堂的延伸部分。为了达到良好的远程协作的效果,小组成员数不超过 6 名,能够让小组每一位成员在小组中持续地参与(Tolmie & Boyle 2000)。此次远程合作项目中,中国大学的 28 位学生与美国大学的 8 位学生组成了 7 个小组。中美小组除了第 1 小组是 6 人,其余每组人数为 5 人。小组成员之间的熟悉度也影响远程合作的效果,没有见过面的小组成员在远程合作中的参与度远小于成员之间互相熟悉的小组(Tolmie & Boyle 2000)。因而第 1 周中美学生在网络论坛上自我介绍时,教师让他们把自己的生活照也发到论坛上,让他们对于网络讨论交谈的对象有个具体的概念。在这 7 周中,我们在课堂上安排了 2 次视频讨论,第 1 次是熟悉对方,自我介绍及商定协作项目的讨论话题。第 2 次是网络讨论开始之后视频讨论。这是网络论坛讨论的拓展部分。通过 Skype 视频讨论,双方能够互相看到,并且进行真实语境下的交流。他们还通过电子邮件、微信等开展交流。通过这些方法,双方学生迅速地熟悉起来。明确小组任务后,学生自选话题能够积极参与到话题讨论中。

准备阶段:介绍协作项目概况,让学生熟悉网络平台及发帖讨论的步骤。

项目前期阶段:双方学生提议协作项目的讨论话题。

项目协作阶段:网络论坛上自我介绍,学生分组开展讨论。

项目收尾阶段:合作小组汇报。

数据收集:本研究采用的是定量与定性相结合的方法,收集的数据包括学生网络论坛讨论的发帖、问卷调查、反思报告、每周小结等。

第五节　学习者在远程合作中的跨文化交际能力的发展

根据 Byram 提出的跨文化交际能力模式的几个维度:知识、发现和互动的技巧、解释与讲述的技巧、跨文化交际的态度、客观评判的文化意识,我们在收集的语料里进行了分类,并找出相应的例证。

1. 知识

知识是指社会群体的成就性“产品”和自身文化或其他文化的行为规则,以及社会交际和个体交际的具体过程。知识包括两大要素:第一,社会交际过程的知识;第二,解释这些社会交际过程和产物的知识,后者包括他人如何认识你和你对他人的认识与理解。

知识体现在学习者对自己国家文化的了解,对他国文化的了解,以及能够向对方介绍文化。在例 42 中,第 1 小组第 4 周讨论的话题是中美礼仪差异,小组里中国学生和美国学生互相介绍本国礼仪文化,并讨论了解对方国家的礼仪文化。S2 首先介绍了中国的餐桌礼仪,接着 F8 介绍了美国的餐桌礼仪。S2 提出疑问,美国人吃饭是喜欢安静还是热闹,S3 提出有关小费等的问题,F8 都一一解释。S4 补充介绍了中国的餐桌礼仪,并对于美国人如何吃鱼提出问题,S2 还提问如何摆放刀叉,F8 也予以解答。F1 继续补充介绍了美国“百味餐”点餐顺序。通过这一轮讨论,中国学生与美国学生不仅互相介绍本国餐桌礼仪,体现了他们对本国礼仪文化的了解,而且了解了对方的礼仪文化。他们不仅能够把自己所知的本国文化知识介绍给对方,同时还增长了对他国文化知识的了解。

例 42

S2:OK, I want to say something about the eating etiquette in China. I konw something like that where you sit matters a lot when you have a formal dinner. The most important man may have the south-facing seat, and then the east-facing seat, following with the north-facing seat and west-facing seat. Have you ever heard about that? Even though our young care little about that, the older one or the serious [important] one (I don't konw how to describe, maybe when you are having a lunch with your boss, your boss is the one) may care a lot.

[译文:好的,我想谈谈中国的餐桌礼仪。在参加正式饭局的时候,我知道有些事情很重要,比如座位。最重要的人坐在朝南的位置,其次是朝东的,接着是朝北和朝西的位置。你听说过这个吗?尽管我们年轻人不是很在意这些,长辈和重要人物(我不知道怎样形容,比方说是和老板一起吃饭,老板就是那个重要人物),他们会比较在意。]

F8:Hi Eileen! We have something similar over here. Generally the head of the household will sit at the head of the table. For example, if you go to a dinner party, the person hosting will sit at the head of the table as opposed to sitting in between people. Are there any other customs or etiquette in regards to eating you can think of? I'm very interested to know more about this.

(译文:Eileen,你好!我们这边也有相似的。通常来说,一家之主坐在桌首。例如,如果你参加宴会,主人通常坐在桌首而不是坐在客人们中间。你还能想到其他的餐桌礼仪吗?我还想了解其他的餐桌礼仪呢。)

接着美国学生 F8 发帖介绍了其他的餐桌礼仪及问候礼仪。

F8:Eating etiquette largely depends on the setting. Dinner at home is very informal. Manners are more relevant in public. Here are just a few rules of etiquette that I am familiar with: always place your napkin in your lap, wait until everyone is served their food before you begin eating, if you are invited to a dinner party, it is very important to let the hostess know if you will or will not be attending, never talk with food in your mouth, and don't place your elbows on the table. Since we're on the topic of eating, I want to mention tipping. In America, it is customary to always tip your servers when you are out to eat as well as anyone else who serves you such as a bartender, valet, and anyone else that provides a service to you. Depending on how good the service was, you should generally tip anywhere from 15% –20% of the bill.

If I can think of anything else I will definitely post more. And as always, if you have questions about anything, please ask.

（译文：用餐礼仪很大程度上取决于场合。在家用餐比较随便。在公共场合更讲究礼仪。我举一些熟悉的礼仪例子：把餐巾布放在大腿上，每个人的食物都上齐了再用餐，如果你参加的是一个正式的派对，一定要与主人确认你是否会参加，嘴巴里有食物不要讲话，也不要把手肘撑在桌上。既然我们讨论的话题是用餐，我想聊聊如何给小费。在美国，习惯在用餐完毕给服务生小费，包括服务生、门童、任何给你提供服务的人。付小费取决于服务的质量如何，通常小费是餐费的15%～20%。

如果我还想到别的，我再发帖上来。和往常一样，如果你有问题的话，尽可以问。）

S2：Hi, Danielle, what do you think about talking when you are eating? I know that American people may enjoy a quiet dinner, which may have one playing the violin. But in China, most people like to chat during the meal, creating an active atmosphere, which gives everyone a happy dinner. Will you talk when you are eating?

（译文：Danielle，你好！对于一边吃饭一边讲话，你怎么看？我知道美国人喜欢安静地用餐，餐厅有小提琴之类的演奏。但是在中国，大多数人喜欢吃饭的时候聊天，创造活跃气氛，每个人开心用餐。你们吃饭的时候说话吗？）

S3：Hello, Danielle. Your descriptions about American etiquette are detailed and really different from us. Does giving tips mean showing respect to others' service? And why can not Americans place their elbows on the table? I'm very interested in these and I will post our etiquttes on the website tomorrow.

（译文：Danielle，你好！你关于美国礼仪的描述非常细致，和我们中国人的餐桌礼仪很不一样。给小费是为了表示对他人服务的尊重吗？为什么美国人不把手肘撑在桌上？我对这些很感兴趣，我明天会把我们的礼仪发帖到网上。）

F8：Oh yes we definitely enjoy having conversation while we eat. As long as you don't talk while you are chewing, for example. That's considered rude. But we usually don't have quiet meals. In fact, dinner time is the time when family or friends can talk about their days and plenty of people meet up with friends for a meal to catch up with what's going on in their lives. Hi Stephany, tipping is considered respectful and it's also like a sort of thank you for the service. If you receive really good service, you tend to tip a lot more than if you receive bad service.

Putting your elbows on the table just adds unnecessary weight to the table and makes it more likely to knock things over plus it just looks sloppy. People tend to pay more attention to this in formal situations.

(译文:哦,是的,我们喜欢吃饭的时候聊天。只要你不是一边咀嚼一边说话就行。那样显得很粗鲁。但是我们通常不会吃饭的时候安安静静。事实上,用餐时间是家人和朋友可以聊天交流他们各自生活的时候,很多人都是约朋友吃饭碰头聊聊各自的近况。Stephany,你好,给小费是对服务生的尊重,也是你向他们提供的服务表达谢意的一种方式。如果你得到了好的服务,你可以比没有得到好的服务时给的小费更多一些。

把手肘撑在桌子上,给桌子增添了不必要的重量,容易碰倒东西,也看上去很散漫。人们在正式场合比较注意这些。)

S4:I want to say something about eating etiquette, too. In my opinion Chinese people don't have as much as etiquette as westerners. But there's still some etiquette that I want to talk about.

① When Chinese people have a family party, all the people couldn't start eating before the oldest person picked up the chopsticks.

② When people cheer, they should drink all the beer in the glass. And when people cheer, they always send wishes to each other.

③ People won't turn over the fish when they have a dinner with a sailor. Because sailors think it is ominous.

Maybe I miss something; I hope everyone can add something. Whenever you walk into a restaurant which is full of Chinese people, it's usually very noisy. Some Chinese like to talk loudly when they have meals. I think it's a bad phenomenon that we Chinese need to give up.

I am curious about American's eating etiquette. And I want to ask when Americans eat fish do you pick out all the fishbones out of the meat or just eat and then spit the fishbones?

(译文:我也想谈谈用餐礼仪。在我看来,中国人没有西方人那么多礼仪。但是我还有些礼仪想分享给大家。

① 中国人在家庭聚餐时,最年长的家人没有拿起筷子之前,其他人都不会开始吃。

② 当人们干杯时,他们会把杯子里的酒全部喝光。人们在干杯的同时,常常给其他人送出祝福。

③ 当与船员一起用餐时,吃鱼时人们不会把鱼翻一面。因为水手们认为这

个很不吉利。

也许我有遗漏的地方,大家可以增加。当你走进满是中国人的餐厅时,通常噪音很大。一些中国人吃饭的时候说话声音很大。我觉得这是中国人应该改变的地方。

我对美国的用餐礼仪很感兴趣。我比较好奇的是,你们美国人吃鱼的时候是把鱼骨头都剔出来,还是直接吃然后吐骨头?)

F8:That's very interesting what you said about eating fish. I think generally here in America fish is already deboned before it is eaten. I could be wrong though because neither I nor my family eats fish.

(译文:你说的关于吃鱼的事情,很有意思。在美国,鱼上桌的时候,鱼骨头已经被处理过了。我不太确定,因为我和我家人都不吃鱼。)

S2:Hi Danielle, could you tell me something about how to put or use the fork and the knife when you are having a dinner? Is there any etiquette about how to put them when you are not using them?

(译文:Danielle,你好!你能讲讲用餐时怎样摆放刀叉吗?不用的时候,刀叉怎样放呢?)

F8:Hi Eileen, there is etiquette when it comes to using a fork and knife, but to be honest most people don't pay that much attention to it unless they are at a formal dinner. The fork is hold in the left hand and the knife in the right when you are cutting, but you switch the fork into the right hand when you pick up the food to pit it in your mouth.

(译文:Eileen,你好!用刀叉的时候,有礼仪要求的,但是大部分人不会过分讲究,除非是参加正式宴会。切食物的时候,左手拿叉,右手拿刀。当你把食物叉起送入口中的时候,就把叉换到右手。)

F1:Talking about eating etiquette, I find there is one kind of party very interesting, which is called potluck. Guests are supposed to take a dish when they go to the host's house to attend the party. By this way, people can taste different kinds of food, and we can also share our secret recipe with our friends or relatives.

When you go to a restaurant, the server always asks you to order the beverage first. You'd better start ordering appetizers and entrees after the server brings you the beverage. After finishing all the entrees, the server will give you the dessert menu. Of course, if you were too full, you can always choose not having dessert. BTW, most of the desserts are extremely sweet, and Americans are crazy about sweet food!!!

（译文：说起用餐礼仪，我发现美国这儿有种聚餐形式叫作“百味餐”。参加的客人们每人带一份菜去主人家参加派对。这样人们可以品尝到不同种类的食物，我们还可以和亲戚朋友们分享自己的秘密食谱。

当你去餐厅时，服务生通常会让你先点酒水饮料。你最好在酒水饮料上来之后，就开始点开胃菜和前菜。前菜吃完后，服务生会给你甜点菜单。当然，如果你已经很饱了的话，你可以不点甜点。顺便提一句，大部分的甜点都极其甜，美国人超级爱甜食！）

2. 发现和互动的技巧

发现和互动的技巧指的是，学习者能够习得文化和文化实践中的新知识，并运用这些知识、态度和技巧来处理实际交际中互动上的一些问题。

在例43，第5小组第6周恰逢美国的感恩节，中国学生S17问起了美国学生F5的感恩节安排。小组成员知道如何问候寒暄，并且通过向对方提问了解美国学生如何度过感恩节。

例43

S17：Hello, Nick, long time no see. How are you? I know Thanksgiving is coming, I hope you will have a day-off on Thanksgiving. And could you please tell us something about the festival? Will you cook by yourself on that day?

（译文：你好，Nick，好久不见。最近还好吗？感恩节就要到了，感恩节你应该会放假一天吧。你能告诉我这个节日的情况吗？感恩节你自己做饭吗？）

F5：Hello, Vanessa. Yes, Thanksgiving is coming soon. I am actually traveling to Montana State to visit my father's side of the family. Montana State is located north of California and is right on the border of Canada. So it will be really cold and it will probably be snowing there. So I will probably eat and cook food with my family there. Montana is nice because there is a lot of nature and not a lot of people that live there. This will be my first vacation in a long time so I am very excited.

（译文：Vanessa，你好！是的，感恩节很快就要到了。我打算去蒙大拿州看望我父亲那边的亲戚。蒙大拿州在加利福尼亚州北边，靠近加拿大边境。那里可能会很冷，说不定还下雪。我会在那里和亲戚们一起做饭聚餐。蒙大拿州很不错，因为那里有很多天然景色，人也不多。这将是我这么长时间以来的第一次度假，我很激动。）

3. 解释与讲述的技巧

解释与讲述的技巧指的是，学习者能解释来自其他文化的文献或事件，从自身文化的角度来解释或是讲述其他文化的文献或事件，而且能够向对方解释自己的文化，以及一些与对方国家文化不同的现象。

第7小组第3周的论坛讨论，S26介绍中国的中秋节，讲述了嫦娥和后羿的故事，美国学生F7对这两个人物感到疑惑，提问："Ah, this is interesting. I liked the festival's back-story or origins. Who is Chang'e and Houyi?"（译文：啊，这个非常有趣。我喜欢这个节日来历的故事。谁是嫦娥和后羿？）S26回答："Chang'e is a fairy, and Houyi shoot eight suns in the sky in Chinese fairy tales."（译文：嫦娥是一个仙女，在中国神话故事里，后羿射下了八个太阳。）

在例44里，第3小组第5周论坛讨论的话题是"礼仪"，小组成员说起了中国人如何互相问候及美国人如何互相问候。美国人通常问候对方"How are you?""How have you been?""What's up?"；而中国人互相问候时，常常问对方"你吃了吗"，美国学生对此很好奇。在这样的交流里，学习者意识到自己文化与对方国家文化的不同，并能解释给对方听。

例44

F8：Greeting etiquette in America also depends on the situation, but it is generally fairly informal. Usually, a first meeting will consist of an introduction and a handshake. Some people like to hug, but that is generally reserved for friends or acquaintances. Girls typically hug each other more often than boys. Personal space is a big deal here, so you have to be careful of touching others. Common greetings are "How are you?" "How have you been?", maybe even "What's up?" although the person is usually not inquiring about your well being. It's just a pleasantry. Most people prefer to be referred to by their first name, but you should always first refer to an elder or someone similar as Mr. or Mrs. or even Dr. until they let you know it's okay to call them by their first name. Children almost always refer to adults by Mr. or Mrs. Unless they are told otherwise.

（译文：美国的问候礼仪也取决于场合，但是通常来说相对非正式。第一次见面，人们常常相互介绍和握手。一些人喜欢拥抱，但多是对于朋友或熟人。女生之间比男生拥抱得多。美国比较看重个人的空间，所以你要避免触碰到他人。通常的问候是"你好吗？""最近你过得还好吗？"或者就是"最近怎样？"尽管对方并不是询问你近来情况的意思。这只是客套话。大部分人喜欢被直接称呼名字,但是如果是称呼长辈或者类似的人,你要称呼对方“先生”“太太”或者“博士”,除非他们让你直接称呼他们的名字。孩子们通常称呼长辈“先生”或“太太”,除非事先告知他们直接称呼其名。)

S3:Chinese greeting etiquette [etiquette] [is] similar with American. But there are some differences in details.

First, if you are a host, you should shake hands with your guests or hug them forwardly. It's a way to show your respect, welcome and enthusiasm. Second, when you meet a person for the first time, it's suitable to say "hello" and shake hands with him or her, no matter he or she is the aged or youngsters. And if the person is you are familiar with, you can give him or her a hug and salutation. Actually, Chinese usually say "Today have you eaten?" in our daily lives. I think it [is] just like a routine and we can communicate more easily and show our kindness to people around us.

This [is] Chinese greeting etiquette [etiquette] and I think it shows our kindness or respect just like the American do. I'm looking forward to your reply and if you have questions I would try to give you a right and complete answer.

(译文:中国的问候礼仪和美国相像,但在细节上依然有差异。

首先,如果你是主人,你应当主动和宾客握手或者拥抱。这是表达你的尊重、欢迎和热情的一种方式。其次,如果你是第一次遇到这个人,应该说“你好”,并和对方握手,无论对方是年长者还是年轻人。如果这个人是你所熟悉的,你可以给对方一个拥抱。事实上,在中国我们日常问候的话语是:“今天你吃了吗?”这是一个日常问候语,我们可以更容易地和对方沟通交流,表示我们对其他人的善意。

这些是中国的问候礼仪,表示了我们表达善意和尊重的方式,就像美国人一样。我期待你的回复。如果你有任何问题,我都愿意给你一个正确完整的答案。)

S1:"Have you eaten today?" is a popular greeting in China. Also, "What do you eat for your meals?" is also a common one. Chinese like to greet people in this way. Just the same as "What is the weather like today?"

(译文:“今天你吃了吗?”在中国是一个很通用的问候语,还有“你吃了些什么?”也是一个常用的问候语。中国人喜欢这样问候对方。这些问候语就类似于“今天天气怎样?”)

F8:Interesting! So, when you greet each other with "Today have you eaten?" how do you respond? Is it similar to the American greeting "how are you?" which is answered with "fine"?

(译文:真有趣!那么,当你们互相问候"今天你吃了吗"的时候,你怎样回答呢?是不是类似于美国人问"你好吗?"回答"我很好"?)

4. 跨文化交际的态度

跨文化交际的态度是指,对文化问题要保持好奇和开放的态度,不再对其他文化和自身文化持怀疑态度。这就意味着,愿意去比较和描述自身的价值观、信仰和行为,而且不再假定它们是唯一的和绝对正确的,能够客观地从其他文化的角度看待自身的价值观、信仰和行为。简单地说,不再将自身的文化看作"中心文化"。

在例45中,F8和S3表现出对于对方国家礼仪文化的兴趣,想要了解对方国家的礼仪文化。

例45

F8:I do like this idea because I am definitely interested to know about the etiquette in your country.

(译文:我很喜欢这个主意,因为我对于了解你们国家的礼仪非常感兴趣。)

S3:I like this interesting topic and I also want to introduce [some] [etiquette] to all of you. So I'm looking forward to knowing the American etiquettes and I'd like to compare the difference between you [yours] and us [ours].

(译文:我喜欢这个有趣的话题,我也想介绍各种礼仪给你们。我很期待了解美国的礼仪,也想对比你们的礼仪和我们的礼仪的不同。)

例46是第1小组的中国学生S2的提问,S2对美国的大学生活非常感兴趣,在第3周论坛讨论中,S2向美国学生提问在美国大学是不是"入学容易,毕业难",这种情况与中国很不相同。F1给出了她的回答。

例46

S2:I really want to know more about the American life, especially school life!

There used to be a saying that students enter the university harder than graduating from that (It is said that it is harder for students to enter the university than to graduate from it), but in America students graduate from the university harder than entering (But in America, it is harder for the students to graduate from the university than to enter it). Is that right? How about the school life in

American university?

(译文：我很想了解美国人的生活，特别是校园生活！

大家总说，考大学难，毕业容易；但是，在美国考进大学容易，毕业难。是这样的吗？美国的校园生活是怎样的？)

F1：I think what you said is true. In an American college, most of the students study very hard every day in order to get a good grade. At the beginning of the semester, instructors of each class will give the syllabus to students. Syllabus is a specific schedule covering the time of all the tests and quizzes, the reading we are required to do before each class, and other assignments for each week, like presentation, reading reports, or interview. We need to accomplish every task step to step to get an A in the final. Some classes even have quizes every week. In conclusion, students studying in an American college need to contribute a lot on studying, and getting a good grade and graduating is not that easy.

(译文：我认为你说得很对。在美国的大学里，为了拿到高分，大部分学生每天都很努力地学习。在学期初每门课的老师都会把教学大纲发给学生。教学大纲是一个详细的课时安排，包括所有大小测验的时间，课前要求阅读的书目，还有每周要完成的课堂展示、读书报告、访谈。我们如果期末想要拿A的话，就必须一步一步完成这些。有些课程每周都有测验。总之，在美国大学里的学生要花很多精力才能拿到高分，毕业可不是简单的事。)

例47是第1小组第6周的讨论，S4提问美国人对于"'13号的星期五'会带来坏运气"这个说法的看法，而中国的文化里并没有对"13"这个数字的禁忌，F8对S4的提问给予回答。

例47

S4：I have a question for you. I once read an article about 'Friday the thirteen'. It says that 'Friday the thirteen' means a day is Friday and also the thirteen day of a month. Many Americans think that 'Friday the thirteen' is an extremely unlucky day. A lot of bad and unlucky things will happen during this day. So many Americans will be very careful on this day. Is that true?

(译文：我有一个疑问。我曾经读过一篇关于"13号的星期五"的文章。"13号的星期五"指的是那一天既是星期五又是那个月的第13天。许多美国人认为"13号的星期五"是一个极其不好的日子。很多坏运气的事情会在那一天发生。因此，许多美国人那一天都很谨慎小心。是那样的吗？)

美国学生 F8 回答道：

F8：Interesting question! It depends on who you ask, but I think for the most part a lot of people avoid things like booking flights for this day or taking part in anything risky. Even if someone is not very superstitious, a lot of people would rather not have the chance that something bad happens so they just avoid situations where something could go very wrong.

（译文：很有趣的问题！答案取决于你问的对象，但是我认为大部分人还是会避免那一天乘坐飞机或者参与任何有风险的事。甚至一些不迷信的人，也宁愿避免冒险，以免坏的事情发生。）

跨文化交际的态度，还包括对与异国朋友交流的态度，在项目进展过程中，中国学生和美国学生互相建立了深厚友谊。

在例 48 里，中国学生 S7 和 S12 在第 7 周项目临近结束的时候，论坛发帖表示出对对方的不舍。

例 48

S7：I will cherish this precious experience!

（译文：我会珍惜这段宝贵经历的。）

S12：I like six weeks' communication with you. I wish that we would have more contact in the future. If you come to Shanghai, you can call us and we'll be pleased to show you around!

Hope you are well and thank you for all your hard work!

（译文：我很喜欢这 6 周与你们的交流。我希望我们将来可以继续联系。如果你来上海，你可以给我们打电话，我们会很乐意带你四处逛逛！

希望你一切安好，感谢你的辛勤工作！）

美国学生也有同感。F6 在论坛上发帖也表示了自己的不舍之情，同小组的中国成员 S21，S23 也表达了自己的感想，并欢迎美国学生能来上海游览，见例 49。

例 49

F6：OK, Kevin, thank you very much for this information.

Also, I want to thank each and every one of you for participating in this wonderful project.

It has been my sincere pleasure to become friends with each of you, and I genuinely hope we can continue to remain in contact on Skype.

（译文：Kevin，非常感谢你提供的信息。

另外，我很感谢每一位同学参与这个很棒的项目。

我真心高兴与你们每一位同学成为朋友，我也真诚地希望我们以后可以继续 Skype 视频聊天。）

S21：Hello, Tory. This is our last week and it's time to summarize and prepare for the presentation. Time passed quickly, our discussion is almost over. I really don't want to say goodbye. I think we have become good friends and we will keep in touch on the Skype.

（译文：Tory，你好！这是我们最后一周了，该做项目总结，准备展示。时间过得真快，我们的讨论就要结束。我真的不想说再见。我们已经成为好朋友，以后在 Skype 上继续保持联系。）

S23：Hi, Tory! Time flies so fast. And I really don't want to say goodbye. I think all of us have become good friends, and I am very glad that you are my first foreign friend. How fantastic!! And Tory, if you come to China, all of us will be very glad to become your tour guide [guides].

（译文：Tory，你好！时光飞逝。我真的不想说再见。我们都成了好朋友，我特别开心你是我第一个外国好朋友。真的很棒！Tory，如果你来中国的话，我们都很愿意做你的向导。）

F6：Hi, Jessica! Yes, time went by so quickly. But thanks to technology, we don't have to say goodbye. We can still keep in touch on Skype.

Wow!! I wasn't aware that I'm your first foreign friend. I'm very honored to know that. Yes, I'd like to visit China and have you all as my tour guides. That would be much fun. I'd really enjoy it.

If you come to the U.S., please visit California, and I'll show you around.

（译文：Jessica，你好！是的，时间过得真快。但是好在有高科技，我们不用说再见。我们可以通过 Skype 联络。

哇！我还不知道我是你第一个外国朋友呢。非常荣幸！我很想到中国去，让你们都做我的向导。那应该很有趣。我会玩得很开心。

如果你们来美国，请来加利福尼亚州，我会带你们四处逛逛。）

5. 客观评判的文化意识

客观评判的文化意识，指的是能够根据自身文化和其他文化的外在显性标准、洞察力、实践和结果来客观评判文化问题，能够对比本国文化与他国文化。例 50 便是这样的例子。在例 50 中，学生们交流了美国大学里选课、转专业与中国的情况对比，中国学生能够找出差异，并指出不同之处。

第1小组在第5周讨论了校园生活，F1首先讲了一下美国大学课程设置、选课等情况，以及她对中国的大学课程的理解。F1是从国内大学转去美国读大学的中国学生，熟悉美国和中国的大学课程情况。她在发帖里比较了美国和中国的课程。S4纠正了F1的一些看法，告诉她现在中国大学里的选课制度的变化。S1随后对转专业做出评论，F8也加入讨论发表想法。

例50

F1：The courses in American universities are quite different compared with them in China. The students are supposed [to] choose courses by themselves according to their interests and majors. We are required to take at least 120 units before graduation, nearly half of which are units from general education classes, called GE classes. Every student must take GE whatever his/her major is. Personally I really like GE as it provides us with an opportunity to try different academic areas including physical universe, arts and humanities, social and political, economic institution, and historical background etc. Therefore, students are able to explore their interests by taking varieties of classes and decide what they want to do as a career.

What's more, changing major or option is a very common and easy process. Just talking with your major adviser and filling a form are enough. Take me as an example, I keep my major as linguistics but I changed the option from general linguistics to teaching English as a second language (TESL). What I did is just notifying my adviser my decision and asking for his signature. The whole process only took me couple minutes, which can reflect the philosophy of American universities is respecting the diversity of different students and letting them choose their own future.

Although the American college education system has a lot of advantages, the Chinese one is still better in some ways. For instance, in China most of the students from the same class are taking all the courses together, which makes it much more easier for us to find helper when we have any problems and to make friends.

（译文：美国大学里的课程与中国很不一样。美国学生根据他们的兴趣和专业选课程。我们在毕业前要选满120个学分，几乎一半课程是通识课程，简称GE课程。无论是什么专业，每一位学生都要选修通识课程。我个人很喜欢通识课程，因为可以让我们有机会尝试不同的学科领域，包括天体物理、艺术人文、社会政治、金融体系、历史背景等。这样学生们能够通过学习多种课程来发掘他们的兴趣所在,并决定今后的事业道路。

而且,转专业是一件很平常容易的过程。只需要和自己的专业导师谈谈并填写一张表格就可以了。以我为例,我自己的专业是语言学,但是我把自己的专业从普通语言学转为英语教学。我所需要做的就是把我的决定告诉我的导师,请他签字。整个过程只需几分钟时间,这能反映出美国大学的理念是尊重不同学生的多样性,并让他们为自己未来的专业发展做主。

美国大学有很多优点,中国大学也有其优势之处。例如,中国一个班的学生选的都是同样的课程,他们可以很快成为朋友。这样如果遇到什么问题的话方便寻求帮助。)

S4:Nowadays many universities in China, at least in Shanghai have already had the General Education classes. We have to take art, computer, economy, PE and many other courses. After we finish a GE course, we will get one or two point [credits]. And every college student should get more than thirty points [credits]; otherwise he or she can't graduate.

To tell you the truth, in our university, the students in the same administrative class may not study in a same class. We do have the same courses, but our teachers are different. We have to choose the teacher we like, or the time of the classes we want at the beginning of the semester. Not only the GE classes but also our professional classes are like this. We are in an administrative class, but we might not meet for a whole year. I don't think it's this way of having classes is good for making friends.

(译文:现在中国大学,至少上海已经开设了通识课程。我们要上艺术、计算机、经济、体育,还有其他许多课程。上完一门通识课,我们可以拿到一至两个学分。每位学生要拿到30个学分以上才能毕业。

事实上,在我们学校,同一个班上的同学常常不在同一个教室上课。我们课程相同,但老师不同。学期初的时候,我们选自己喜欢的老师及合适自己的时间的课程。不光是通识课程如此,我们的专业课也是这样。一个班上的同学,有可能一整年都碰不到面。我觉得这样的上课方式并不能让我们交到朋友。)

F1:I'm so happy that things are changing in China, especially in Shanghai. It seems that my perspective about education system in China is out of date. What I said is what I experienced when I was a freshman in Beijing Language and Culture University. I'm glad that you can have your own choices on classes right now.

（译文：我很高兴看到国内的变化，特别是上海。似乎我对中国的教育体系的认识已经过时了。我所说的是我在北京语言文化大学大一时候的情形。我很开心现在你们有自己选择课程的自由。）

S1：It seems easy to change a major in American universities. And I admire it very much because it is very difficult to change a major in our universities. It demands high scores and comprehensive abilities which are really hard for one to change the major. If you are an outstanding and diligent person maybe it is not so that difficult.

（译文：似乎在美国的大学转专业比较简单。我非常羡慕，因为在我们的大学转专业很难。需要很高的分数和综合能力。如果你是非常优秀非常勤奋的人，转专业就不会太难。）

F8：It's very interesting what you said about changing majors. It seems like a difficult process compared to over here. Like Cathy said, it's very easy to change majors here. All that you need to do is get a formal sign by a couple of advisors, which is lucky for me because I've changed my majors more than once with no problems at all!

（译文：你们讨论的转专业的事情很有意思。和美国这边相比，在中国的大学里转专业似乎是个难事。就像 Cathy 所说，在这边转专业非常容易。你只需要几位导师的签名，我很幸运已经转了不止一次专业啦，完全没有问题。）

在例 51 里，第 3 小组讨论话的题是“中国大学生与美国大学生做兼职的对比”。在第 3 小组第 5 周论坛发帖中，F3 首先发帖谈论了美国大学生做兼职的目的、学生对做兼职的态度、年龄限制，以及父母认为兼职有可能影响学业的态度。S10 和 S9 的发帖里，分别回答了 F3 提出的问题，指出美国的大学生做兼职与中国大学生做兼职有很大的不同。美国大学生做兼职是为了自己能够经济独立，至于是否影响学业，父母一般不过多干涉。中国大学生做兼职更多是为了获得社会体验，而不是赚钱交学费养活自己。

例 51

F3：Hello, everyone, we are almost done with this project so then I am wrapping up the questions. I will be working on a PowerPoint combining all of our ideas. So remind everyone we have been talking about part-time jobs in China vs. the U. S.

This week we will be talking about：

What are the purposes of students doing part-time jobs?

What are the students' attitudes towards doing part-time jobs?

At what age can students start working?

If you did poorly on a test/exam/mid-term exam what will your parents do? Will they not allow you to continue your part-time job? Or will they not care?

Like always I will post my answers below:

① I think the purpose of students' doing part-time jobs here in the U. S. is that they need the money. Most students work to pay their bills: their phone bill, electricity and water bill, house bill, and food.

② The students' attitude towards doing part-time jobs are [is] not always positive. Some students enjoy working at their jobs and some other students hate working at their jobs. They either don't like the job they are doing, people they work with, or the people they serve. They complain about the job but they do not quit because they still need the money.

③ Here in Fresno, California, you can start working at the age of 16. But, since you are 16 and still in high school, you need something called a "work permit". This is a permit allowing students to work and students can only work a few hours a week.

④ If I fail a test/exam/mid-term exam my parent will get upset at me. They will not stop me from working at my job but they would be disappointed at me. Because I am an adult already and therefore I am responsible for my own actions.

These are all the questions that we will be discussing this week. If you want to add more questions feel free to post them. I hope you all have a great week and talk to you all soon.

(译文:大家好!我们快要完成项目啦,我在总结这些问题。我会把我们的观点整合起来,做幻灯片。提醒一下大家,我们讨论的是中国和美国做兼职的对比。

这一周我们要讨论:

① 学生做兼职的目的是什么?

② 学生们对待兼职的态度如何?

③ 学生们做兼职的年龄限制是多少岁?

④ 如果你测试、大考试、期中考试考得很差的话,你的父母会怎样做?他们

会让你继续做兼职吗？或者他们不会在意？

像往常一样，我先把我的回答发帖出来：

① 美国这边大学生做兼职的目的是他们需要钱。大部分学生打工赚钱付账单：他们的电话费、水电费、房租和伙食。

② 学生对做兼职的态度并不总是积极的。一些学生喜欢他们的工作，另一些学生并不喜欢他们的工作。他们可能不喜欢那份工作、一起共事的人，或者他们的顾客。虽然他们抱怨自己的工作，但不会辞职不做，因为需要钱。

③ 在加利福尼亚州的弗雷斯诺，学生16岁就可以开始打工。但是16岁的时候还在念高中，你需要一个"工作许可证"，这个许可证允许学生工作，但每周只能工作若干小时。

④ 如果我考试考得很差的话，我的父母会很生气。他们虽然会对我失望，但不会阻止我去打工，因为我已经是成年人了，要对自己的行为负责任。

这些就是我们这周的所有讨论话题。如果你们还想增加更多的讨论问题，可以把这些问题放到论坛上。祝你们度过愉快的一周，期待很快与你们视频讨论。)

S10：① I think it's the same purpose that we need money. But students in China mostly don't have to pay the bills themselves. We are likely to use this money to buy what we want to buy, such as clothes, shoes, or food, etc. We earn money for the pocket money, not necessary expense. And I think it also depends on what kind of part-time jobs we choose. Because there are some part-time jobs which you won't earn much money but you can learn more, for example, teacher assistant.

② As far as I know, Chinese students' attitudes toward part-time jobs is [are] negative. Too many students are still enjoying their parents' love and worry about nothing. Even many graduates will stay at home and don't want to find a job. They don't want to and won't try to feel the real society.

③ It depends. Some students who are poor at study might give up going to high school and decide to have a job as long as the law allows. Some students who are good at study but poor at communicating with other people might go further their study until they get PhD. It also depends on the major. If it's about business, I think students should practice more while they're in university. If it's about language or something, I think students should prepare well enough then begin to find a job.

④ Um ...Yes, they will ask me to focus on study first. After all I choose to study further in university myself and they pay it for me. Besides, it's really important that I go to study in university because I think I will improve myself in university and be able to get a better job with better salary. Part-time jobs will never meet my need.

(译文:① 我认同做兼职的目的是我们需要钱。但是中国的大学生大多数不需要自己承担学习与生活的费用。我们打工的钱可以用来买我们想买的东西,例如衣服、鞋子,或者是食物等。我们赚的是零花钱,而不是生活必需费用。做兼职的目的还取决于我们选择什么样的工作。因为有一些兼职,你赚不到很多钱,但是可以学到东西,例如做助教。

② 据我所知,中国学生对待做兼职的态度是负面的。太多的学生依然享受父母的爱,无忧无虑。很多大学生毕业后甚至待在家里,不去找工作。他们不想也不愿意去尝试接触这个真实的社会。

③ 这个问题要看情况而定。一些贫困家庭里的学生很可能高中就辍学,只要到了法定工作年龄就开始去找工作。还有一些学生,学习成绩很好但不擅长与别人交际的,他们有可能博士毕业以后才去找工作。做兼职还与专业有关。如果是商科,我认为学生们在大学就读期间就应该多参加实践。如果是语言类或其他专业,我认为学生们在找工作之前应当多积累经验准备。

④ 嗯……是的,他们可能会让我先把注意力放到学习上。毕竟是我自己选择到大学继续学业,他们为我付钱。而且读大学非常重要,因为我认为我将在大学里提高我自己,将来找到一个高薪水的好工作。而兼职工作没办法符合我的需求。)

另一位中国学生 S12 发帖回应了以上 4 个问题,并提到中国的法定打工年龄是 18,S9 跟帖,继续这个话题讨论。

S9:① Yep I can't agree with Judy no more and I think we should be patient to choose a part-time job even it may be easy to do or it won't take us much time. A suitable part-time job can practise our working ability and make us be more patient. Anyway we can learn morn from it.

② In my opinion, we choose a part-time job is for accumulation of working experience, so we should treat it as an official job with a responsible attitude.

③ The legal working age in China is 18? I'm not sure about that.

④ There is no doubt that my parents will be disappointed if I did poorly on an exam, but they never punish me because they believe I can handle it well. If

I make some mistakes or do some wrong things sometimes, they won't point them out or tell me what not to do. It would be me who decides.

（译文：① 是的，我非常同意 Judy 的看法，我认为我们应该耐心选择兼职工作，即便这份工作很简单或者不会占用我们太多时间。一份合适的兼职工作能够锻炼我们的工作能力，让我们更加耐心。我们可以学到很多。

② 在我看来，我们做兼职是为了积累工作经验，我们应该本着负责任的态度把兼职当作正式工作来做。

③ 中国的法定工作年龄是 18 岁？我不是很确定。

④ 如果我考试考得不好的话，毫无疑问，我的父母会对我失望，但是他们不会惩罚我，因为他们相信我自己能够处理好这一切。如果我犯了错误，或者做了错的事情，他们不会指出或者告诉我不要去做。而由我自己决定要不要继续做兼职。）

第六节　远程合作对中国学习者跨文化交际能力发展研究小结

本研究采用定量与定性研究相结合的方法探讨了中外远程协作课程对英语专业学生跨文化敏感度和跨文化效力的影响，依据 Byram 提出的跨文化交际能力模式的五个维度：知识、发现和互动的技巧、解释与讲述的技巧、跨文化交际的态度、客观评判的文化意识，在中美大学生网络论坛讨论语料里进行分类，并找出相应的例证进行分析。学习者在真实语境中意义协商，向对方介绍本国文化，从对方的介绍中学习他国的文化知识；并且能够通过互动技巧向对方提出问题；能够评判自己国家和他国的文化现象；能够向对方解释文化现象；对异国文化友好包容，保持好奇和开放的态度。

远程合作的方式即通过网络平台实现同步或异步与学习伙伴、教师或国外朋友进行交互，或者基于视频通话的方式及时解决他们在学习语言文化中遇到的问题，有利于个体对跨文化交际的体验。在远程合作中能实现真实的语言输入和意义协商。英语为母语者的真实的语言输入能促进学习者语言习得和跨文化意识，在互动中的意义协商能促进语言与跨文化意识的调整（Long, 1996）。意义协商经常发生在信息交换过程中而非在纠错方面，意义协商在于整体意义而不是语言结构。对于学习者来说，有真实的读者对象很重要，他们在语言产出时会使用语言去构建交际的意义，而非仅仅为了操练语言的目的（Chapelle, 1997）。因此，对于语言学习者来说，真实的交际机会很重要，他们可以使用英语和英语为母语者交际互动,发展他们的语言技能和跨文化交际能力。

在目前的英语课堂教学环境下,学生缺乏在真实交际语境中的外语交际能力,缺乏对文化差异的敏感性。互联网为超越时空和地域的协作学习创造了良好条件。学生通过网络相互交流,相互探讨,共同完成学习任务。学习者之间更主动地进行信息交换,提高参与度和自信心,降低课堂焦虑感。在远程合作过程中,学习者需要大量的语言输出,这样既增加了交流机会,也使得学习者的语言运用能力得到提高。

第七章　中美学生对远程合作项目的反馈

这一章采取定性与定量相结合的方法,收集了参与本次远程合作的中国学生和美国学生的问卷调查、每周小结、反思报告等数据。在问卷调查中,了解中美学习者的背景,之前使用网络远程合作的经历,登录论坛发帖的频率,每周在跨洋合作项目上所花的时间,与小组成员 Skype 视频讨论的次数,以及对此次远程合作的总体评价等。问卷中针对技术界面、学习体验、对项目建议这三大方面共提出了 38 个问题,用的是李克特 5 级量表。在问卷中,除了 5 级量表问题外,还有开放式问题,了解学生们对这次跨洋合作的学习感受、期望和学习效果;在跨洋项目中最喜欢和最不喜欢的部分;在这个项目中学到了什么;这个项目怎样促进英语学习,在哪一方面有帮助;对改进项目的建议。这些开放性问题,可以总体了解学生对于跨洋远程合作项目的体验、看法和态度。总体而言,中国学生和美国学生都对此次远程合作项目持积极态度,可以在真实的语言使用环境中提高学习者的语言水平,同时提高跨文化交际能力。最后,本章针对如何把远程合作项目融入课堂教学设计提出建议。

第一节　数字时代的外语教学

全球化进程和英语教学的快速发展对外语教学方式提出了新的挑战(Shomoossi & Ketabi, 2008)。现代英语学习者越来越多使用英语与本族语者或非本族语者进行交流,学习英语的主要目的是使其作为一门国际化语言有效地与来自其他文化的人交流。语言与文化紧密相连,英语应当被当作一种跨文化交际的方式来教(Jenkins, 2006; Kilickaya, 2009)。尽管在有效的交际中语言的准确性必不可少,但语言是在交际情景中使用,语言与文化在多种复杂的方式中紧密相连(Kramsch, 1998)。我国英语学习者学习英语的困难之一是用英语体验互动的跨文化交流。在课堂环境下,学习者大部分跨文化交际的知识来源于课本，然而，课本上对跨文化交际知识的分析无法提供足够的关于美国文化的信息，仅仅通过在课堂上的英语教学，无法满足全球化环境下的语言学习需求。

众多研究也表明，技术对于创造一个真实的语言学习环境有重要的作用。O'Dowd(2007, 146)的研究证明，“远程合作活动能够在某种程度上推动学生的跨文化交际能力，而这一点传统的学习材料有可能无法实现”。课堂环境下的文化学习脱离语境，与真实情境的交流相似度较低。而远程技术及互联网，可以克服课堂的局限性，给学习者带来真实的交流互动体验。本书的远程合作项目开展了中国学生和美国学生之间的以计算机为媒介的交流，这次远程合作展示了以计算机为辅助的跨文化交流任务能够给学习者提供一个更大更真实的语境。在这一章，我们将总结中国和美国学习者对该远程项目的反馈，从中观察文化、技术、语言教学之间的关系，为今后的课程设计提供借鉴。

第二节　研究问题

这个为期7周的跨洋远程合作项目旨在给学习者创造一个真实的跨文化交际环境，提高学生的跨文化交际能力和语言能力。本书试图探索技术支持下的跨洋互动教学在外语课堂中应用的可能性及存在的问题，评估外语教学中跨洋互动的作用，以及探讨这种互动模式的挑战。本章研究问题如下：

① 中国学习者和美国学习者在此次远程合作中的学习体验如何？

② 学习者在此次远程合作中的益处和挑战有哪些？

③ 远程合作项目需要改进之处有哪些？

第三节　远程合作学习者反馈的数据收集

此次远程合作的参与者是28名来自中国上海理工大学英语专业一年级学生和8位来自美国加州州立大学弗雷斯诺分校的美国学生。本研究采取了定性与定量相结合的方法，收集了学习者的问卷调查、每周小结、反思报告等数据。通过问卷调查了解学习者的背景，他们之前使用网络远程合作的经历，登录论坛发帖的频率，每周在跨洋合作项目上所花的时间，与小组成员Skype视频讨论的次数，以及对此次远程合作的总体评价。问卷调查采用李克特5级量表，针对技术界面、学习体验、建议这三大方面一共提出了38个问题。问卷中还设有开放式问题来了解学习者对这次跨洋合作的学习感受、他们的期望及学习效果;他们在跨洋合作项目中最喜欢和最不喜欢的部分是哪些;在这个远程合作项目中学到了什么;这个项目怎样帮助中国学习者的英语学习,在哪一方面对学习者有明显帮助;以及他们对改进项目的建议。开放性问题可以具体了解学生对于跨洋合作项目的体验、看法和态度。

第四节　学习者对跨洋远程合作项目的反馈

在论坛讨论的整个过程中,中美双方学生积极参与论坛讨论,发帖次数统计情况如表7.1所示。从表7.1里可以看到7个小组在前6周的发帖情况,第7周是项目收尾阶段,发帖数较少,未统计进表格。

表7.1　中美学生发帖次数统计总表

单位:次

小组	成员	第1周	第2周	第3周	第4周	第5周	第6周	共计
第1组	F1	12	7	13	8	3	5	48
	F8	7	2	3	12	3	2	29
	S27	6	1	3	7	5	2	24
	S8	7	5	4	15	4	2	37
	S25	3	4	6	6	5	1	25
	S3	7	8	5	5	7	9	41
	共计	42	27	34	53	27	21	204
第2组	F2	6	4	4	4	3	3	24
	S20	2	0	0	5	3	0	10
	S21	2	1	3	6	6	1	19
	S5	4	1	2	6	5	1	19
	S16	4	1	6	3	4	1	19
	共计	18	7	15	24	21	6	91
第3组	F3	13	3	8	3	5	8	40
	S10	8	15	11	9	7	7	57
	S15	3	1	4	4	6	2	20
	S1	3	2	4	4	3	2	18
	S12	3	6	4	6	3	3	25
	共计	30	27	31	26	24	22	160

续表

小组	成员	第1周	第2周	第3周	第4周	第5周	第6周	共计
第4小组	F4	17	5	10	10	8	8	58
	S7	11	0	2	2	1	0	16
	S24	6	4	6	6	2	1	25
	S18	2	1	6	6	2	2	19
	S19	4	2	2	2	1	1	12
	共计	40	12	26	26	14	12	130
第5小组	F5	9	5	3	2	3	3	25
	S28	6	5	12	9	10	10	52
	S11	2	5	3	7	5	5	27
	S23	3	7	2	9	4	4	29
	S22	1	3	2	4	6	6	22
	共计	21	25	22	31	28	28	155
第6小组	F6	24	8	6	7	9	7	61
	S2	5	4	7	4	1	2	23
	S17	8	5	2	1	1	2	19
	S13	5	2	2	1	1	4	15
	S6	5	2	2	2	3	0	14
	共计	47	21	19	15	15	15	132
第7小组	F7	11	12	6	8	7	7	51
	S9	8	10	4	6	2	4	34
	S4	4	11	7	11	7	7	47
	S14	3	4	2	7	1	2	19
	S26	3	0	2	2	4	1	12
	共计	29	37	21	34	21	21	163

从表7.1中可以看出,7个小组在前6周内发帖共计1035次,发帖最多的是第1组,为204次,美国学生中发帖最多的是F6,发帖61次,中国学生里发帖最多的是S10,发帖57次。

问卷调查统计显示,论坛讨论方面,中国学生方面的统计情况如下:25%的学生每周1次登录论坛发帖,32%的学生每周2～3次登录发帖,32%的学生每周超过3次,11%的学生几乎每天发帖。11%的学生每周花小于1小时在项目上,46%的学生每周花1～2小时,25%的学生每周花2～3小时,7%的学生花3～4小时,7%的学生花4～5小时,4%的学生花5小时以上。对于远程合作项目的体验,21%的学生认为是“非常好”,75%的学生认为“好”,4%的学生认为“不好”。

美国学生方面的统计情况如下:25%的学生每周登录发帖1次,37.5%的美方学生每周发帖3次以上,12.5%的美方学生几乎天天登录发帖,25%的美方学生天天登录发帖。25%的学生每周花少于1小时在项目上,25%的学生花1～2小时,37.5%的学生花2～3小时,12.5%的学生花3～4小时。对于这个项目的体验,62.5%的学生认为“很好”,37.5%的学生认为“好”。

1. 学习者对远程合作项目的总体态度

学习者认为历时7周的跨洋合作项目通过论坛讨论、视频讨论及邮件等方式能够促进学习者的英语语言学习和提高跨文化交际能力。从问卷调查中看出,参与本远程合作项目的中国学生和美国学生对远程合作项目持积极态度,如表7.2所示。

表7.2 学习者对远程合作项目的态度

学习者态度	中国学生		美国学生	
	M	(SD)	M	(SD)
我对这个项目及汇报展示的最后成果很满意	3.59	0.75	4.25	0.46
我认为我尽了自己最大的努力参与这个项目	3.52	0.85	4.50	0.53
我认为我尽了自己最大的努力领导所在的小组	3.41	0.75	4.25	0.53
我希望其他小组成员能够对小组讨论贡献更多的观点和发言	3.67	0.62	3.50	1.07
与小组成员之间的交流帮助了我学习	3.96	0.71	4.13	0.64
这个项目是个有用的项目	4.15	0.66	4.25	0.46
这次项目给我提供了与真正英语本族语者/英语学习者的互动机会,否则我自己没有机会遇到他们	3.85	1.06	4.25	0.71
这次体验很有用,很令人激动	4.25	0.59	4.38	0.744

问卷调查显示,绝大部分学生对于远程合作项目满意,96%的中国学生、100%的美国学生对此项目持积极态度,其中21%的中国学生认为“非常好”,62.5%的美国学生认为“非常好”。整体而言,中国学生($M=3.59$)和美国学生($M=4.25$)对项目最后成果表示满意。中国学生($M=4.15$)和美国学生($M=4.25$)认为这是一个有用的项目,中国学生($M=4.25$)和美国学生($M=4.38$)认为这个项目体验很令人激动。美国学生($M=4.50$)认为自己尽了最大的努力参

与这个项目，略高于中国学生（M＝3.52）。美国学生认为自己尽力做好了小组领导者的角色（M＝4.25）。中国学生（M＝3.67）和美国学生（M＝3.50）希望其他小组成员能够对小组讨论贡献更多的观点和发言。中国学生（M＝3.96）和美国学生（M＝4.13）均认可与小组成员之间的交流帮助了他们学习。中国学生（M＝3.85）和美国学生（M＝4.25）认为这次项目提供了与真正英语本族语者/英语学习者的互动机会，在现实生活中这样的机会比较难得。

如表7.3所示，问卷调查的开放性问题显示，学习者对该项目总体态度是肯定的。中国学习者认为远程合作项目给他们提供了真实有意义的学习体验。学习者能意识到远程合作的学习目的，很渴望在真实交际环境下学习英语。

表7.3　中美学生对项目体验的反馈

项目体验	学生的反馈
与外国人交流	I'm very happy that I can have such an American friend. I think it is a good experience to chat with her. (S1) （译文：我非常高兴我能有这样一位美国朋友。我觉得和她交谈是一个很好的经历。） Yes. It gives me the first chance to talk to foreigners on the Internet; it's a very happy experience. (S3) （译文：是的。这个项目使得我第一次有了与外国友人在互联网上交谈的机会；这是一次非常开心的体验。） I think the Interclass project is helpful and meaningful; it's also interesting to speak with native speakers. (S5) （译文：我认为这次跨班级的项目很有用也很有意义，与本族语者交谈非常有趣。） I think it is an exciting and meaningful experience because it was the first time that I talked to foreigner. It was pretty good. (S10) （译文：我认为这是一个令人激动和有意义的经历，因为这是我第一次和外国人交谈。这个项目非常好。） It provided a precious chance for me to communicate with native speakers in America. (S25) （译文：这给了我一个与美国的本族语者交流的宝贵机会。） In my opinion, this is an unforgettable experience for me. During this time I learned how to communicate better with foreign friends, even though there are a lot of barriers between us. (S18) （译文：在我看来，这是我非常难忘的一次经历。这次我学会了如何更好地与外国友人交流，尽管在我们之间有很多的障碍。） I thought it was a nice experience with actual EFL students as opposed to modeling with group members. (F1) （译文：我认为与模拟的小组讨论相比，能够与真正的英语学习者交流，是一个美好的经历。）

续表

项目体验	学生的反馈
	I enjoyed getting the experience to talk with English language learners from China, but my expectation was that they would be excited to talk with me and ask me a bunch of questions about my culture, but that did not happen at all.（F8） （译文:我非常喜欢与来自中国的英语学习者交谈,但是我原本设想的是他们会对和我交谈非常激动,问我很多关于我国文化的问题,但是这一切并没有发生。） I really enjoyed meeting my students. They were friendly, enthusiastic and very pleasant.（F7） （译文:我很喜欢和学生们在一起。他们非常友善、热情和客气。） I think this project has offered us a valuable chance to talk with a native English speaker. Our peer taught us authentic English, to which we can hardly gain access in our daily life.（S11） （译文:我认为这个项目给我提供了与英语本族语者交谈的宝贵机会。我们的同伴教了我们地道的英语,我们在日常生活里很少有机会接触到真正的英语本族语者。）
对项目的积极评价	Skype chatting is kind of exciting and interesting. What others post interested me a lot.（S20） （译文:Skype 视频讨论很令人激动、很有趣。我对其他人的发帖很感兴趣。） It is positive, useful and meaningful.（S26） （译文:这个项目是积极的、有用的、有意义的。） The experience overall was positive.（F2） （译文:总体来说,这次经历非常好。） I had a very positive experience with the project.（F3） （译文:这个项目是一个非常好的体验。） My experience with the Interclass project was positive. Although we had a lot of original work from the class, it was fun.（F5） （译文:我这次跨班项目的体验非常好。尽管我们工作量有点大,但还是很有趣的。） For the most part, the experience was very positive, and I enjoyed working with the students, and getting to know them. I enjoyed the aim of the project and found it rewarding.（F6） （译文:总体而言,这次体验非常好,我很喜欢和学生们在一起,并了解他们。我喜欢这个项目的目标,这个目标很有意义。）
项目对学习的促进作用	I think it is positive for me to study English. During the six weeks, we talked about our different cultures and some interesting things in our daily lives. The experience is very meaningful.（S4） （译文:我认为这个项目对我的英语学习帮助很大。在过去的六周里,我们谈论了不同的文化和一些我们日常生活的有趣事情。这次经历非常有用。）

学生在反思报告里表示这个项目的总体感受是肯定与积极的,如例 52、例 53、例 54 及例 55 美国学生的反馈。

例 52

F2:The overall experience was good as that the group was charming and everyone was willing to put forth the effort in order to keep the group running. The forums were a good way to express the ideas and post different types of media to share with each other.

（译文：这个项目的总体经历是好的，我们小组非常有趣，每一位同学都愿意付出努力使得小组讨论得以进行下去。网络论坛是一个表达观点和分享不同形式媒介的好途径。）

例 53

F1：Overall, my feeling is positive. I think both sides have learned a lot from sharing and reading other group members' postings. This project opened a window for students in Shanghai to get access to real American life and experience, while it also lets American students be able to communicate with Chinese students and learn their culture as well as different campus life.

（译文：总体来说，我的这次项目体验是积极正面的。我认为双方都从分享和阅读小组成员的发帖中学到了很多。这个项目为上海学生打开了一扇了解美国人生活的窗户，也让美国学生能够与中国学生交流，并学习他们的文化，以及不同的校园生活。）

例 54

F5：Overall this project was a wonderful experience and I had the lovely opportunity to make new friends which has also opened new doors.

（译文：总体而言，这个项目是一个很棒的体验，我很有幸能够结交这些新朋友，给我认识世界打开了新的大门。）

例 55

F6：Even though I have considerable experience engaging in text and video communications with people in the middle-east, this project was a very positive and enjoyable experience. I really enjoyed getting acquainted with Kevin, Jessica, Betty, and Catherine. I felt like they were excellent young people who were continually enthusiastic about the project in spite of their hectic study schedules. They were all very bright and focused. They seemed to respond agreeably to constructive advice about improving their English skills both in spoken and written form. While some of them did tend to revert to old habits of punctuation, I didn't want to nag them too much because I was quite impressed with their English skill level as it was (before the project started, I was sort of expecting them to not be as good as they turned out to be). I commend each of them for their excellent achievement in learning English to the level they were at. Their willingness to talk and interact made it a very favorable experience.

（译文：即使我有大量的与中东地区的人进行文本与视频交流的经验，我认为这次的项目，是一个非常正面及愉快的经历。我非常高兴能够认识 Kevin, Jessica, Betty 和 Catherine。他们十分优秀，尽管学业繁忙，依然对这个项目保持高涨热情。他们很聪明、专注。他们认真听取如何提高他们英语口语及英语写作的建议。虽然一些同学总是会退回到他们之前的发音习惯，但我不想总是唠叨他们太多，因为我非常吃惊他们的英语水平如此之高。在项目开始之前，我以为他们的英语水平没有这么好。我给每一位同学的英语水平都做了点评。他们交谈和互动的意愿强烈，使得这个项目进展很好。）

2. 中美双方学生在远程合作的收获

表7.4和表7.5分别列出了中国学生和美国学生在远程合作中的收获。中国学生的收获体现在英语学习效率的提高，他们认为这个项目使得英语学习更有意义（M=4.19），给他们带来了以交际为目的使用英语的机会（M=4.22），也使得学习者更有动力使用英语进行写作（M=3.85）。网络论坛讨论帮助中国学生提高了写作能力（M=4.04），更加仔细、准确地使用英语写作（M=4.11），提高了英语口语（M=3.93）。美国学生在这个项目中受益主要在于他们能将“计算机辅助教学”课程中所学的理论知识付诸实践，参与这个项目使得他们的CMC阅读更有意义（M=4.50），让他们有机会设计及实践网络在线课程（M=4.13）。美国学生认为，远程合作项目提高了中国学习者的英语能力。通过 Skype 视频交谈，中国英语学习者不仅口语交流技巧得到了提高（M=3.00），写作能力也得到了提高（M=3.88）。美国学生给小组中国学习者的写作以直接或间接的反馈（M=3.38），他们尽量通过写作给予他们小组成员语言示范（M=4.88）。

表7.4 中国学生在远程合作中的收获

学习者态度	中国学生	
	M	(SD)
这个项目使我们的学习更有意义	4.19	0.62
完成这个项目给我们以交际为目的使用英语的机会	4.22	0.51
网络论坛讨论帮助我提高英语写作能力	4.04	0.59
网络论坛讨论让我更加仔细准确地使用英语写作	4.11	0.64
与英语为本族语者的交流使得我有动力学习英语	3.85	0.77
Skype 视频讨论提高了我的英语口语	3.93	0.68

表 7.5 美国学生在远程合作中的收获

学习者态度	美国学生	
	M	(SD)
这个项目使我们的 CMC 阅读更有意义	4.50	0.53
完成这个项目给了我设计及实践网络在线课程的训练机会	4.13	0.83
我认为我所在小组的成员通过 Skype 视频交谈，他们的口语交流技巧得到了提高	3.00	1.95
我认为网络论坛讨论使我所在小组成员写作能力得到了提高	3.88	0.64
我给我的小组成员写作以直接或间接的反馈	3.38	1.19
我发帖的时候尽量仔细，给予我所在小组成员示范	4.88	0.35

中美双方学生在问卷调查中表达了他们在此次远程合作中的受益，见表 7.6。

表 7.6 中美学生在此次远程合作中的受益

学生受益	学生反馈
中国学生在英语学习上的受益	I can exercise my reading and writing. (S2) (译文：我可以练习阅读和写作。) I think this project has offered us a valuable chance to talk with a native English speaker. Our peer taught us authentic English, to which we can hardly gain access in our daily life. We also learned American culture through this project, which would do us a favor in our future learning in English. (S11) (译文：我认为这个项目给我提供了一个与英语本族语者交谈的宝贵机会。我们的美国同伴教我们地道的英语，而我们在日常生活中很少有机会能接触到英语本族语者。我们还通过这个项目学习了美国文化，这对于我们以后学习英语很有帮助。) It helps a lot in my English expression. (S16) (译文：这个项目使我在英语表达上提高很多。) I think it's positive and effective on learning. It gave me a chance to improve my English. (S21) (译文：我认为这对于学习是积极的、有用的，给了我提高英语的机会。) It provided an opportunity for me to communicate with native speakers. It motivated me to learn English. (S27) (译文：这给了我们一个与英语本族语者交流的机会。这个项目激发了我学习英语的动力。) I think I have practiced my writing skills. (S6) (译文：我认为我锻炼了写作能力。) It improved my oral English. (S13) (译文：已提高了我的口语表达能力。)

续表

学生受益	学生反馈
	My spoken English has improved. (S1) (译文:我的口语得到了提高。) I think my writing skills improved. Our partner is very careful and he corrected some mistakes for me. (S4) (译文:我认为我的写作能力得到了提高。我们的搭档非常细心,他给我纠正了一些错误。) I've learned some authentic expressions of English. (S10) (译文:我学到了一些地道的英文表达。) Yes, it makes me speak bravely. (S1) (译文:这个项目使得我能勇敢地表达。) Yes, reading and writing. (S2) (译文:是的,阅读和写作。) Yes, it promotes me to learn English and to recite more words. (S5) (译文:这个项目促进我学习英语和背诵单词。) Yes. Listening. (S7) (译文:是的,听力。) By chatting on the website, we improved our writing. By chatting on the Skype, we improved our oral English. (S8) (译文:通过在网上讨论,我们的写作能力提高了。通过 Skype 视频讨论,我们提高了英语口语。) Yes, it helped me to improve my speaking and writing skills by the conversation with our American friend. (S9) (译文:这个项目通过与美国朋友的会话,帮助我提高了口语技能和写作技能。) I become more confident to talk with others. (S10) (译文:我与其他人交谈,变得更有信心了。) Yes. It helped me in speaking and writing. (S11) (译文:是的。这个项目帮助我提高了口语和写作。) Yes. It gives me a chance to communicate with foreigners face to face, and gives me more courage to talk my thoughts in English. (S13) (译文:是的。这给了我和外国人面对面交流的机会,给我用英语表达我自己想法的勇气。) Yes, in the listening, writing and reading. (S18) (译文:是的,在听力、写作和阅读方面给我帮助很大。) It helped me improve the ability of talking to foreigners directly. I also learned some new words and expressions when posting in the forum. (S20) (译文:这个项目帮助我提高了与外国人直接交谈的能力。在网络论坛上发帖时,我还学习到了一些新的词语和表达。) It brings us a chance to communicate with foreign friends to improve our oral English. (S28) (译文:这个项目给了我一个与外国朋友交流的机会,提高了英语口语。)

续表

学生受益	学生反馈
美国学生在教学上的受益	I liked having a teacher role and correcting their English mistakes. (F8) (译文:我喜欢做教师的角色,帮他们纠正英语错误。) I have learned what it is like to manage forum discussions. (F1) (译文:我学习到了怎样组织网络论坛讨论。) I learned more about culture as well as how to manage and improve my ways of teaching for future references regarding online classes. (F6) (译文:我加深了对文化的了解,学习到如何组织教学,以及为我将来网络课程教学提供了参考。) I learned that clarification questions are very important. As a teacher, you need to be very detailed so second language learners can understand you. (F8) (译文:我学习到澄清问题是非常重要的。作为老师,你需要非常细致,让二语学习者能够理解你的意思。) I had to become much more aware of my own language as well during the discussions which especially became difficult during the Skype and Wechat conversations. As well, I had to pay attention to their language, something I am not used to. (F3) (译文:在讨论过程中,我必须非常留意我自己的语言表达,特别是讨论很难在 Skype 视频讨论和微信中开展。同时,我必须非常留意小组里中国学生的语言表达,这一点我还觉得不太习惯。) This project helped me to prepare for teaching by allowing me to experience teaching an online assignment. I notice that without directions the students will be lost and confused. They need clear directions. (F5) (译文:这个项目让我有了网络教学的经验,对我以后做教师很有帮助。我注意到没有指导,学生会迷失方向,很困惑。他们需要明确的指导。) It has helped me to better understand how online teaching works and what methods are most effective for students. (F6) (译文:这个项目帮助我能更好地理解网络在线教学是怎么进展的,哪些方法是对学生最有效的。) I wanted to help them more with their grammar and punctuation. However, after about the second or third time, I didn't want to say much because I didn't want to be nagging them about it. (F7) (译文:我想在语法和标点符号上更多地帮助中国学生。然而,二三次以后,我不想说太多,我不想总是唠叨这些。) I learned that students can be too shy to talk because of their English level, but it's probably important to talk to that student one-on-one and ask them what you can do as an instructor to help them communicate more, so that they have room to improve their language skills. (F8) (译文:我认识到学生们因为英语水平,会比较害羞。与他们一对一的讨论大概很重要,我作为教师可以问问他们需要怎样的帮助以提高他们的交际能力,以便他们有提高语言能力的空间。)

续表

学生受益	学生反馈
	This project has helped me in learning how to handle asynchronous discussions and time management in-group discussions. (F1) (译文:这个项目使得我学会了如何开展非实时讨论及小组讨论的时间管理。) I learned how to lead a small group of ESL students in discussion. I have also learned some good things to do and what not to do as well. I was able to both implicitly and explicitly teach my students, and this was a beneficial real world learning experience. (F2) (译文:我学习到如何领导一个英语学习者的讨论小组。我还学习到应该做哪些,不做哪些。我能够给我的学生提供显性的和隐性的教学,这也是一个来自真实世界的有益经验。)

在这个项目进展过程中,中国学生的英语水平得到了很大提高,特别是他们在网络论坛上发帖得到了美国学生的反馈,这些反馈帮助中国学生认识到自己英语表达的问题。例 56、例 57 和例 58 是美国学生描述他们是如何帮助小组里的中国学生纠正英语表达的。在例 56 里,F7 发现他的小组成员在论坛讨论发帖时会模仿他发帖中的一些短语,于是每周他总是第一个发帖,以便给予小组成员示范。在例 57 里,F7 讲述了几个例子来解释他是如何通过多种方式帮助他所在小组的中国学生纠错的。例 58 表达了 F4 对给中国学生纠错的看法,她比较赞同给中国学生纠正错误。

例 56

F7:I feel that members did learn some from me, and as the project went on, members started to follow my model or copy some of my phrases. There were a few instances where I explicitly corrected some mistakes, because I was asked to correct mistakes. However, I made it my goal to write first and model the format of what I expected each week. In doing so, members were able to follow my model, which gave them guidance in how to do the writings for each week.

(译文:我觉得小组成员从我这里学到了一些东西,随着项目的进行,小组成员开始模仿或直接借用我写过的一些短语。有的时候,我直接地纠正学生犯的一些错误,因为学生希望我能帮他们改错。我给自己定的要求是每周第一个发帖,把我期待他们使用的那些语言形式示范出来。通过这样的方式,小组成员们能够模仿我的示范,给他们每一周如何写作提供了指导。)

例 57

F7:One mistake that I implicitly corrected was made by Elaine in Week 4, and she wrote, "which is teached by a beautiful British, Rose. She is a humor person ..." I replied to her saying, "So your class is taught by Rose, and she is humorous or funny." I corrected her writing without directly telling her that she was wrong, as a way of rephrasing her sentence(s).

Most of my students learned implicitly through my models each week and through some phrases or words that I wrote. For example, I wrote "In terms of shopping" or "In terms of music", and Turrify too used these phrases in her posting that week. I tried to advise students not to start sentences with conjunctions such as "and", but students had a hard time realizing that they can create compound complex sentences simply by adding a comma after an independent clause instead of a period. One other mistake all of my students made as they sent their PowerPoint files is that they all named their files as "1th, 2th, 3th, 4th, etc", so I explained that first is 1st, second is 2nd, third is 3rd, and then it goes to fourth or 4th and so on. Practically all of my students have problems with spacing, specifically in the spacing of periods, first letters after periods and commas, and commas too. Brianna's proficiency was higher than the rest of my students, so she is the only exception to making multiple grammar mistakes. One example of when I explicitly corrected mistakes can be found in Week 2, when I was replying to Brianna, after she asked me to correct her mistakes:

In this sentence: "The festival usually starts at the thirtieth of the twelfth lunar month, in January, February around." It is better to say around before February, so your sentence would like "The festival usually starts at the thirtieth of the twelfth lunar month, in January, around February."

" ... And when come to the new day (of course, the new year), we will set off firecrackers." It is better not to start the sentence with "and", so you can just start it with "when". An example of how I would write the sentence is this: ... When it comes time to the new day (of course, the new year), we will set off firecrackers.

Through this block quote, it can be seen that I corrected Brianna's sentences briefly by making suggestions as to how I would write the sentence. Another example can be found here when I was correcting Elaine in the same week:

For your sentences "Chang'e was forced to be seperated from her husband Houyi. And they could meet each other once a year in 15th August according to China lunar calendar", you can easily combine them like this "Chang'e was forced to be separated from her husband Houyi, and they could meet each other once a year in the 15th of August according to China's lunar calendar." Also, "witha" should be "with a". There are a few problems with spacing, but it might just be the website, I'm not too sure.

I still am not sure if the website creates errors with spacing, or if it is simply spacing errors that the students made. However, I showed Elaine how to make a compound complex sentence by simple adding a comma before the "and", instead of making a new sentence.

(译文:我用隐性的方式纠正的一个错误是第4周 Elaine 写的"which is teached by a beautiful British, Rose. She is a humor person ... ",我回复她:"So your class is taught by Rose, and she is humorous or funny."我并没有直接告诉她这个句子是错的,而是通过重新改写她的句子来纠正。

大部分学生能够通过每周我的示范及我写的一些短语和词语间接地学习。例如,我写"In terms of shopping"或者"In terms of music",Turrify 在那周的发帖里也用到了这些短语结构。我向学生建议不要把"and"之类的连词放在句首,但是学生们还是没有学会在一个独立小句后使用逗号而不是用句号来写复杂句。我的小组所有学生在幻灯片里都会出现的另外一个错误是"1th, 2th, 3th, 4th, etc",我向他们讲解"第一是 1st,第二是 2nd,第三是 3rd,第四是 fourth 或者 4th"。实际上,我所在小组里的中国学生都存在空格问题,特别是句号的空格、逗号和句号之后的字母,还有句号。Brianna 的语言水平比其他的学生都高,她是唯一一个没有出现多处语法错误的同学。她请我帮她纠正错误,下面例子是第2周我在回复她的发帖时,用显性方式纠正了她的语法错误:

在这句话中"The festival usually starts at the thirtieth of the twelfth lunar month, in January, February around",最好把"around"放到"Feburary"前面,因此,你的句子应该是:"The festival usually starts at the thirtieth of the twelfth lunar month, in January, around February."

" ... And when come to the new day (of course, the new year), we will set off firecrackers."最好不要以"and"开始一句话,你可以以"when" 开始句子。这个句子可以这样写:" ... When it comes time to the new day (of course, the new year), we will set off firecrackers."

从上面两个例子中可以看出,我主要是通过给 Brianna 提出改写建议的方式帮她修改句子。另一个例子是在同一周里我给 Elaine 修改句子:

你的这两句话"Chang'e was forced to be seperated from her husband Houyi. And they could meet each other once a year in 15th August according to China lunar calendar",可以合并为:"Chang'e was forced to be separated from her husband Houyi, and they could meet each other once a year in the 15th of August according to China's lunar calendar."另外,"witha"应该为"with a"。还有一些是空格问题,我也不确定是不是网站原因造成的。

我依然不能确定空格错误是由网站造成的还是学生写作错误导致。但是,我向 Elaine 演示怎样在"and"前加一个逗号把句子变成复杂句,而不是重新给她写一个句子。)

美国学生通过这个项目得以有机会在与中国英语学习者互动中锻炼教学能力。F4 在反思报告中提及这个项目让她学会如何与学习者互动,她还注意到了学习者之间的差异。

例 58

F4:Things I learned from this project include not just asking what you want from your students, but constantly and explicitly telling them why you need them to respond might be necessary. Sometimes students are at different language levels and need different treatment than the others, so looking back on it now, I wish I would have given more individual time to Celine to make her come out of her shell and prompt her to try to exercise her English. Although Lily, Sherry, and Celine gave me the type of visually appealing slides that I was looking for, I think King benefitted most from the project because he always wrote paragraphs which allowed me to make more corrections, and he (and everyone else) was very appreciative that I made corrections to the slides and made comments on them. I know about three of my American classmates mentioned that they didn't want to explicitly correct their group's English mistakes because they didn't want to nag or annoy them, but when I'm learning a different language, I prefer my teacher to correct me because I want to know the correct way of speaking and writing!

(译文:从这个项目里我学到的不仅仅是要求学生做你希望他们做的,而且有必要经常性地明确地告诉他们你需要他们回复。有的时候不同语言水平的学生需要与其他学生区分对待。回过来看,我当时应当对 Celine 给予更多的单独关注来帮助她突破自己及帮助她练习英语。尽管 Lily, Sherry,还有 Celine 发给了我所期待的赏心悦目的幻灯片,但我认为 King 从这个项目受益最多,他经常把他写的段落发给我,让我帮他修改,他(及其他人)很感谢我帮他们修改幻灯片,给他们反馈评论。我的 3 位美国同学提到他们不想直接修改小组成员的英语错误,他们不想总是唠叨那些学生。然而当我在学习一门外语时,我希望老师帮我纠正错误,因为我想知道如何正确地说和写那门外语。)

3. 学生对远程合作对跨文化交际能力提高的作用

表 7.7 显示了学生对远程合作中跨文化交际的作用的态度。中国学生(M = 4.00)和美国学生(M = 4.75)认为这个项目促进了文化交流,中国学生(M = 4.15)认为他们有宝贵的机会与本族语者进行文化交流。

表 7.7　远程合作对跨文化交际的影响

	中国学生		美国学生	
	M	(SD)	M	(SD)
这个项目促进了文化交流	4.00	0.59	4.75	0.46
让我有机会与本族语者进行文化交流	4.15	0.60	—	—

表 7.8 是中美学生在跨文化交际能力方面的收获。

表 7.8　中美学生在跨文化交际能力方面的收获

中国学生的受益	We also learned American culture through this project, which would do us a favor in our future learning in English. (S11) (译文:我们也通过这个项目学习了美国文化,这对我们将来的学习很有帮助。) I think that it is nice to chat with foreign people about the differences between us. (S8) (译文:我认为能够与外国人讨论我们之间的文化差异,非常好。) I learn more about American's common life. (S12) (译文:我了解了更多关于美国普通人的生活。) I've learned some knowledge about tourism and some culture of the United States, Japan, Egypt and other countries. (S2) (译文:我学习到了一些关于美国、日本、埃及和其他国家的旅游和文化知识。) I've learned something about the American students' campus life, the American drinking policy and other things that I am curious about like the "Friday the thirteenth". (S3) (译文:我了解到了美国学生的校园生活、美国人的饮酒政策和其他我感兴趣的事情,比如"13 号的星期五"。) Of course, I know many interesting things in America. (S4) (译文:当然,我了解到了很多美国有趣的事情。)

续表

	Different culture in America and Chinese. (S5) (译文:美国和中国的不同文化。) I learn something about Egypt and traveling. (S6) (译文:我学习到了埃及和旅游的知识。) The differences between Chinese culture and American culture. (S8) (译文:美国文化和中国文化的差异。) Authentic pronunciation and expression as well as American culture. (S11) (译文:地道的发音和语言表达,以及美国文化。) I have learned about a little part of American culture, and have got a better knowledge of our own culture. (S20) (译文:我学习到了美国文化的一小部分,对我们自己的文化有了更好的理解。) I learnt some knowledge about America especially American popular culture. (S21) (译文:我学习到了一些关于美国的知识,特别是美国的流行文化。) I learned how to communicate with a person from other countries. (S24) (译文:我学习到了如何与来自其他国家的人交流。) I learned a different college life in American and many manners. (S26) (译文:我学习到了不同的美国大学生活,以及很多礼仪。) Through these weeks, I learned that more respect to others' opinions and became more patient than before. (S28) (译文:通过这几周,我学习到了尊重其他人的观点,而且我比以前更加有耐心了。)
美国学生的受益	I liked learning about another culture, and gaining experience of talking with ESL students. (F2) (译文:我喜欢学习另一种文化,得到了与英语学习者的交谈机会。) I enjoyed the cultural exchange and the opportunity to interact with students across the globe. (F3) (译文:我喜欢文化交流及与地球另一端学生互动的机会。) I learned a lot about Chinese culture. (F3) (译文:我了解到了许多中国文化。) I have learned how students in Shanghai think about America. (F4) (译文:我了解到了上海的学生如何看待美国。) Mostly I've learned more about Chinese culture, not just from the students in my own group, but also hearing about the students who were involved in the groups with my classmates, and through the final project presentations. (F7) (译文:我学习到了很多关于中国文化的知识,不仅仅能从我所在小组的中国学生那里学习到中国文化,还听到我所在班级同学谈起他们小组的中国成员,以及从最后项目展示里都能了解到了中国文化。)

学习者都认同远程协作项目对自己及对方的跨文化学习提供了宝贵的机会。通过基于 Byram 模型的分析,我们发现远程合作中学习者在 4 个维度发展了他们的跨文化交际能力,即本国与他国文化的知识、对跨文化交际的开放态

度、发现和互动技巧、评价文化必备的批判性意识，如表 7.9 所示。双方学生的文化背景多种多样，在远程合作互动过程中，中国学习者和美国学习者能够获得跨文化知识，这也是远程合作的主要优势。在互动讨论中，学习者介绍本国文化的同时也学习美国文化，他们增强了对本国文化和他国文化的文化意识。他们也学习到了美国学校生活，在与小组中其他成员讨论中分享了自己在中国大学里的学习经历。批判性思维体现在对于文化异同的比较。他们了解美国学生的校园生活，给出回应，分享中国学生的校园生活。在讨论交流过程中，他们学会了用批判的眼光看待文化的异同。

表 7.9　中国学生跨文化交际能力的体现

维度		学生的自述
知识	对本国和异国文化相关知识的了解	I have learned about a little part of American culture, and have got a better knowledge of our own culture. (S20) (译文：我学习到了一些美国文化，对自己的文化有了更好的理解。)
跨文化态度	对本国文化和异国文化的好奇和包容	I hope we can keep working with other countries on new projects. (S10) (译文：我希望我们可以继续与其他国家的学习者合作进行新的项目。)
发现和互动技巧	通过远程互动学习关于一种文化的新知识	I learn different cultures by using English and Internet tools in real communication. (S2) (译文：我用英语和互联网工具在真实的交流中了解了不同的文化。) I learn how to exchange ideas with foreign students. (S5) (译文：我学会了怎么和外国学生交流观点。) Through these weeks, I learned more respect to others' opinions and became more patient than before. (S28) (译文：通过这几周，我学习到了尊重其他人的观点，而且我比以前更加有耐心了。)
批判性文化意识	评价一种文化的能力	I learned about my students' cultures, and what they do in their daily lives. I learned that students in China are not that much different than students in America, in terms of what students watch or do for entertainment. I also learned the differences in our cultures, like how plagiarism is not too big of a problem in China while it is a major issue in schools in the United States. (F2) (译文：我学习到了我学生们的文化及他们的日常生活。我了解到无论是他们喜爱的影视作品还是娱乐方面，中国学生和美国学生并没有很大不同。我还了解到文化间的差异，例如在中国，学生并未意识到“抄袭”是个严重的问题，而在美国学校里是一个很严重的问题。)

例 59 和例 60 里 F6 和 F7 在反思报告中写道，他们通过与中国学生的网络

论坛讨论了解到了中国文化。

例 59

F6：For me, the learning experience came in the form of learning about Chinese culture, customs, festivals, foods, and the life of these four young students. Going into this project, I was only superficially familiar with the food of China, and I knew there are many festivals that are celebrated, but certainly had no familiarity with the customs associated with those festivals. I think I learned about some interesting things that I didn't know about before.

（译文：对我来说，学习体验来自学习到了中国文化、习俗、节日、美食，还有这4位年轻学生的生活。做这个项目，我仅是粗浅地了解了中国的美食，我还知道了很多庆祝的节日，但还不太了解与这些节日相关的习俗。我学习到了以前我所不知道的有趣的事情。）

例 60

F7：I was able to learn more about my students' culture and how their daily lives are as students in China. This was probably the most beneficial part of the project, as it allowed cultural exchange between group members.

（译文：我能够了解到我所在小组的中国学生的文化和他们在中国的日常生活。这可能是这个项目中最受益的部分，小组成员之间有机会进行文化交流。）

4. 学习者对话题选择的态度

表7.10显示关于远程合作项目的话题选择，中国学生（M＝4.26）和美国学生（M＝4.50）都高度参与了所在小组对于小组话题的选择。S3写道："The things I like most are the freedom to choose the topic by ourselves."（译文：我最喜欢的是我们有选择小组讨论话题的自由。）中国学生（M＝4.22）和美国学生（M＝4.25）都很喜欢自己所在小组的讨论话题。中国学生（M＝2.81）和美国学生（M＝1.75）希望老师帮他们选定论坛讨论题目。

表7.10　学习者对话题选择的态度

学习者态度	中国学生		美国学生	
	M	（SD）	M	（SD）
我参与了我所在的小组本次项目及讨论话题的选择	4.26	0.712	4.50	0.76
我喜欢我所在小组的讨论话题	4.22	0.75	4.25	0.46
希望老师能够帮助定讨论题目	2.81	0.92	1.75	0.71

5. 学习者对技术界面的使用感受

表7.11是问卷调查中学习者对技术界面的使用感受，表7.12是学习者的

网络论坛讨论、时差问题及 Skype 视频讨论等方面的感受。由于网络论坛的界面是中文,刚开始的时候,美国学生觉得中文界面不容易使用和查询。因为他们看不懂中文,必须记住登录步骤以便快速地找到网络论坛中他们所在的小组。美国学生 F6 说:"Navigating the Chinese menus on the forum was a bit challenging until I just memorized the steps and ignored the Chinese text. Regarding what worked, I feel like things went very smoothly."(译文:论坛是中文界面对我来说有点挑战,我得忽略中文,记住登录步骤。鉴于项目有很多好的地方,我感觉进展还不错。)由于此次远程合作配备了助教,助教为方便美国学生使用中文界面网站,给他们画了网站登录步骤。因而美国学生反馈小组讨论的界面较容易使用(M =3.69)。

由于使用次数较多,因此,中国学生(M =3.89)和美国学生(M =3.88)能够便捷地寻找网络小组论坛讨论的信息,寻找前一周的论坛讨论帖子并不困难。双方学生都很喜欢实时视频互动,中国学生(M =3.85)和美国学生(M =4.25)认为 Skype 视频讨论使得他们的交流更加私人化,有重要作用。Skype 视频讨论有助于学生们完成任务(中国学生 M =3.88,美国学生 M =4.13)。

表 7.11　学习者对技术界面的使用感受

学习者对技术界面使用的态度	中国学生		美国学生	
	M	(SD)	M	(SD)
这个小组讨论的界面很容易使用及导航	3.96	0.64	3.63	0.86
我能够便捷地寻找网络小组论坛讨论信息	3.89	0.74	3.88	0.93
我经常返回去浏览前一周论坛讨论帖子	3.48	0.83	3.63	0.48
我很难追踪寻找前一周论坛讨论帖子	2.41	0.68	2.63	1.11
Skype 讨论能使我们的交流更加私人化	3.85	1.04	4.25	0.97
Skype 讨论对我们的任务完成很有帮助	3.88	0.99	4.13	1.05
除了每周论坛讨论,我还给我所在的小组成员发邮件	2.85	1.08	2.50	1.32

表 7.12　中美学生对技术界面的反馈

技术界面	学生反馈
网络论坛讨论	I like posting messages to chat with each other, because we can post whenever we are convenient. (S4) (译文:我喜欢在网上发帖与小组成员聊天,因为我们可以在自己方便的时间发帖。) I like writing on the Internet. (S6) (译文:我喜欢在互联网上写作。) I like communicating on the forum the most. (S20) (译文:我最喜欢在网络论坛上交流。)

续表

技术界面	学生反馈
时差问题	I enjoyed sharing with EFL students but I did not enjoy the time difference making it difficult to communicate. (F1) (译文:我很喜欢与英语学习者一起分享我的想法,但是我不喜欢时差给我们交流带来的障碍。)
Skype 视频讨论	I like to communicate on Skype. (S1) (译文:我喜欢 Skype 视频交流。) I found that time difference is really a big problem for us to communicate through Skype. (S11) (译文:我发现时差是 Skype 视频讨论的一个大问题。) There were a few problems with the Skype chat, due to microphones and Internet speeds. Everyone was busy, so we could not talk as much as I would have liked. The time difference is also a major constraint on the project, as there is only a certain window where I can talk with the students while they are active. (F2) (译文:由于麦克风、网速等原因,Skype 视频讨论有很多问题。每个人都很忙,我们没有充分的交流。时差也是这个项目的一个主要制约因素,只能通过一个视窗我才可以和那些积极的学生交谈。) Because myself and the Shanghai students are all busy, it was sometimes challenging to connect for synchronous chats. (F7) (译文:因为我自己和上海学生都很忙,有的时候安排双方学生实时互动比较困难。) What I like most is Skype. (F4) (译文:我最喜欢的部分是 Skype 视频讨论。) I like that the students and I Skyped every week. (F5) (译文:我喜欢每周和小组的中国学生 Skype 视频讨论。) I was not a fan of the forum postings. I enjoyed Skype communication much more. (F6) (译文:我不太喜欢网络论坛发帖。我更加喜欢 Skype 视频交流。) I also liked the experience of talking to them on Skype. (F8) (译文:我也喜欢和他们在 Skype 上视频交流。) Scheduling Video chats is probably the best use of that time; for me, my lower proficiency students who did not post or interact much on the asynchronous forums actually produced more and interacted more in the Skype chats (F2) (译文:安排视频讨论可能是利用时间的最佳方式;对于我而言,我的学生们水平较低,不太愿意在非实时的网络论坛上发帖互动,但是他们在 Skype 视频讨论上能够说得更多,互动更多。) More time for Skype. (F4) (译文:更多的时间通过视频讨论。) I really support and promote conversation through Skype because I feel that it is beneficial for both the student teaching as well as the students in China for conversational purposes. (F6) (译文:我非常支持 Skype 视频讨论,我认为这种谈话交流对于我们学习如何教学及对于中国学生都有很多帮助。)

例 61 是 F2 对网络论坛的感受和建议。

例 61

F2:The overall experience was good as that the group was charming and everyone was willing to put forth the effort in order to keep the group running. The forums were a good way to express the ideas and post different types of media to share with each other. However, there was no way to have reminders set up that tell group members whether or not people posted and often times that would set people back and cause a lack of communication. There would be days were I would worry whether or not the students would see my messages and respond back and I feared not having discussions. Also, if students were missing for a week or so, I would have no way to personally get in touch to remind them that we need the postings. Yes, there were ways to get in touch by messaging professors to ask them to remind students however, that added an extra person or two who messaged between the students. This can become problematic with one end not sure whether or not the students responded to the message or not. However, in the group this was not a huge issue as most posted and did very well.

The communication channels we used were forums, Skype and emails. The forum was the primary source of communication, which caused for slow responses. However, this allowed students to post as they wanted to and reflect on posts without worry of them disappearing.

（译文:我总的体验是好的,我们小组非常有趣,每一位同学都愿意付出努力使得小组讨论得以进行下去。网络论坛是一个表达观点和通过不同形式媒介分享观点的好途径。然而,没有办法设置提醒去告诉小组成员有没有人发了帖,讨论进程常常会延缓,导致沟通不畅。我常常担心学生们是否看到了我的发帖及回复。我也担心我们小组没有开展讨论。而且如果学生们在论坛上消失了一周,我个人没有办法联系到他们,没法提醒他们发帖。虽然我们可以通过发消息给老师,让老师们去提醒学生,但是那就额外需要一两位老师在学生们之间传递信息。这可能会造成新的问题,不能确定学生是否对这个传话做出了回应。但是在我们小组里这不是大问题,大部分同学发帖了,而且他们完成得很好。

我们使用的沟通渠道是网络论坛、Skype 视频讨论和电子邮件。网络论坛是主要交流渠道,也存在回复缓慢的问题。不过在网络论坛上学生可以在他们想发帖的时候发帖,并且不用担心这些帖子消失,可以随时返回再看帖子。）

在实际使用过程中，中国学生和美国学生都表现出了对 Skype 视频讨论的喜欢，他们认为这样的交流方式直观，能够有效地沟通，但同时也存在一些技术带来的障碍。

F6：For this project, my group (Group 6), primarily used the forum (asynchronous communication) for most of our message exchanges. It seemed to be the most convenient and effective method in overcoming the issue regarding of communicating in spite of the time difference. In some instances, it worked better for me because I am an early riser, so I would often visit the forum first thing in the morning to see what messages the students had posted for me. Whether the delay was as advantageous for them is uncertain, but they never made any comments to me regarding this issue.

（译文：在这个项目里，我所在的小组，即第 6 小组，主要使用非实时的网络论坛方式交换信息。似乎这是克服时差等交流问题的最方便最有效的方法。有时候网络论坛对我来说很好用，因为我起得很早，我早上起床第一件事情就是登录网站去看学生给我发的帖子。延迟回复对他们是否有利，这一点还不确定，但他们从来没有就这个话题提出自己的看法。）

例 62 和例 63 里，F2 和 F7 表达了对于视频讨论的感受和建议。

例 62

F2：Twice the group attempted to communicate through Skype but this was problematic as you cannot do group video chats without payment. Audio chats are only possible in free group chats. But if video were wanted it would require to be using only two accounts for discussion. For my group this meant that I would have to talk to each student one on one. This is not the most efficient way to communicate because ideas were either not repeated or passed on. Also, some students had more time talking than others. When trying to figure out how to video chat together that was also an issue trying to gather all the students in one place. All the female members were able to gather in one dorm room but the one male student could not because of gender restrictions in the dorm rooms. Thus, we ended up with three accounts being used at the same time and making it so that we still could not do video chat. Video chat can be a great way to communicate and see each other face to face. However, careful planning is needed to make sure that Skype time is not spent trying to trouble shoot the issues. Also, at the very end there was some emails being sent to share the PowerPoint but this was not implemented in the beginning. So in that respect, the forum became the preferred channel of communication.

(译文:有两次学生们想要通过 Skype 视频聊天,但是这也出现了问题,因为没有付费的话无法进行小组视频。免费的小组讨论只有音频。如果想使用视频讨论的话,只能使用两个账号。这样的话,我们小组里,我只能一对一地讨论。这样的交流效率不高,所表达的想法不能被重复或者传递。而且,一些学生的交谈时间比另一些学生时间长。如果想一起视频讨论的话,就要把小组里所有的中国学生集中到一起。所有的女生可以集中在宿舍里,但是还有一位男生没办法加入,因为他不能去女生宿舍。这样我们就必须有三个账号同时使用,依然不能视频讨论。使用视频讨论是一个很棒的交流形式,可以面对面地说话。但是 Skype 视频讨论应当仔细计划,以确保 Skype 视频讨论的时间不是花在解决技术问题的。最后阶段我们使用电子邮件互传幻灯片,但是在开始的时候我们没有用电子邮件。因此,论坛讨论是一个更好的交流渠道。)

例 63

F7:I wish that I had more time so that I could have set up more Skype chats, because I feel that could have helped students become more motivated throughout the weeks. However, I was glad that I had two classes dedicated to our interclass project, and that we had a scheduled meeting time for our skype chat. The Skype chat was probably the most beneficial part of the project for Jessie and Turrify, because they contributed much more in the Skype chats than they did in the asynchronous postings on the forums.

(译文:我希望我能够有更多的时间安排几次 Skype 视频讨论,因为在过去的几周里,我感觉视频讨论更能激发学生的动力。我很开心我们有两次上课时间安排了合作项目的 Skype 视频讨论。Skype 视频讨论可能对 Jessie 和 Turrify 最有帮助,因为她们在 Skype 视频讨论时比非实时的论坛讨论能够更多地发表观点。)

例 64 里,F1 谈论了论坛讨论的好处。

例 64

F1:The asynchronous part is also worth-time, for the simple reason that we both learned so much differences from each other. As the big time difference between China and America, the asynchronous is the most convenient and useful approach for us to chat and cooperate.

(译文:非实时互动部分也比较值得花时间,我们要互相学习的不同之处太多了。由于中国和美国之间的时差,非实时互动对于我们来说是最方便和有用的聊天合作方式。)

例 65 里,F1 谈论到视频讨论的好处。

例 65

F1:Skyping is interesting and talking with the students in Shanghai face-to-face made me feel very involved. I also think that Skype will enhance our work on Hujiang website by connecting each other more closely. The problem is the time difference and technical problems including limitation of group chat and weak Wi-Fi connection.

What I like most of this project is the synchronous part, as it provides a precious opportunity for Chinese students to practice their oral English, while it is known that the price of taking English speaking classes is extremely high in China. However, Danielle was always working and I took almost 20 units this semester, leading to that we can hardly squeeze the time for synchronous communication.

(译文:Skype 视频很有趣,我喜欢与上海学生面对面聊天。我也认为 Skype 视频让我们更加紧密地联系在一起,能促进我们在沪江网站上的进展。主要问题是时差和技术问题,包括没办法进行小组讨论及无线网络信号差。

这个项目我最喜欢的部分是实时互动部分,这给中国学生提供了练习口语的宝贵机会。众所周知,在中国英语口语课费用极高。但是,Danielle 和我这个学期有近 20 个学分的课程,使得我们很难挤出时间与中国学生进行实时交流。)

例 66 里,F5 谈到了对视频讨论的看法。

例 66

F5:Overall this project was a wonderful experience and I had the lovely opportunitity to make new friends which has also opened new doors. I enjoyed both the discussions on the forums as well as the Skype conferences which allowed us to talk to each other through real time. The Skype conversations were definitely my favorite aspect of this project. I feel that the forums were very hard to keep up with at times due to my own personal schedule and I felt the forum posting was a bit tedious and inconvenient because it took more time and effort to make postings online rather than actually talking to each synchronously through Skype. I felt that through Skype more meaning was able to be communicated through less effort and it allowed for us to get to know each other on a much more personal level I feel. I also believe that the students enjoyed talking through Skype much more than posting on the forums. Talking through Skype was instantaneously rewarding where as the forums were much slower in posting and it took a longer time to get a point across or to receive a response. I also noticed that through Skype over the past weeks, the students' fluency and accuracy in English increased when compared to the first week that we skyped. I feel that the exposure to a native English speaker was very beneficial to the students and I wished that we could participate in more Skype calls than forum postings. I feel that if we engaged in more Skype time the students' oral skills would have increased even more because there was meaning and motivation in the conversations.

（译文：总体而言，这个项目是一个很棒的体验，我有幸能够结交这些新朋友，给我认识世界打开了新的大门。我喜欢论坛讨论和能让我们实时交谈的Skype视频对话。Skype视频对话是这个项目里我最喜欢的部分。我觉得我自己的日程安排，导致论坛讨论有时比较难持续跟进，而且论坛讨论有些累，也不方便，因为相比起通过Skype实时交谈，网络发帖需要花时间和精力。我感觉在Skype上，意义能够比较省力地传达，可以使得我们个人之间加深了解。我也认为相对于网络论坛发帖，学生更喜欢通过Skype交谈。Skype交谈的成果是立刻就能出现的，而论坛网络发帖就比较慢，需要花一些时间才能完成一个话题讨论或者得到回复。我还注意到，与第一周的视频讨论相比，后面几周通过Skype视频显示，他们语言的流利度和准确度提高了很多。我认为与英语本族语者的直接交流对于学生非常有益，我希望我们能够比论坛发帖更多地参与Skype讨论视频。我感觉，如果我们更多地参与Skype讨论，学生的口语会提高更多，因为在对话中有意义和动机的存在。）

6. 学生对远程合作项目的建议

表7.13是中国学生和美国学生对远程合作项目提出的建议。中国学生（M＝3.41）和美国学生（M＝4.25）都认为这个跨班项目比他们所预期的更花时间，中国学生（M＝3.52）和美国学生（M＝4.00）都认为他们尽自己所能地发帖。他们并没有因为太忙而不发帖或者小组其他成员不够主动而不积极发帖。美国学生（M＝3.75）比中国学生（M＝3.48）更加希望得到更多的反馈与回复，也希望能够快一些给对方反馈（中国学生M＝3.44，美国学生M＝3.63）。上海与加利福尼亚的时差并没有给双方的非实时论坛讨论带来障碍，但是给双方学生的视频讨论带来阻碍（中国学生M＝4.15，美国学生M＝4.50）。中国学生刚开始有些担心与从未见过面的人沟通（M＝3.29），害怕自己的英语不够好，无法和本族语者沟通（M＝3.15）。

表 7.13 学习者对远程合作项目的建议

学习者态度	中国学生		美国学生	
	M	(SD)	M	(SD)
这个跨班项目比我预期所想的更花时间	3.41	0.84	4.25	1.16
我尽我所能尽可能多地发帖	3.52	0.89	4.00	0.76
我没有发足够多的帖子,因为我太忙了	2.85	0.86	3.00	1.31
我没有发足够多的帖子,因为其他小组成员不够积极	2.30	0.87	3.00	1.51
我希望我能从小组的其他小组成员那里得到更多的反馈	3.48	0.80	3.75	1.16
我希望对方的反馈能够比目前的更加快	3.44	0.70	3.63	0.92
上海与加利福尼亚的时差给我们非实时的论坛讨论带来问题	3.81	0.96	3.38	1.06
上海与加利福尼亚的时差给我们视频讨论、书面形式讨论带来问题	4.15	0.77	4.50	0.76
刚开始的时候,我很担心与从未见过面的人沟通	3.29	0.95	—	—
刚开始的时候,我担心自己的英语不够好,无法和本族语者沟通	3.15	1.13	—	—

表 7.14 是中国学习者和美国学习者对这个项目的建议。

表 7.14 中国学习者和美国学习者对这个项目的建议

对 Skype 视频的建议	I think more communication on Skype can be under consideration. (S1) (译文:我希望能有更多 Skype 视频交流。) The time of the communication on Skype could be scheduled by teachers. (S3) (译文:Skype 视频讨论时间由老师确定。) I think more time should be spent on video chats. (S5) (译文:我希望有更多的网络聊天时间。) Maybe creating more opportunities to video chat will help a lot. (S21) (译文:也许创造更多视频讨论的机会,能够帮助我们提高很多。) More chatting and email contact. (S26) (译文:更多的聊天和邮件讨论。) More chances to use Skype. (S27) (译文:更多 Skype 网络交流的机会。)
对教师指导的建议	And arrange a teacher who can give us some advice once a week to help us achieve more progress in next week, and can point our weak points in time. (S13) (译文:希望能有一位教师,能够给我们每周提供一次建议,帮助我们在新的一周取得进步,及时指出我们的薄弱之处。) Teachers can give more specific suggestions. (S15) (译文:教师要给予我们更多具体建议。)

续表

对交流时间的建议	Make the project become longer.（S23） （希望这个项目能更长一些。）
对于网络论坛发帖的建议	In my opinion, one of the most useful methods to solve the problem is to set a fixed time that we could communicate. Not just like the first Friday, but for each week. I hope American class can remain 10 – 15 minutes for them to reply on Hujiang.（S28） （译文：在我看来，解决这些问题最有用的方法就是设定一个固定时间，我们可以交流。不只是像第一个星期五那样，应该每一周都可以交谈。我希望美国学生的班级可以留10～15分钟让他们在沪江网上回答问题。）

例67是F2对技术的建议。

例67

F2：To improve in the future, I think it is important to allow other means of communication to give the students more ways to reach other. Emails should be given out so that students can remind others to post and there isn't the need of a messenger in between students. Another point in communicating with the students, the Skype sessions should be clearly explained that they must be in one room on one account together to make sure there is no time wasted on figuring out how to video chat, unless the desired form of communication is audio only. Also, while it was helpful for students to have a guide in how to navigate the forum, there were multiple ways to access the forum. The only issue is that the entire website is in Chinese and some students might have had a hard time navigating the website if they cannot read Chinese or do not have a browser that can translate websites. I think it would be great for the students to be working through a website that was entirely in English as it would allow them exposure to the language through functions they have to navigate and also it would help make it easier for the Fresno State students to work with.

（译文：将来要改进的地方，我认为应当使用其他交流渠道，给学生更多的方式能够联系到对方。小组成员之间应当交换电子邮件，这样能够提醒对方发帖，也不需要在学生之间有传话的人了。另一个与学生交流的重要之处是，Skype视频讨论应当向学生清楚地指示，所有的学生在同一个房间使用同一个账号，确保不会浪费时间用于解释怎样使用视频聊天，除非大家只愿意使用音频聊天。还有，如果能够给学生一个怎样使用论坛的指南会更有帮助，有多种进入网络论坛的途径。有一个问题是，整个网站是中文的，不懂中文的学生，或者没有在线翻译工具的学生,在页面找寻的时候比较困难。最好有全英文网站。中国学生使用全英文网站,可以增加英语的输入,对于弗雷斯诺的学生而言更易使用。)

例68是F7谈论到时差给这个远程合作项目带来的障碍。

例68

F7:One of the biggest problems of this assignment is simply the time differences. I personally have 22 units this semester, and I know the students also have quite a few classes and responsibilities that they have to attend to as well. This lead to my group mostly communicating asynchronously through the forums. However, when we did Skype chat, the video quality was decent but the audio constantly froze, so I had trouble understanding and hearing my students; however, they said they could hear me just fine, so it might have just been their mic cutting out due to background noises. This lead to frustration to some of my students, because I had to ask them to repeat themselves multiple times.

(译文:这个任务的最大问题之一是时差。我自己这个学期有22个学分要完成,我知道学生们也有不少课程及任务需要完成。这就使得我的小组大部分只能选择通过网络论坛进行非实时的讨论。可是当我们Skype视频讨论时,图像效果尚佳,但是声音经常会卡住。我常常没办法理解他们的意思,听不清他们说什么。然而,他们说能够听到我的声音,可能是因为背景噪声比较大他们把麦克风关了。我总是要求他们多次重复他们的话,这使得我的学生很沮丧。)

在项目上花费的时间比较长,美国学生感觉负担有些重。例69和例70里F7和F3提及了这一点。

例69

F7:If I could change a few things about this assignment, I would perhaps make it shorter or have designated times for both groups to talk either synchronously or asynchronously. Due to busy schedules, it is hard to have everyone communicate every week, and some weeks students simply did not contribute at all or simply copy and pasted and didn't return to the forum week again. I feel that having our class times dedicated to the project would actually help people have the time to talk more in the project. Similarly, I would not ask the student teachers to summarize what the groups were doing each week, because it is just added work that is monotonous and not that beneficial; the time spent talking about what each group did in class should have been counted for the group summaries instead of making the teachers sort of repeat themselves again. The PowerPoint project was also somewhat sloppy, in regards to the students having different timelines than the student teachers. If everything would have been planned out from the beginning, I feel that our interclass project would have gone smoother. Also, if some students did not interact with others, then it should not reflect poorly on the student teacher's overall grades, because there is only so much that a student teacher can do to get a student in another country to participate more, especially if they have more important or critical assignments or responsibilities to do. This assignment took place roughly over 6 –7 weeks, and this is quite long, especially when we have other responsibilities in the class to attend to as well. I personally had multiple tests, essays, and midterms happen throughout the project, so the amount of time the project took seriously cut into my entire schedule; the amount of work for the course is not equivalent to the 3 units, as I was spending more time reading the research papers, doing the homework, and checking the forums than I have spent in a 4-unit course. Therefore, something should have been cut out if students are reasonably expected to spend more time replying to students throughout the week. I wish that I had more time so that I could have set up more Skype chats, because I feel that could have helped students become more motivated throughout the weeks. However, I was glad that I had two classes dedicated to our interclass project, and that we had a scheduled meeting time for our Skype chat.

（译文：关于这个任务，如果我能做一些改变的话，我可能会把项目安排得短一些，或者指定时间让小组进行实时或非实时交流。因为双方学生日程繁忙，难以让每一位同学每一周都参与讨论。有几周有的学生没有发帖，或者仅仅是复制粘贴一些材料，或者不再登录论坛。我认为如果指能定我们班级同学参与项目的时间，可以使得我们有更多时间交谈。我也不会让弗雷斯诺的学生每周写小结，因为这是一个额外单调的工作，并无益处。花在每个小组的讨论时间应该被算作小组小结，不需要让弗雷斯诺的学生再次重复这些。幻灯片部分也有点潦草，中国学生与美国学生有着不同的时间安排。如果所有的要求都在项目一开始就计划好，我觉得我们的项目会更加顺畅。还有，如果中国学生不互动的话，不应该扣美国学生的总评分，因为我们很难联系到身处另外一个国家的学生，督促其参与更多，特别是当他们有更重要或更紧急的其他作业需要完成时。

这项任务持续了六七周,确实有些长,而且我们这门课还有其他的任务要完成。我自己还有好多小测验、论文及期中考试,因此,这个项目花的时间穿插在我的时间安排表里。这么多工作量,与这门课的3个学分不匹配。这比我4学分的课程还花时间,我花了很多时间阅读研究论文、做作业、时不时地登录论坛查看。因此,如果希望我们每周多花时间给学生们回复,就应该减少一些需要做的事情。我希望我能够多安排几次Skype视频讨论,因为在过去的几周里,我认为视频讨论更能激发学生的动力。然而,我很开心我们有两次上课时间安排了这个项目的Skype视频讨论。)

例70

F3:While doing this inter-project I felt overwhelmed because not just that we had to lead these students from China but we also had daily readings and homework to do. We had a concordance paper to write and presentations to do. I had to spend a lot of time outside of class to meet with them. I didn't mind so much but because the class had a lot of demands for other things sometimes I would forget to do an assignment for another class. I felt that in this class there is too much to do for a 3-unit class. It is a tablet course and we always had technical difficulties in the class. The tablets sometimes are useless to us because we had to use computers to write papers and to submit things on Black Board. What is the point of making this a tablet class when most of the time we are still using computers? I say that buying this tablet had some good points to it but majority were bad in my opinion.

What I would want to change to improve this inter project would be maybe cutting some of the readings that we had to do for this class. I felt that by having daily readings, presentations, a concordance paper, and doing this inter project all at once is too much. It is overwhelming and many of the students are taking 16 + units. The idea of doing this project was fun. There are a lot of responsibilities as the American student but if we had a little less daily reading then I think this would be a great project to do. I did spend a lot of time outside of class on this project. I meet them once or twice a week on Skype and so I felt like this class would need to be a 4-unit class or the readings need to be cut down a few because there are a lot of expectations. Overall, this was a fun experience and was glad that I have met my students.

(译文:在这个跨班项目里,我觉得工作量比较大,因为我们不仅要带领中国学生开展项目,平时还有阅读及作业要完成。我们还有一个语料库论文要写,好几个展示要做。而我还要在课外的时间与他们视频。我不是很介意做这些,但是这门课要完成的任务太多,以至于我会忘记别的课程作业。我觉得对于3学分的课程来说,任务太多。这是一门"平板电脑课程",但我们在课堂上总是遇到技术问题。平板电脑有的时候对我们来说用处不大,我们使用电脑写论文,通过 Black Board 提交作业。既然我们大部分时候使用的是电脑,为什么还要把这门课设为"平板电脑课程"呢?购买这个平板电脑有一些好的地方,但在我看来弊端是占多数的。

关于未来可以改进的地方,我希望减去一些课堂要求的阅读书目。我觉得同时需要完成日常阅读,多个课堂展示,1篇语料库论文,再加上这个跨班项目,太多了。很多学生都选了超过16个学分的课程,而这门课的任务量太多。做这个项目的想法很好。作为美国这边学生在项目中承担的责任比较多,如果阅读量减少一些,我想这个项目会完成得更好。我课外在这个项目上花了很多时间。我每周一两次与他们 Skype 视频讨论。鉴于任务量较多,这门课应该安排4个学分,或者减少一些阅读。总体来说,这是一次很有趣的体验,我非常高兴能遇见这些学生。)

例71里,F1对网络论坛提出了建议。

例71

F1:For the online forum, it will be much better if the university in Shanghai can provide us with the English translations, in that it was such an unpleasant process for American students to count every time trying to find the right button.

(译文:网络论坛部分,上海那边的大学如果能给我们提供英文翻译,将会好很多,因为对于美国学生来说每次都要用数数的方法才能找到正确的按钮。)

在例72、例73及例74中,F1、F3和F6都谈到了 Skype 视频讨论的技术问题并提出建议。

例72

F1:There is another frustrating problem. I find the students in Shanghai were so eager to chat with us face to face, but we could not figure out a perfect time to Skype with each other. It seems like synchronous chat is impossible for us. Time difference is really a big problem.

For the synchronous communication, we did audio chat most of the time because video chat is not available for group chatting on Skype. The best way to solve this problem is to find a better application, or pay for the fee of the group video chatting.

（译文：另一个令人沮丧的问题是，我发现上海的学生非常渴望与我们面对面聊天，但是我们很难找到一个双方都合适的时间视频。我们似乎不太可能开展实时讨论。时差是个大问题。

实时的交流中，我们大部分时候是用语音聊天，因为 Skype 没办法小组视频聊天。解决这个问题的最佳办法是再找另一个更好的应用软件，或者付费进行小组视频聊天。）

例 73

F3：My reason is because during the 6 weeks of the project my students were awesome but towards the end of the project they started to become a little irresponsible. They were late at replying to the forum. They would post on my Thursday and their Friday. The problem was that in class when we had to orally report to the class what is the progress of each group I almost always had not much to say because my students haven't posted in the forum yet. We had two in class Skype chats and the first was OK but yes we did have technical difficulties. The second attempt was bad. I had informed the students about the time and date of the meeting. Out of the four students, there was only one student who was on at 5 pm. It was frustrating because when it looked like other students did not come, and the first student had to leave because she had class. The second Skype session was a fail.

I was able to meet some of the students that night but the Internet connection over in China was bad so the problem of them not being able to see or hear me arose. I liked both the synchronous and the asynchronous communication. When we used synchronous teaching I was able to read the students' response better than asynchronous communication. When we are instant messaging the students take longer to type and sometimes they get confused as to who is the one responding. When we are live chatting, it is always nice to see and hear them but there is always some sort of technical difficulties. I do prefer asynchronous communication since I can see what they are writing and since they are responding to the forum posts they have a lot of time to respond.

（译文：在这个项目的 6 周里，我的学生们都非常棒，但是在项目临近尾声时，却开始变得有些散漫。他们迟迟不回复论坛。他们总是拖到美国时间星期四,也就是中国时间的星期五才回复我。在我这边的课程,每个小组都要口头汇报小组进展,而我总是没有太多东西可以说,因为我小组的其他学生们还尚未在论坛上发帖。我们在课堂时间有2次Skype视频聊天,第1次还不错,但是我们还是遇到了技术问题。第2次情形就比较糟糕了。我事先告诉了视频讨论的时间。可是那天下午5点的时候,4位同学里只有1位同学出现了。这非常令人沮丧,因为其他学生都没有上线,而第1个学生有课也要离开。第2次的视频讨论是失败的。

晚上我连线了一些学生,但是中国的互联网络信号很差,又出现了他们看不见我或听不见我的问题。实时和非实时的交流,我都喜欢。当我用实时交流时,我能够得到比非实时互动更好的学生反应。当我们实时发信息的时候,学生需要更长的时间打字,有时他们会困惑,不知道给出回复的是哪一位同学。当我们现场视频时,能够看到他们并且听到他们,但总是有这样或者那样的技术困难出现。我更喜欢非实时的交流,因为我能看到他们写的东西,他们有足够的时间回复。)

例74

F6: I think the "introductory" video chat in Week One was not as well organized as I'd hoped for. I went into that first week having the expectation that the students would all be together in a classroom rather than in their dorm rooms, and with not everyone present. I felt like this was not as well executed as it could have been. I'm not sure if the arrangements on their side were not fully understood, or whatever the reason, may be, but it all worked out in the end. The time zone difference didn't seem to pose as much of an issue as I was concerned it would be. Especially after daylight-savings ended for us, and that would increase the time difference by an hour. However, I don't think the time difference was as problematic as I might have expected. I felt like the only thing that contributed to the time difference was that they often had morning classes, and as such, arranging time to have synchronous communications when everyone would be available was a small challenge. Also, minor technological issues with signal quality on Skype being not always reliable didn't help.

For this project, my group (Group 6), primarily used the forum (asynchronous communication) for most of our message exchanges. It seemed to be the most convenient and effective method in overcoming the issue regarding of communicating in spite of the time difference. In some instances, it worked better for me because I am an early riser, so I would often visit the forum first thing in the morning to see what messages the students had posted for me. Whether the delay was as advantageous for them is uncertain, but they never made any comments to me regarding this issue. Besides the two Skype calls we had during class, my group also had two Skype calls in the interim. Due to scheduling constraints and the time difference, our first Skype call was almost an hour long, whereas the second call lasted perhaps only about 35 –45 minutes long. But it did give us a good opportunity to discuss more ideas toward our project.

(译文:我认为在第一周组织的视频讨论没有组织好。我以为对方学生们会一起聚在教室而不是宿舍,而且还有一位同学缺席。我认为是没有组织好。我不太确定是不是由于中方学生没有完全理解视频讨论的安排,或者其他什么原因,好在最后还是成功了。时差问题似乎不如我想象得那么严重。夏令时结束以后,我们美国这边的时差又增加了一个小时。时差并没有如原来想的那样给我们带来困扰。他们上午的时间经常有课,这给我们安排所有同学参加实时交流变成了一个小挑战。而且还有其他的小技术故障,例如 Skype 信号质量不佳等。

在这个项目里,我所在的第 6 小组,主要使用非实时网络论坛方式交换信息。这似乎是克服时差等交流问题的最方便、最有效的方法。有时候论坛讨论对我来说很好用,因为我起得很早,我每天早上起床的第一件事情就是登录网站去看学生给我发的帖。延迟回复对他们是否有利,这一点还不确定,他们从来没有就这个话题提出自己的看法。除了两次在课堂上安排的 Skype 视频之外,我们小组自己也额外安排了两次视频讨论。由于时间限制及时差问题,我们的第一次 Skype 视频持续了一个小时,而第二次视频持续了 35～45 分钟。这是一个给我们讨论项目的好机会。)

例 75 和例 76 里,F5 和 F6 提出了对这个项目的建议。

例 75

F5:Some downfalls to the project were definitely time management. Time management seemed to be one of the most difficult factors in this project and it can be seen through the asynchronous forum postings. I also feel that talking on Skype was more fun in general and that motivation was a lot higher among students. If I could do the interclass project again I would definitely incorporate more scheduled Skype conferences and put more emphasis on conversational and oral skills rather than writing skills. Overall this was a wonderful experience and if I had the opportunity to do it again I would.

（译文：这个项目不足的地方是时间控制。从非实时的论坛发帖可以看出，时间管理是这个项目里最难的部分。我也感觉总体而言视频讨论更有趣，学生的学习动机更强烈。如果我有机会再一次参加这个跨班项目的话，我肯定会安排更多的 Skype 讨论时间，把重心放到对话和口语技能上，而不是写作技能。总体来说，这是一个很棒的学习体验，有机会的话我还想再参加一次。）

例 76 是 F6 对这个项目提出的一些建议，希望增加 Skype 视频讨论的部分及中美学生之间的实时互动以提高与本族语者用英语交谈的交际能力和自信心。

例 76

F6：In spite of the logistical issues of the technology, time difference and synchronizing our schedules, I preferred the video calls on Skype. I felt this channel of communication made my interactions with the students more personal, and it allowed us all to get acquainted in a way that written communication doesn't really provide for. Using Skype allowed us to communicate and get to see the personalities, and I think if we'd had more opportunities for the video calls, it might have benefitted them more to help them improve their verbal communications and confidence in speaking English with native English speakers. Also, with regard to the forum, I often found it difficult to navigate because of the Chinese language menus, but also, trying to find my group's weekly postings among the long lists of previous groups' outdated posts still in the forum was difficult and a bit time consuming. Apart from that, posting in the forum did have some benefit because it allowed the students to work on their writing skills, and it was maybe more convenient for all of us as we could post messages as our individual schedules permitted.

How to improve in the future: In consideration of the issues that presented challenges, I'm not entirely sure what improvements can be made because no one can really do much about the time difference between California and Shanghai, or how well the Internet will cooperate to allow for better quality video and sound quality Skype calls. However, perhaps one such improvement that could be made would be to allow more time for Skype calls. Since this project is as much about helping the Chinese students with language learning as well as providing the students in the TESOL program an opportunity to teach, emphasizing those points might be more beneficial for everyone. I felt that some of the reading assignments for the course were very lengthy and repetitive. Because we had to buy tablets for this course, I would have preferred spending more time using the tablets to interact with the Shanghai students, or learning to use the Apps we downloaded.

（译文：尽管常有技术故障、时差、双方同学不同日程安排的问题，我更喜欢Skype视频讨论。我觉得这种交流方式更易建立我和学生们之间的友谊，相比起书面交流，更能让我们熟悉对方。使用Skype视频，我们能够更好地了解对方的性格特点。如果我们有更多的机会视频讨论的话，他们应该会受益更多，提高他们与本族语者用英语交谈的交际能力和自信心。我觉得网络论坛很难操作使用，因为界面是中文的，而且在长长的先前小组过期的帖子列表里寻找我所在小组的每周发帖，非常困难且耗费时间。除却这些问题，在论坛发帖确实有益处，学生们提高了英语写作，而且对我们都很方便，我们可以在各自方便的时候发帖。

将来如何提高：考虑到目前存在的挑战，我不是很确定应该做一些什么样的调整，因为上海和加利福尼亚的时差是客观存在的，网络如何为Skype视频讨论提供高质量的声音和图像，这些问题不知如何解决。然而，如果能够解决这些问题的话，我们应该多花些时间在Skype视频讨论上。这个项目对于中国学生提高语言学习，以及美国TESOL项目学生的教学，都有帮助，强调这些侧重点，对大家都有帮助。我感觉课程中的阅读部分任务较长，还有重复的部分。由于我们为这个课程购买了平板电脑，因此，我希望能够多使用平板电脑与上海的学生互动，或者学习使用我们下载的应用软件。）

第五节　远程合作项目融入外语教学课堂的应用与启示

综观本次中美大学生远程合作项目，对技术辅助的外语教学有诸多积极意义，给学生提供了提高语言技能和跨文化交际的机会。远程合作项目为学习者创造了真实的语境，提供了互动的机会，激发学习者对目的语系统的意识。研究结果发现，学习者认为自己的语言能力通过远程合作得到提高。在网络论坛这个虚拟的社团里，他们与本族语者用二语去构建意义，与对方分享各自不同的文化。

同时该项目对教师的挑战也很大。与传统的课堂教学不同，远程合作是基于学习者之间互动的动态过程。而中美学生之间的差异,如教育体系及学习背景等的差异,给这个互动过程带来了许多不确定因素。教师作为项目的管理者,应当衔接远程项目的所有因素,考虑任务设计和项目安排。教师还必须解决在互动过程中发生的突发问题,例如有的学生参与积极性不强,发帖次数减少。中美双方教师需要密切合作提前为项目做准备,在项目进行过程中密切沟通以保证项目顺利成功进行。

通过学生的问卷调查及反思报告,对于远程合作融入外语课堂教学的实践,我们可以从以下几个方面改进:学习者的学习和参与、关于时间和技术方面的挑战、课程评估及课程结合。从学生的问卷及反思报告中,我们看到把远程合作融入现有课程中,增加学习者的学习和参与,中美双方学生受益颇多。远程合作项目能够灵活实现诸多教学目标。

首先,远程合作项目为学习者提供了以计算机为媒介的全新写作方式。学习者在这个项目活动中体验了新的写作方式,在网络讨论区发帖的写作有点像给朋友写信,其语言表达兼具口语和书面语的特点。从这个角度而言,他们学会了在写作中社交,通过写作获得更多的信息,而且习惯用文字表达自己的想法。他们在网络论坛上提出问题,等待对方的回应,而不是即刻就得到回复与答案。这种新的写作方式有真实的读者,有真实交际目的,能有效促进学习者的语言输出,本研究结果也显示学习者英语写作的准确度、流利度及复杂度有了显著提高。而且,中国学生通过与美国学生的远程合作,极大地增强了他们学习英语的动机及跨文化交流的自信心,在网络论坛上中国学生的发帖越来越多,他们使用英语来表达的积极性和热情高涨。

其次,以计算机为媒介的交流项目可以适用于很多课程,中国英语学习者与英语为本族语者的网络互动,具有高度灵活性,通过设计不同的教学活动,与这些课程的课程目标高度契合。在本研究中,跨洋远程互动融入中国英语学习者的"综合英语"课程中,通过网络论坛讨论、视频讨论、电子邮件往来、微信等多种形式与美国学生的跨洋互动,涵盖了写作、口语、中美跨文化交流、中美文学比较等多个方面。中国英语学习者与英语为母语者以真实交际目的为驱动而交流,能够提高学习者的英文写作、口语及跨文化交际能力,这也能实现"综合英语"课程对学习者英语水平提高的目标。在现实学习中,中国学生与美国学生能够就某个主题进行深入长时间讨论的机会非常少。而在跨洋远程合作项目里,中国学生与美国学生的直接交流能够有效地提高他们的英语使用能力。与美国学生的论坛发帖的过程就是语言实际运用中的理解与反馈过程,能让中国学生看到自己的真实的外语水平。对于美国学生来说,与中国英语学习者的远程合作项目,是以计算机为媒介的交流,他们能够通过实践来理解"计算机辅助教学"的相关理论研究,将理论应用于实践。美国学生交流互动的对象是英语为外语的学习者,在交流过程中给英语学习者语言方面的反馈,为他们锻炼教学能力提供了极佳的机会,为将来从事以英语为外语学习者的教学积累宝贵经验。参与本次项目的中国学生没有去过美国,大部分的美国学生也没有来过中国,互联网将他们联系起来,双方学生可以了解并探索一种与自己本国文化完全不一样的异国文化,激发了他们对对方国家的兴趣,促进了两国大学生之间深层次的交流。

中外学生远程合作项目还可以与英文写作、修辞等课程结合,例如,在广东外语外贸大学英文学院英语专业大二学生与美国宾夕法尼亚州立大学英文系学生的跨洋互动项目中,中国学生上"中级英文写作"课程,美国学生选修"民族修辞对比""社会科学写作""世界英语""亚洲人的思想交流方式"等多门本科生与研究生课程。他们跨洋互动的形式主要是互写作文评语并进行交流。前半学期美国大学生给一组中国大学生的英文习作进行评鉴,给出书面反馈,给中国学生的作文写评语。把评语以跟帖的形式发到网页上,还可通过电子邮件与中国学生进一步交流。在后半学期,美国学生再将自己的作文发到网页上,另一组中国学生针对美国学生的作文给予反馈。这样的教学活动设计,与中国学生的"中级英文写作"课程目标相一致,锻炼他们各种文体的写作,从美国学生的反馈中得到词语搭配、习语表达、文章主旨的意见,而这些意见通常是英语为非母语的学生及教师比较难注意到的问题。美国学生通过这一活动能在修辞、交际及跨国语境下的英语特点等方面获得第一手的体验,与所修的"民族修辞对比"等课程所关注的跨国文化交流与写作交流、中国英语等英语变体的课程目标吻合。美国学生在跨洋互动中研究中国学生对英语文字的实际使用,看到英语在多元文化、多元语境中的发展和更新。

同时,我们也应当看到在项目合作过程中出现的问题,教师在此过程中应采取相应的解决办法。学生的自主学习能力及对远程合作的理解程度不一,教师应该针对不同的学生做出相应的调整。如在第4小组的中国学生S13由于英语水平不高缺乏自信,因此,不愿意在网络论坛里发言。同一组的美国学生F4注意到了这一点,刚开始时她非常不理解这一行为,甚至生气地向老师抱怨S13。不同语言水平的学生需要不同的对待方式,如果教师能够针对S13的情况,给她提供个别辅导与支持,就能够帮助S13尽可能地多使用英语与小组成员交流。

学生也反映了项目中的技术界面的问题。例如,美国学生看不懂中文的操作界面,中美两国的时差问题使得学生实时互动的机会比较少。为了方便安排在课堂上教师指导下的实时Skype视频讨论,中国学生的"综合英语"课安排在中国时间的上午8点开始，美国学生的“计算机辅助教学”课程安排在美国时间的下午3点。这样安排任课教师可以现场指导小组视频讨论，也可以看到双方学生实时视频交流的场景，观察各个小组的讨论。中国学生和美国学生在问卷中也反映，时差是一个比较影响交流的因素，延迟了论坛讨论回应的时间。

远程合作项目的大部分任务都是学生课外时间完成的，美国学生认为这个项目占用了较多的课外时间。他们除了上课、完成各门课程的大量阅读及论文写作以外，还要去打工，这些美国学生的生活费和学费都要靠他们自己打工赚钱，课余时间比较紧张。美国学生在反思报告中提到了此项目花费时间较多，阅读书目也较多。从常规课程里挤出时间，把远程合作项目融入课堂，并非易事。为了能够投入任务中去，回复他们的搭档，提高必要的使用科技手段技能，包括页面导航之类，他们需要更多的时间去学习。

附　录

附录1　中国大学生调查问卷

Interclass Project with Students in California State University, Fresno

FALL 2014

Survey Questionnaire

This survey will help us to improve the future offering of this project and this course. The data collected may also be used for research purposes that may lead to publications. Your name will not be shown in any form in the publication and the information will be kept confidential. By participating this survey, you agree that your data can be used for the above-mentioned purposes.

Your Name: ____________________

1. Your age is ________.

   a. 18 – 19　　b. 20 – 21　　c. 22 – 24　　d. 25 – 30

2. Your gender is ________.

   a. male　　b. female

3. Have you worked/studied with a native English speaking student in an online environment before?

   a. Yes.　　b. No.

4. How often do you log onto the weekly group forum to post and respond to messages?

   a. Once a week.　　b. 2 – 3 times a week.

   c. More than 3 times a week.　　d. Almost every day.

   e. On a daily basis.

5. Approximately, how many hours do you spend on the Interclass project each week?

   a. Less than 1 hour.　　b. 1 – 2 hours.

c. 2 – 3 hours.
d. 3 – 4 hours.
e. 4 – 5 hours.
f. More than 5 hours.

6. Approximately, how often did you have Skype chat with your peers?
   a. Only twice that were organized.
   b. One more chat session in addition to the two that were organized.
   c. Two more chat sessions in addition to the two that were organized.
   d. More frequent: specify your frequency ____________.
7. Overall, my experience with this Interclass project course is ________.
   a. very positive
   b. positive
   c. negative
   d. very negative

For each of the following statements, choose one of the five answers (strongly disagree, disagree, neutral, agree, strongly agree) that reflects your true feelings or attitudes:

Technology (interface)

	strongly disagree	disagree	neutral	agree	strongly agree
1. The group forum interface is easy to use and navigate.					
2. It is easy to keep track of the messages in the online group forums.					
3. I often go back to check previous weeks' discussion forums.					
4. It is difficult to keep track of the messages posted in the previous weeks' forums.					
5. Skype chat is important for making our communications more personal.					
6. Skype chat is helpful for our tasks.					
7. In addition to the weekly forums, I e-mail my peers.					

Learning experience

	strongly disagree	disagree	neutral	agree	strongly agree
1. I was involved in choosing the topics for the discussion and for the project in my group.					
2. I like the topics of discussions in our group.					
3. It would be better if the instructors chose the topics for us.					
4. The weekly plans and deadlines are important for us to complete what we do in our group.					
5. I wish the postings in the group forums were graded (for points).					
6. I am satisfied with the outcome of our group project/presentation.					
7. I feel that I did my best to participate.					
8. I feel that I did my best to lead the group.					
9. I hope the other members contributed more to the discussions.					
10. Communicating with my group members has helped me learn.					
11. The Interclass project is a useful project.					
12. It provided the chance to interact with real native English speaker(s) I would not have met otherwise.					
13. This project promoted cultural exchanges.					
14. It is a useful and exciting experience.					
15. The project also makes our learning more meaningful.					
16. Completing this project has provided opportunities to use English for communicative purposes.					
17. The exchanges of messages provided me the chances to communicate with native speakers.					

Continued

	strongly disagree	disagree	neutral	agree	strongly agree
18. The online discussion helped me improve my writing skill in English.					
19. The online discussions help me pay more attention to write carefully and accurately in English.					
20. The contact with native English speakers online motivated me to learning English.					
21. The Skype audio/video conferencing helped me improve my oral skill.					

Challenges and future improvement

	strongly disagree	disagree	neutral	agree	strongly agree
1. The Interclass project demands much more time than I expected.					
2. I posted as many messages as I would like to.					
3. I did not post as many messages as I wanted to because I was too busy.					
4. I did not post as many messages because other members were not active.					
5. I hope I had more responses from other members of the group.					
6. I hope the responses from the others were more prompt than they were.					
7. The time difference between Shanghai and California was a problem for our group discussions.					
8. The time difference between Shanghai and California was a problem for Skype audio/video/text chats.					
9. I was nervous to communicate with the people I have not met at the beginning.					
10. I was afraid that my English was not good enough to communicate with the native speakers at the beginning.					

8. Please take some time to answer the following questions:

a. Please describe your experience with the Interclass project (positive, negative, expectation, effect on learning, etc. anything you think is relevant).

b. What do you like the most, or dislike the most about this Interclass project?

c. What have you learned from this project?

d. Has the project helped you learning English? If so, in what ways?

e. To improve the project for future students, what changes do you recommend?

Thank you very much for your time.

附录2 美国大学生调查问卷

Ling 155 Interclass Project

FALL 2014

Survey Questionnaire

This survey will help me to improve the future offering of this project and this course. The data collected may also be used for research purposes that may lead to publications. Your name will not be shown in any form in the publication and the information will be kept confidential. By participating this survey, you agree that your data can be used for the above-mentioned purposes.

Your Name: ____________________

1. Your age is ________.

a. 18 – 19 b. 20 – 21 c. 22 – 24 d. 25 – 30

2. Your gender is ________.

a. male b. female

3. Have you worked with ESL/EFL students in an online environment before?

a. Yes. b. No.

4. How often do you log onto the weekly group forum to post and respond to messages?

a. Once a week. b. 2 – 3 times a week.

c. More than 3 times a week. d. Almost every day.

e. On a daily basis.

5. Approximately, how many hours did you spend on the Interclass project each

week?

a. Less than 1 hour.
b. 1 – 2 hours.
c. 2 – 3 hours.
d. 3 – 4 hours.
e. 4 – 5 hours.
f. More than 5 hours.

6. Approximately, how often did you chat with your peers on Skype?
   a. Only twice that happened during our class time.
   b. One more chat session in addition to the two that happened in class.
   c. Two more chat sessions in addition to the two that happened in class.
   d. More frequent: specify your frequency ____________.
7. Overall, my experience with this Interclass project course is ________.
   a. very positive
   b. positive
   c. negative
   d. very negative

For each of the following statements, choose one of the five answers (strongly disagree, disagree, neutral, agree, strongly agree) that reflect your true feelings or attitudes:

Technology (interface)

	strongly disagree	disagree	neutral	agree	strongly agree
1. The group forum interface is easy to use and navigate.					
2. It is easy to keep track of the messages in the online group forums.					
3. I often go back to check previous weeks' discussion forums.					
4. It is difficult to keep track of the messages posted in the previous weeks' forums.					
5. Skype chat is important for making our communications more personal.					
6. Skype chat is helpful for our tasks.					
7. In addition to the weekly forums, I e-mail my peers.					
8. The Tablet device is helpful for this Interclass project.					
9. I used the Tablet more often than the computer to post in weekly forums.					
10. It is more convenient to use the Tablet to chat with peers.					

Learning experience

	strongly disagree	disagree	neutral	agree	strongly agree
1. I was involved in choosing the topics for the discussion and for the project in my group.					
2. I like the topics of discussions in our group.					
3. It would be better if the instructors chose the topics for us.					
4. The weekly plans and deadlines were important for us to complete what we do in our group.					
5. I wish the postings in the group forums were graded.					
6. I am satisfied with the outcome of our group project/presentation.					
7. I feel that I did my best to participate.					
8. I feel that I did my best to lead the group.					
9. I hope the other members contributed more to the discussions.					
10. Communicating with my group members has helped me learn.					
11. The Interclass project is a useful project.					
12. It provided the chance to interact with real EFL students I would not have met otherwise.					
13. This project promoted cultural exchanges.					
14. It is a useful and exciting experience.					
15. The project also makes our readings of CMC (synchronous and asynchronous) for language learning more meaningful.					
16. Completing this project has provided training for me to design and teach a course online.					
17. I feel that my peers' oral communication skills improved as a result of oral chats with me on Skype.					

Continued

	strongly disagree	disagree	neutral	agree	strongly agree
18. I feel that my peers' writing skills improved as a result of our online discussions.					
19. I provided feed back to my peers' writings explicitly or implicitly.					
20. I tried to model my writing for my peers by writing more carefully.					

Challenges and future improvement

	strongly disagree	disagree	neutral	agree	strongly agree
1. The Interclass project demands much more time than I expected.					
2. I posted as many messages as I would like to.					
3. I did not post as many messages as I wanted to because I was too busy.					
4. I did not post as many messages because other members were not active.					
5. I hope I had more responses from other members of the group.					
6. I hope the responses from the others were more prompt than they were.					
7. The time difference between Shanghai and California was a problem for our **asynchronous** weekly discussions.					
8. The time difference between Shanghai and California was a problem for Skype/ **synchronous** text or voice/video chat.					

8. Please take some time to answer the following questions:
   a. Please describe your experience with the Interclass project (positive, negative, expectation, effect on learning, etc. anything you think is relevant).
   b. What do you like the most, or dislike the most about this Interclass project?
   c. What have you learned from this project?
   d. In terms of language learning and teaching, in what ways has this project

helped preparing you teaching?

e. As this is a Tablet course, what impact, do you think, the Tablet has made on this project?

f. To improve the project for future students, what changes do you recommend?

Thank you very much for your time.

附录3 第6小组中国学生的期末报告

Requirements for final report:

1. Summarize what happened during these 6 weeks; summary of your activity, including all the communication, such as Skype-chat, email, etc.;

2. Learning experience: overall experience, what worked, and what didn't work; both positive and negative experience;

3. The technology part; different channels for communication; preferred communication channels;

4. How to improve in the future.

Jessie

Learning experience

SKYPE:

The first week, we had a happy conversation. We introduced ourselves by video chat, and had made a plan about the themes we would talk every week.

The second week, we didn't had a discussion, because Cody was busy preparing the text. What a shame!

The fourth week, we had a long and happy discussion. We talked about our school life, such as the classes, the teaching buildings, the activities and so on. It's really unforgettable!

The discussion on the Internet:

The first week, I introduced myself and sent a photo of me.

The second week, I introduced the Dragon Boat Festival by talking the origin and sending photos.

The third week, I talked about my favorite book called *Kissing* which is an unauthorized biography about Angelina Jolie.

The fourth week, I sent some photos about our campus and introduced my favorite music activity.

Gains:

1. I felt very shy when we were talking. So I find that I should practice my courage.

2. I couldn't express my idea accurately because of the lack of vocabulary and some nice sentences, which made me realized that I should accumulate enough words and sentences.

3. I should care much about my pronunciation in order to communicate smoothly.

Suggestions:

1. Each of us should be more enthusiastic about our discussion.

2. I hope we can have a talk not only at school, but also at home during the vacation.

Future plans:

1. Learn more words.

2. Practice my pronunciation and oral Engnlish.

3. Try to talk with teachers and classmates in English as much as possible.

Elaine

During the 6 weeks, we have had Skype-chat with Cody once. We had video chat with him separately due to the software limitation. And Cody was busy with his classes and mid-term examination, so that we couldn't chat with each other by Skype. That was a pity! Fortunately, we discussed on the Hujiang forum. We introduced ourselves and sent our photos to him. We talked about festivals, food, shopping, entertainment and education on our daily life as well. Those are such big differences between our nations and cultures. I think these activities have widened my horizon.

In my opinion, the topic of Entertainment did work and played its role. Cody mentioned American TV plays and literature, he gave his own view on it and Shakespeare's works which was very different from mine. It made me think deeply. However, lack of face-to-face communication and interaction was the negative part. From this activity with Fresno students, I learned how to use

Skype. That is another gain. It's really useful, especially for international communication.

If our schools could select a period that we all have more spare time on the project, the effect will be better.

Turrify

These six weeks was a really wonderful experience which improved my English ability and let me make many new friends. We communicated with each other and shared with each other. But at the first time, I'm not active enough. I even regarded this meaningful program as an albatross so I forgot to post in Week 2, actually. With the discussion, we had become familiar and I began to find that we had a lot of interesting theme which could be talked about. So I posted more and more because posting had become one of my interests.

Another unforgettable experience was the Skype-chat with Cody who was our partner studying in Fresno, America. This was really my first time to be face to face with foreigners online. We all represented very nervously at the beginning of the chatting online. Embarrassed blank always appeared to interrupt our discussion. Cody was not the person who was very passionate. Actually he was very shy to talk to us. But after posting for several weeks online, we had a really happy and heated discussion at the second time to have a video chatting online.

In Week 3 I did a stupid mistake that I copied others sentences to summarize a fiction movie named "The Guardians of the Galaxy". To my surprise, Cody fond [found] it immediately and persuaded me not to copy someone else's words without providing the source, trying to summarize by myself.

I felt guilty and regret about copying others' words. Although it is difficult to summarize such a fiction, I also need try to do it with my own words which can improve my ability usefully.

At the end of this program, we did our PowerPoint presentation together. Everyone was responsible for our own work. Then our own PowerPoints were assembled by our group leader, Brianna. When we had our presentation in the class, everyone would be responsible for one week. Having presentation was also a good way to exercise ourselves. Although our topic had some problems, our great effort should be recognized.

The program has ended, but our communication will never go over. Time to be alive is the time to learn.

Brianna

This term, we have a six weeks' discussion with American students. This kind of activity is pretty good. I have gained very much and the experience is wonderful which makes me know more about both English expressions and American culture. But, just like what our teacher said, our general topic is a little broad. And the discussions are not so active, which made me a little burdened to post on the forum. Sometimes I didn't know what to say.

As for our partner, Cody, he is a good leader. He always posted timely and gave us positive influence to continue our discussion. We are good friends and great partners. However, as a leader, he likes [is like] a teacher more than a student just likes [like] us.

We only had video chats in Skype twice during the six weeks because Cody and us [we] couldn't find a convenient opportunity to have more video chat. Also, I know that it is not easy to study in America with great pressure. I like this kind of way to improve my English. Anyway, we chatted with each other happily in the fourth week by Skype. There are many things the same with our campus. For example, the most popular and beautiful buildings are both our libraries, and the environment of our universities are beautiful. We enjoy nature when we'd like to.

I hope the discussion can last longer and the software can contain both video chats and posts.

Report

Group 7

We have a long time discussion during six weeks. Our group, Group 7, includes 5 members, Brianna, Turiffy, Elaine, Jessie and Cody.

Cody is our group leader. During the six weeks' discussions, he helped us find some mistakes in our expressions and show [showed] us many things during his life. So we have gained very much and the experience is wonderful. He always posted timely and gave us positive influence to continue our discussion. We are good friends and great partners. However, as a leader, he likes [is like] a teacher who is very calm more than a student just likes [like] us.

Our discussions are almost all in our post bar. Sometimes it is not so active there, but we truly discussed something interesting.

There are two discussions online by Skype. We all think this kind of communication is wonderful and interesting, although Cody and we couldn't find a convenient opportunity to have more video chat.

In the first week, we introduced ourselves to each other and made a plan about the themes we would discuss each week. We all represented very nervously at the beginning of the chatting online. Embarrassed blank always appeared to interrupt our discussion. Cody was not the person who was very passionate. Actually he was very shy to talk to us. But after posting for several weeks online, we had a really happy and heated discussion at the second time to have a video chatting online.

Our general topic is culture, a little broad but interesting. When we were posting, we all found that we could not express all the things we wanted to say.

Schedule: 1. Introduction

2. Schedule. Festivals, Food and Shopping
3. Entertainment: Television Shows / Plays, Music, and Literature
4. Education: Schools and Classes
5. PowerPoint discussion
6. PowerPoint finalization

Week 1

We introduced ourselves by video chat, and had made a plan about the themes we would discuss each week. (active)

Jessie copied something from the web.

Week 2

This week we talked about the festivals in China and America. But the progress of our discussion is a little slow. (active)

Week 3

Our group talked about the entertainment this week (interesting). The posts are few because of the busy days and our posting's time difference. (not active)

This week Turrify did a stupid mistake that she copied others sentences to summarize a fiction movie named "The Guardians of the Galaxy." But Cody found it immediately. She knew she need try to do it with her own words which can improve her ability usefully.

The topic of Entertainment did work and played its role. Cody mentioned American TV plays and literature, he gave his own view on it and Shakepeare's works which was very different from ours. However, lacking of face-to-face communication and interaction was negative.

Week 4

This week, our group talked about the school and education. We have shared many beautiful photos of our beautiful campus. At the same time, we shared the feelings we have to take classes in college. In a word, our campus is beautiful, and we love it very much. Elaine was ill, so she missed the video chat. (most active)

Week 5 & Week 6

We talked about our PPT.

At the end of this program, we did our PowerPoint presentation together. Everyone was responsible for our own work. Then our own PowerPoints were assembled by our group leader, Brianna. When we had our presentation in the class, everyone would be responsible for one week. Having presentation was also a good way to exercise ourselves. Although our topic had some problems, our great effort should be recognized.

Gains:

We learned many things from the activity. During the six weeks, we know more about both English expressions and American culture happily, improve our expressions and expand our vocabulary.

Of course, we had a really happy and heated discussion at the second time to have a video chatting online. By the way, it is experience needing courage very much.

From this activity with Frensno students, we learned how to use Skype. What is another important gain? It's really useful, especially for international communication.

Overall situations:

We did pretty well. Brianna and Elaine are pretty active in the post forum, and Turrify and Jessie are active in the video chat.

But there are still some problems. For example, Turrify's and Jessie's posts are few. Maybe because of their busy days, they copied something from others, but they realized it and tried to correct. And our topic is a little broad. So it is difficult for us to post something deeply. We may choose something specific to discuss later.

The most interesting experiences are the discussion in Week 3 and Week 4. The things we were talking about are interesting and attractive.

Suggestions:

1. Each of us should be more enthusiastic about our discussion.

2. We should try to learn more words and good sentences to express ourselves.

3. Practice our pronunciation and oral English by talking with teachers and classmates in English as much as possible.

4. We hope we can have a talk not only at school, but also at home during the vacation or can last longer or schools select a period that we all have more spare time relatively.

5. It may be better if the software can contain both video chats and posts.

附录4　美国大学生的期末反思报告

F1

1. Summarization of activities

During this six-week Interclass project, our group has discussed a lot of differences of students' lives between American and Chinese, including festivals, the drinking policy, etiquettes, campus lives, and driving. We started to know the culture of another side of the world and to realize how different these two cultures are. The students in Shanghai were very dedicated and both they and I have devoted a lot of time and energy in this project. The activities we did in this six weeks cover online forum website, skype, and wechat.

a. Online forum

The most critical part for this project is the discussions on Hujiang website forum. We have different subtopics for each week. The first week was the self-introduction week. Students in Shanghai, Danielle, and me all posted our own pictures on the website and we also wrote a brief self-introduction in which we described our interests and characteristics. Everyone is so different but we are all very friendly and excited in meeting foreign friends and sharing our stories to each other. From the self-introductions written by these four Chinese students, I found that some students are not very good at typing in English. They are not used to the punctuation and capitalization and there are some spelling errors in their postings.

For the second week, we discussed different traditional festivals in America and China. Danielle shared a lot of traditions and the origin of Thanksgiving, and I shared my understanding and experience of Christmas. Students in Shanghai showed a great deal of interests to western festivals, and all of them claimed that they wanted to experience all these traditional atmospheres in person. Our group members are very active and they introduce the Spring Festival, the Dragon Boat Festival, the Mid-autumn Day, and the Double-seventh Day to Danielle.

We had a really interesting and active discussion in the third week, as our topic was drinking alcohol. I asked them to state their opinion about whether the drinking age, which is 21 years old, in American is reasonable, and whether China should have a drinking age. Every student in Shanghai shared their thoughts with us. Some stated that 21 is too late for start drinking and some posted that youngsters should not drink before 21. Two students even shared their first experience with alcohol and how they got drunk. From the discussion, I found that the students in Shanghai are very knowledgeable. They understand the different cultures and conditions between China and America, and they are able to come up with some solutions related to law and education. Overall, we had a meaningful and significant discussion on the forum this week, and we reached the consensus in the end.

For the fourth week, we discussed about different kinds of etiquettes, including eating etiquettes, dressing etiquettes, and greeting etiquettes, between Chinese and Americans. Danielle introduced how to tipping in an American restaurant and also some basic things we are supposed to pay attention [to] when we are invited to a formal dinner. She also demonstrated some common expressions of greeting, such as "how are you" or "what's up". For my part, I explained how the "pot luck" is working in American parties, and I tell the students that American students are dressing more casually than Chinese students. Chinese students were also very active, as they demonstrated the rules of Chinese formal dinner and how we [they] greet in China; for instance, shake hands, hug, and so on.

The fifth week was the most interesting week, in that the topic for this week was campus life and driving. Danielle introduced the driving condition in America, which is that most of the students who are not living in dorms drive to school, being contrast with the condition in China, which is that nearly all students are living in the dorms, leading to just walking to classes or by bicycles. In addition, I explained how American students are able to graduate and the process of changing majors or options. According to what we posted, the students in Shanghai wrote their campus life, including the basic information of dormitory, military training for freshmen, their classes and their majors. We learned a lot from each other.

We finalized our topic to be "different lives between American and Chinese" in the last week discussion. They told us they were in charge of different small topics for each week including traditional festivals, drinking policies, etiquettes, campus life and driving. Some of them posted their presentations on the website. I also asked them to talk about the Broadway Show in which they performed by themselves. They told us one performance was "A Midnight Summer Dream" from Shakespeare, which seems really wonderful and meaningful. One of the students also asked Danielle about the unlucky day "13th". Overall, we had a great week.

b. Skype

In addition to all these discussions in Hujiang Website, we also did two Skypes during this six weeks. In the first Skype, we briefly introduced ourselves, and we asked the three students (one absent due to class) to tell us what they always do during the weekend. We also showed them how our campus looks like. Finally, we decided the topic for next week will be traditional festivals.

We chatted with two girls and the guy separately because they were in their dorms and group chat is not available in the Skype. The Wi-Fi connection in the guy's dorm was very bad, and we can barely heard him.

There were two of our group members skyping with us for the second video chat, and one of them invited his roommate to join us, so totally three people. We talked about different etiquette between China and America a little bit because etiquette was the topic for that week. Then we talked about different books we were reading those days. The students were reading *The Old Man and the Sea* and *The Little Prince* for those two months. At the end of the conversation, we decided the topic for next week will be driving and campus life.

c. Wechat

Besides the forum and the Skype, we also keep texting through Wechat to remind each other posting on time. Sometimes we asked for clarification in Wechat, like once we misunderstood "previous engagement" as to be engaged, and then Danielle told us it just means having plans. So from my perspective, wechat is a convenient and vital tool in our interclass project.

2. The technology problem and how to improve in the future

For the online forum, it will be much better if the university in Shanghai can provide us with the English translations, in that it was such an unpleasant process for American students to count every time trying to find the right button.

There is another frustrating problem. I find the students in Shanghai were so eager to chat with us face to face, but we could not figure out a perfect time to skype with each other. It seems like synchronous chat is impossible for us. Time difference is really a big problem.

For the synchronous communication, we did audio chat most of the time because video chat is not available for group chatting on Skype. The best way to solve this problem is to find a better application, or pay for the fee of the group video chatting.

3. Learning experience and conclusion

Skyping is interesting and talking with the students in Shanghai face-to-face made me feel very involved. I also think that Skype will enhance our work on Hujiang website by connecting each other more closely. The problem is the time difference and technical problems including limitation of group chat and weak Wi-Fi connection.

What I like most of this project is the synchronous part, as it provides a precious opportunity for Chinese students to practice their oral English, while it is known that the price of taking English speaking classes is extremely high in China. However, Danielle was always working and I took almost 20 units this semester, leading to that we can hardly squeeze the time for synchronous communication.

The asynchronous part is also worth-time, for the simple reason that we both learned so much differences from each other. As the big time difference between China and America, the asynchronous is the most convenient and useful approach for us to chat and cooperate.

Overall, my feeling is positive. I think both sides have learned a lot from sharing and reading other group members' postings. This project opened a window for students in Shanghai to get access to real American life and experience, while it also lets American students be able to communicate with Chinese students and learn their culture as well as different campus life.

(译文:

1. 活动小结

在这6周的跨班级项目里,我们小组讨论了很多美国大学生与中国大学生生活的差异,包括节日、饮酒政策、礼仪、校园生活及驾车。我们开始了解地球另一端国家的文化,意识到这两种文化之间的巨大差异。上海的学生非常投入,我和他们在这个项目上花了大量的时间和精力。我们过去的6周进行了论坛讨论、Skype视频和微信等多种形式的互动。

a. 网络论坛

这个项目的重要部分在沪江网站论坛上讨论。我们每一周都有不同的子话题。第1周是自我介绍。上海那边的学生们、Danielle,还有我把自己的照片放到网站上,我们还写了一个简单的自我介绍,描述了我们的兴趣爱好和特点。尽管每一个人都是如此不同,我们都非常友善,对于遇见外国朋友,彼此分享自己的故事很激动。从这4个中国学生写的自我介绍中我发现一些学生不太会输入英文。他们不习惯用标点符号和大写,在发帖里还出现了拼写错误。

第2周,我们讨论了美国和中国的不同的传统节日。Danielle分享了感恩节的传统和起源,我分享了我对圣诞节的理解和经历。上海学生表现出对西方节日的很大兴趣，所有人都说他们想亲身体验这些传统节日氛围。我们小组成员非常活跃，他们向 Danielle 介绍了春节、端午节、中秋节和七夕。

我们第 3 周有一个非常有趣活跃的讨论，那周话题是饮酒。我让他们表达了对美国设定 21 岁为法定饮酒年龄是否合理的观点，中国是否也要设定法定饮酒年龄。上海每一位学生都和我们分享了他们的想法。一些学生说 21 岁开始饮酒太晚了，另一些学生发帖说年轻人不应该 21 岁之前饮酒。有 2 位学生还分享了他们第一次饮酒并喝醉的经历。从这次讨论，我发现上海学生的知识面很广。他们能理解中国和美国之间不同的文化情况，他们能够提出与法律和教育相关的解决方案。总体而言，我们在那一周的论坛讨论非常有意义，最后还达成了共识。

在第 4 周，我们讨论了不同的礼仪，包括中美不同的饮食礼仪、穿着礼仪及问候礼仪。Danielle 介绍了怎样在美国餐厅里给小费，还有一些我们受邀参加正式餐宴的注意事项。Danielle 还介绍了一些问候的常用表达，例如"你好"或"你近来如何"。我介绍了美国派对的"百味餐"，还告诉他们美国学生比中国学生衣着随意很多。小组里的中国学生们比较活跃，他们介绍了中国正式用餐的礼仪，中国人如何互相问候，例如握手、拥抱等。

第 5 周是最有趣的一周，那一周的话题是校园生活和驾车。Danielle 介绍了美国驾车的情况，大部分不住在学校宿舍的学生开车去学校。中国的情况则相反，几乎所有的学生都住在宿舍里，走路或者骑自行车去教室。另外，我还介绍了美国学生是如何毕业，如何转换专业的。根据我们的发帖，上海学生也描述了他们的校园生活，包括宿舍情况、大学新生军训、班级和专业。我们从对方身上都学习了很多。

在最后一周的讨论，我们最终把题目定下为"美国人与中国人的不同生活"。他们告诉我们，他们将各自负责每周的子话题，包括传统节日、饮酒政策、礼仪、校园生活和驾车。有些同学把他们的幻灯片放到了网上。我还询问了他们参与演出的"百老汇"。他们告诉我们，其中一个节目是莎士比亚的"仲夏夜之梦"，非常棒，也非常有意义。一位学生还问了 Danielle"13 号"的坏运气日子。总体而言，我们那一周讨论情况很好。

b. Skype

除了所有在沪江论坛上的讨论之外，我们还在过去的 6 周里，有两次 Skype 视频讨论。在第一次的 Skype 视频中，我们互相做了简短的自我介绍，我们还聊了对方三位同学他们周末通常做什么（一位同学有课，没有参加）。我们还给他们看了看我们的校园是什么样的。最后，我们定下了下周的讨论话题为传统节日。我们分别和两位女生、一位男生聊天，因为他们在不同的宿舍，Skype 没办法进行小组视频。那位男生宿舍的无线网络非常差，我们几乎听不到他在说什么。

有两位小组成员与我们第二次视频聊天，其中一位同学邀请了他的室友加入我们，所以共有三位。我们讨论了一些中国与美国之间不同的礼仪，那周的话题正好是礼仪。然后我们谈了谈最近看的书。学生们那两个月在读《老人与海》《小王子》。在讨论临近结束时，我们定下了下一周的话题为驾车和校园生活。

c. 微信

除了论坛讨论和 Skype 视频讨论外，我们还通过微信，互相提醒发帖。有的时候，我们也用微信澄清问题，例如有一次我们把"previous engagement"误解为"参与"，Danielle 告诉我们那是表示做计划。因此，在我看来，微信是我们跨班项目的一个方便而重要的工具。

2. 技术问题及将来如何解决

网络论坛部分，上海的学校如果能给我们提供中文翻译，将会好很多，因为对于美国学生来说每次都要用数数的方法才能找到正确的按钮，这并不是一个令人愉快的过程。

另一个令人沮丧的问题是，我发现上海的学生非常渴望与我们面对面聊天，但是我们很难找到一个双方都合适的时间视频。实时讨论似乎对于我们不太可能。时差是个大问题。

实时交流中，大部分时候我们是用语音聊天，因为 Skype 没办法小组视频聊天。解决这个问题的最佳办法是再找另一个更好的应用软件，或者付费进行小组视频聊天。

3. 学习体验和结论

Skype 视频很有趣，我喜欢与上海学生面对面聊天。我也认为 Skype 视频让我们更加紧密地联系在一起，能促进我们在沪江网论坛讨论的进展。主要问题是时差和技术问题，包括没办法进行小组讨论及无线网络信号差。

这个项目我最喜欢的部分是实时互动部分，给了中国学生练习口语的宝贵机会，因为众所周知中国的英语口语课费用极高。但是，Danielle 和我这个学期有几乎 20 个学分的课程，我们很难挤出时间来进行实时交流。

非实时互动部分也比较值得花时间，因为我们之间有很多不同之处，要互相学习的太多了。由于中国和美国之间的时差，非实时互动对于我们来说是最方便和有用的聊天及合作方式。

总体来说，我认为该项目的体验非常好。我认为双方都从分享和阅读小组成员发帖里面学到了很多。这个项目为上海学生打开了一扇了解美国人生活的窗户,也让美国学生能够与中国学生交流,并学习他们的文化,还有不同的校园生活。)

F2

In this Interclass project, we spent our time with a group of students studying English in China. During six weeks, we were to establish a topic to discuss and then later present this topic to others that were participating with other group members. My group consisted of four other students from China with three female and one male. In the beginning of the project we were to discuss and come up with a topic with the students. Each group had a different topic and the group I participated in agreed to discuss popular media in America and China. We divided this topic into different subtopics each week giving us a centered idea with variation so that there would be new things to discuss each week. The media that our group focused on was books, TV shows, and music. During the first week, we introduced ourselves with pictures and included things about ourselves that we wanted to share with the group; this was a good time to get to know each other. The second week was used to establish what topics we would like to discuss with each other. During the beginning of the third week a topic was decided and then put into full swing. The students discussed literature that originated from China and I included one author from California. We introduced various books and authors during this week. The fourth week we discussed various TV series. There was mixing in this since some American series appeared in China but there were also Chinese series that were introduced during this time. The fifth week we touched on popular music. The students were able to play sound clips on the forum and explain the artists and the genres. The music even expanded into Japanese and Korean music that was covered by some Chinese groups in Chinese. During the last week, the students made a summary and set out to establish who would compile what for the PowerPoint. Throughout the weeks there were also some Skype conversations.

The overall experience was good as that the group was charming and everyone was willing to put forth the effort in order to keep the group running. The forums were a good way to express the ideas and post different types of media to share with each other. However, there was no way to have reminders set up that tell group members whether or not people posted and often times that would set people back and cause a lack of communication. There would be days when I would worry whether the students would see my messages and respond back or not and I feared not having discussions. Also, if students were missing for a week or so, I would have no way to personally get in touch to remind them that we need the postings. Yes, there were ways to get in touch by messaging professors to ask them to remind students. However, that added an extra person or two who messaged between the students. This can become problematic when I am not sure whether the students responded to the message or not. However, in the group this was not a huge issue as most posted and did very well.

The communication channels we used were forums, Skype and emails. The forum was the primary source of communication, which caused for slow responses. However, this allowed students to post as they wanted to and reflect on posts without worry of them disappearing. Twice the group attempted to communicate through Skype but this was problematic as you cannot do group video chats without payment. Audio chats are only possible in free group chats. But if video were wanted it would require to be using only two accounts for discussion. For my group this meant that I would have to talk to each student one on one. This is not the most efficient way to communicate because ideas were either not repeated or passed on. Also, some students had more time talking than others. When trying to figure out how to video chat together that was also an issue trying to gather all the students in one place. All the female members were able to gather in one dorm room but the one male student could not because of gender restrictions in the dorm rooms. Thus, we ended up with three accounts being used at the same time and making it so that we still could not do video chat. Video chat can be a great way to communicate and see each other face to face, however, careful planning is needed to make sure that Skype time is not spent trying to trouble shoot the issues. Also, at the very end there was some emails being sent to share the PowerPoint but this was not implemented in the beginning. So in that respect, the forum became the preferred channel of communication.

To improve in the future, I think it is important to allow other means of communication to give the students more ways to reach other. Emails should be given out so that students can remind others to post and there isn't the need of a messenger in between students. Another point in communicating with the students, the Skype sessions should be clearly explained that they must be in one room on one account together to make sure there is no time wasted on figuring out how to video chat, unless the desired form of communication is audio only. Also, while it was helpful for students to have a guide in how to navigate the forum, there were multiple ways to access the forum. The only issue is that the entire website is in Chinese and some students might have had a hard time navigating the website if they cannot read Chinese or do not have a browser that can translate websites. I think it would be great for the students to be working through a website that was entirely in English as it would allow them exposure to the language through functions they have to navigate and also it would help make it easier for the Fresno State students to work with.

（译文：在这个跨班级合作项目里，我们与来自中国的英语学习者一起度过了一段时间。在过去的6周时间里，我们选定了讨论的话题，然后给其他小组展示了这个话题。我的小组里有4位来自中国的学生，3位女生和1位男生。项目刚开始的时候，我们和小组成员一道讨论并选定话题。每一个小组的话题都不一样，我所在的小组最后选定的话题是美国与中国的流行文化。我们把这个话题分成若干个小的话题，每周讨论其中一个，这样的话，我们可以围绕一个核心话题从多角度去讨论。我们小组讨论的媒体包括书、电视剧及音乐。在第1周，我们自我介绍，并上传了照片，还介绍了自己的情况；这是互相了解对方的好时机。第2周用来确定下我们想讨论的话题。第3周的开始定下了一个话题，进行了充分讨论。学生们讨论了来自中国的文学作品，我介绍了一位来自加利福尼亚的作家。我们在第3周这一周里讨论了很多的作家作品。第4周我们讨论了不同的电视剧。这部分我们有重合之处，因为在国内已经上映了一些美国电视剧，而一些中国电视剧也在美国已经上映。第5周我们讨论的是流行音乐。学生们能够在网络论坛上放出一些音乐的音频，介绍了音乐家和音乐类型。他们还聊到了日本音乐和韩国音乐，其中有一些唱中文歌曲的中国组合。在最后一周，学生们做了小结，开始分配谁负责整合幻灯片演示的那些部分。在这几周里，我们还进行了几次Skype视频讨论。

我参与本次项目的总体体验是好的，我们小组非常有趣，每一位同学都愿意付出努力使得小组讨论进行下去。网络论坛是一个表达观点和发布分享多种形式媒介的好途径。然而，网络论坛上没有办法设置提醒去告诉小组成员有没有人发了帖子，这样常常会延缓讨论进展，导致沟通不畅。我经常会担心学生们是否看到了我的发帖及我的回复，我担心没有人参与讨论。而且如果学生们消失了一周，我个人没有办法联系到他们，没法提醒他们我们需要发帖。虽然我们可以通过发消息给老师，让老师们去提醒学生。但是，那就需要一两位老师在学生之间传递信息。这可能会造成新的问题，不能确定学生是否对这个传话做出了回应。但是在我们小组里，这不是大问题，大部分同学都发帖了，而且他们完成得很好。

我们使用的沟通渠道是网络论坛、Skype 视频讨论和电子邮件。网络论坛是主要的交流渠道，也带来了回复缓慢的问题。但是，这使得学生可以在他们想发帖的时候发帖，并且不用担心这些帖子消失，可以返回再看。有两次学生们想要通过 Skype 视频聊天，但是这也出现了问题，因为没有付费，所以无法进行小组视频。免费的小组讨论只有音频。如果想使用视频讨论的话，只能使用两个账号。这样的话，我们小组里，我只能一对一地讨论。这样的交流，效率不高，所表达的想法没有被重复或者传递。而且，一些学生的交谈时间比另一些学生时间长。如果想一起视频讨论的话，就要把对方的所有学生集中到一起。所有的女生可以集中在宿舍里，但是还有一位男生没办法加入，因为他不能去女生宿舍。这样我们就必须有三个账号同时使用，但依然不能视频讨论。使用视频讨论是一个很棒的交流形式，可以面对面地说话。但是，Skype 视频讨论应当仔细计划，以确保 Skype 视频讨论的时间不是花在解决技术问题的。在项目的最后阶段，我们使用电子邮件互传幻灯片。但是，项目刚开始的时候我们没有用电子邮件。论坛讨论是我们使用得较多的交流渠道。

关于未来要改进的地方，我认为应当使用其他交流渠道，给学生更多的方式，能够联系到对方。双方学生应当交换电子邮件，这样能够提醒对方发帖，也不需要在学生之间有传话的人了。另一个与学生交流的需要注改进的是，Skype 视频讨论应当给学生清楚的指示，所有学生在同一个房间使用同一个账号，确保不会浪费时间在解释怎样使用视频聊天，除非大家只愿意使用音频聊天。另外，如果能够给学生一个怎样使用论坛的指南会更有帮助，有多种进入网络论坛的途径。有一个问题是整个网站界面是中文的，不懂中文的学生或者没有在线翻译工具的学生，在找寻页面的时候比较困难。我认为学生如果使用一个全英文网站会更加好。全英文网站能够让中国学生通过使用网站导航检索功能，增加语言输入量。而且更方便弗雷斯诺的学生使用。）

F3

In my Linguistics 155 class we did a project involving Freshmen English

Majors from the University of Shanghai. After being assigned this assignment we were each assigned 4 students from Shanghai. My students' names are Ellen, Angela, Janice, and Judy. Our first meeting was planned out so that we can meet our students via Skype. We were able to talk to one another through the Hujiang Forum that was provided to us. The students and I actually had a lot in common. We liked the same Chinese singer and had the same taste in movies. The day before the actual planned meet, two of my students had requested to meet with me a day before. They wanted to live chat because they were anxious to meet me. Because of the time difference we decided to meet at 7 am here and 11 pm over there. During the chat we introduced each other and I met some of their dorm mates who all spoke English as well. They were very nice and sang to me in Chinese and in English. After an hour we said our good-byes. I was very happy to have met them a day early. I can tell they were nervous to meet me and I was too but by meeting them like this, it broke the ice a little more.

The day of the meeting with all of the students I had technical difficulties. My students weren't online and the ones that were couldn't either see or hear me. One of the student said she couldn't live chat because her roommate was sleeping. After being able to get in contact with two out of the four we were able to discuss which topic to choose. It was between American and Chinese food and part-time jobs. Towards the end of the chat another student joined the conversation. By the end of the conversation I had felt that I did not accomplish much. Since I had felt that way, I had proposed to the students that I wanted to meet again. After discussing the time differences and schedules we came to the conclusion to meet at 10 am Shanghai time. I was then able to meet and speak to all 4 students. We decided to settle with the topics part-time jobs in China vs. in the U. S. since they all responded really strongly with that topic.

During the weeks of building our topic and project we spoke a lot about the differences in China and the U. S. Each week I would present to the students on the forum some questions. I then proceed to answer the questions myself to show them what I am looking for and my opinions. Some of the questions that I asked the students were:

(1) How many kinds of the part-time jobs which are suitable for university

students do you know?

(2) Where do you want to work in your spare time?

(3) In your opinion, would a part-time job cause stress to a university student?

(4) How should students persuade their parents to allow them to have a part-time job?

(5) What are your parents' opinions on part-time jobs?

(6) What kind of part-time jobs will your parents allow you to do? Part-time jobs within your university? Part-time jobs outside of school?

(7) What are the purposes of students doing part-time jobs?

(8) What are the students' attitudes towards doing part-time jobs?

(9) If you did poorly on a test/exam/mid-term exam what will your parents do? Will they not allow you to continue your part-time job? Or will they not care?

These are some questions that I presented to my students. These were to prompt conversations and to get the students thinking about their opinion. For the first five weeks I would talk about what we were going to do that week, post the questions, answer them, and ask them to answer them. Towards the end of the week, my Thursday their Friday, we would live chat on Skype to discuss the questions and answer any questions. We meet every week at least once a week on Skype. I do meet them on my own time. I did notice that every time we meet on Skype it would only be 3 out of 4 students. The 4th student had informed that she is busy but I always try to meet with them when they are free. There are some times where I would be up later around 9 or 10 pm to try to accommodate with their time. It would be noon over in China.

Towards the end of the project, we talked about the PowerPoint. On week 5 I had requested the students to email me pictures so that I can put them in the PowerPoint. On Week 6 I had posted on the forum asking the students what we should do for the PowerPoint. Only one student emailed me her pictures and responded to the forum. I kept checking the forum throughout the week and no one had replied. On Friday night I checked and it seemed that they had posted on Thursday. They were asking for my PowerPoint slides but I needed theirs. After a day I was able to receive all the slides from everyone. I finalized them and sent them back. They all worked hard on their slides. I corrected some minor grammar problems and added some more of my slides into theirs.

My experience with this project was OK. I didn't hate it or was in love with it. I do like it more than dislike it. My reason is because during the 6 weeks of the project my students were awesome but towards the end of the project they started to become a little irresponsible. They were late at replying to the forum. They would post on my Thursday and their Friday. The problem was that in class when we had to orally report to the class what is the progress of each group I almost always had not much to say because my students haven't posted in the forum yet. We had two in class Skype chats and the first was OK but yes we did have technical difficulties. The second attempt was bad. I had informed the students about the time and date of the meeting. Out of the four students, there was only one student who was on at 5 pm. It was frustrating because when it looked like other students did not come, and the first student had to leave because she had class. The second Skype session was a fail.

I was able to meet some of the students that night but the Internet connection over in China was bad so the problem of them not being able to see or hear me arose. I liked both the synchronous and the asynchronous communication. When we used synchronous teaching I was able to read the students' response better than asynchronous communication. When we are instant messaging the students take longer to type and sometimes they get confused as to who is the one responding. When we are live chatting, it is always nice to see and hear them but there is always some sort of technical difficulties. I do prefer asynchronous communication since I can see what they are writing and since they are responding to the forum posts they have a lot of time to respond.

While doing this inter-project I felt overwhelmed because not just that we had to lead these students from China but we also had daily readings and homework to do. We had a concordance paper to write and presentations to do. I had to spend a lot of time outside of class to meet with them. I didn't mind so much but because the class had a lot of demands for other things sometimes I would forget to do an assignment for another class. I felt that in this class there is too much to do for a 3-unit class. It is a tablet course and we always had technical difficulties in the class. The tablet sometimes are useless to us because we had to use computers to write papers and to submit things on Black Board. What is the point of making this a tablet class when most of the time we are still using computers? I say that buying this tablet had some good points to it but majority were bad in my opinion.

What I would want to change to improve this inter-project would be maybe cutting some of the readings that we had to do for this class. I felt that by having daily readings, presentations, a concordance paper, and doing this inter-project all at once is too much. It is overwhelming and many of the students are taking 16 + units. The idea of doing this project was fun. There are a lot of responsibilities as the American student but if we had a little less daily reading then I think this would be a great project to do. I did spend a lot of time outside of class on this project. I met them once or twice a week on Skype and so I felt like this class would need to be a 4-unit class or the readings need to be cut down a few because there are a lot of expectations. Overall, this was a fun experience and I was glad that I have met my students.

(译文:我选择了语言学155课程,我们与上海一所大学的英语专业大一新生一起做了一个项目。任务分配下来以后,我们每个小组都分配了4位上海学生。我的学生是Ellen, Angela, Janice和Judy。我们第一次碰头是事先计划好了的,安排和学生们Skype视频聊天。我们也可以通过给我们搭建的沪江英语论坛交流。我和学生有很多共同之处。我们喜欢同一位中国歌手,喜欢同样类型的电影。在原定计划视频之前的那天,有两位学生提出前一天与我视频。他们想要视频聊天,很想早点看到我本人。因为时差关系,我们决定美国时间上午7点也就是中国时间晚上11点进行视频。在视频聊天里,我们相互介绍自己,我还看到了他们的室友,他们的室友也会讲英文。他们非常友善,给我唱了中文和英文歌曲。一小时之后,我们不得不说再见了。我非常高兴能够提前一天与他们见面。我看得出来他们很紧张,我也很紧张,但是,用这样的方式与他们见面,我们成功破冰。

在与所有学生视频聊天的那天,我遇到了技术问题。我的学生要么看不见我,要么听不见我。其中一位同学说不能参加实时聊天,因为她的室友在睡觉。在联系上了4位同学中的2位同学后,我们才开始讨论要选哪个话题。我们要在"中美饮食差异"或者"兼职差异"中选一个。在谈话即将接近尾声的时候,另一位同学加入进来。谈话结束后,我感觉并未取得太多成效。因此,我建议学生们再碰头一次。讨论了时差和日程后,我们决定在上海时间上午10点视频。这样我就能够碰到所有的4位同学并和他们交谈。大家一致同意小组讨论话题为中国兼职和美国兼职的不同,所有小组成员都十分乐意选定这个话题。

在我们确定话题和项目的过程中,我们讨论了很多关于中国与美国的差异。每周我都会在论坛上给学生展示一些问题,然后我先给出自己的答案,让学生们知道我期待什么样的回答及我的观点是什么。以下是我给学生提出问题的一部分:

(1) 据你所知,有多少种适合大学生做的兼职工作?

(2) 业余时间你愿意在哪里工作?

(3) 在你看来,做兼职工作会给大学生带来压力吗?

(4) 学生们应当怎么说服家长,让他们去做兼职?

(5) 你的父母对做兼职的态度如何?

(6) 你的父母会允许你做什么样的兼职工作?在你的大学校内的兼职?还是校外的兼职?

(7) 学生们做兼职的目的是什么?

(8) 学生们对待兼职的态度如何?

(9) 如果你在测试/考试/期中考试中考得不好,你父母会怎样做?他们会不让你继续兼职吗?或者他们不在意成绩?

这些是我给学生提出的部分题目,用来带动讨论,让学生们思考他们的观点。在前5周,我会告诉他们那一周要做什么,提出若干问题,自己回答,让他们也提出观点。在那一周快结束时,美国时间星期四,中国时间星期五,我们会Skype视频讨论这些问题,并回答这些问题。我们每周至少一次在Skype上视频讨论。我都是利用自己的业余时间和他们讨论。我注意到我们在Skype视频讨论时,常常是4位同学中的3位参与。第4位同学和我说她很忙。我总是要等他们有空的时候和他们碰头。为了配合他们的时间,我总是要把视频聊天的时间安排在美国时间晚上9点或10点,也就是中国的中午时间。

在项目临近尾声时,我们谈论了幻灯片制作。第5周的时候,我就要求学生们把图片通过邮件发给我,我可以做到幻灯片里面。第6周,我在论坛上发帖,询问学生们我们该怎样做幻灯片。只有一位学生通过邮件给我发了图片,在论坛上回应了我。整整一周,我都不断登录论坛查看,可是没有人回复我。周五的时候我查看了一下,他们似乎周四发了帖。他们问我要幻灯片,可是我需要他们的。一天以后,我收到了每一位同学发的幻灯片,我做出了最终版,并发回给他们。他们都很努力地做了他们所负责的幻灯片部分。我修改了一些小的语法错误,在他们的幻灯片里增加了我的部分。

我这次项目体验还不错,不讨厌也不喜欢。我想,喜欢的部分更胜过不喜欢吧。在这个项目的6周里,我的学生们都非常棒,但是在项目临近尾声时,却开始变得有些不尽心。他们迟迟不回复论坛。他们总是拖到美国时间星期四,中国时间星期五才回复我。在我这边的课上,每个小组都要口头汇报小组进展,而我总是没有太多东西可以说,因为我的学生们还尚未在论坛上发帖。我们在课堂时间有两次 Skype 视频聊天,第一次还不错,但是我们还是遇到了技术问题。第二次就比较糟糕了。我事先告诉了学生们视频讨论的日期和时间。5 点时 4 位同学里只有一位同学出现了。这是非常糟糕的,因为其他学生都没有上线,而第一个学生有课也要离开。第二次的视频讨论是失败的。

我在晚上连线了一些学生,但是中国的互联网络信号很差,又出现了他们看不见我或听不见我的问题。实时和非实时的交流我都喜欢。当我用实时交流时,我能够得到比非实时互动更好的学生反应。当我们实时发信息的时候,学生需要更长的时间打字,有时他们会困惑,不知道给出回复的是哪一位同学。当我们现场视频时,能够看到他们,听到他们的声音,但是总是有这样或者那样的技术困难出现。我更喜欢非实时的交流,因为我能看到他们写的东西,还有一个原因是他们能有足够的时间去回复论坛发帖。

在这个跨班项目里,我觉得工作量比较大,我们不仅要带领中国的学生进行项目,平时还有阅读及作业要完成。我们还有一个语料库论文要写,好几个展示要做。而我还要在课外的时间与他们视频。对这些我不是很介意,但是这门课要完成的任务太多,以至于我会忘记另一门课程的作业。我觉得对于 3 学分的课程来说,任务太多了。这是一门"平板电脑课程",但我们在课堂上总是遇到技术问题。平板电脑有的时候对我们来说没有用,因为我们使用电脑写论文,通过 Black Board 提交作业。既然我们大部分时候使用的是电脑,为什么还要把这门课设为"平板电脑课程"呢?我认为购买这个平板电脑有一些好的地方,但弊端占多数。

关于未来可以改进的地方,我希望减去一些课堂要求的阅读书目。我觉得同时需要完成日常阅读,多个课堂展示,一篇语料库论文,加上这个跨班项目就太多了。很多学生都选了 16 以上学分的课程,这门课的作业量太多。做这个项目的想法很好。美国这边的学生在项目中承担的责任比较多,如果每天阅读量减少一些,我想这个项目会完成得更好。我课外在这个项目上花了很多时间。我每周一两次与他们 Skype 视频讨论。我认为这门课应该作为 4 学分课程,或者减少一些阅读量。总体来说,这是一次很有趣的体验,我非常高兴能遇见这些学生。)

F4

My group for the Shanghai Interclass Project was known as "Group 4", and it included a total of 5 people: Me, Lily, Sherry, King, and Celine. When we had to come up with a topic, I originally wanted to have something like culture differences, but the kids at the Shanghai university said that their teacher didn't want groups to have the same topic, so I came up with "movies" or "music". My group liked the movie topic since many of them liked to watch movies, so that became our topic. Our 6-week project summary and tasks were as follows: Week 1 was the group introductions, Week 2 was talking about our favorite movies, Week 3 was talking about our favorite actors, Week 4 talked about the different roles it takes to make a movie, Week 5 was the differences between Chinese and American movie, and Week 6 was putting our project together and concluding.

For the first week (introductions), I was nervous and excited to meet my new group members in China. We all posted pictures and told each other about our hobbies. I loved getting to know what their interests were and what we had in common with each other, and I wanted to talk with them as much as possible so that they would feel comfortable with talking to me. After a while, they stopped replying to my replies so I figured they were busy, uninterested, or wanted to start talking about our main topic. So we proceeded to talk about movies and different sub-topics when we talked to each other on Skype in class.

Although we couldn't see each other, we all talked at the same time in an audio chat. I felt this was the perfect time to talk because this was when we could start brainstorming the objectives for each week and summarize what we were going to talk about. This was the most difficult Skype chat since it was our first and I wanted to make sure they heard me and I didn't talk too quickly. I always asked them if they could hear me or if they understood me. Sometimes it was difficult to hear them because the boy in our group and his roommate would talk in Chinese, but it only happened very few times. While I was talking to my group, I asked them if they had any suggestions or if they agreed. They didn't talk much at all, but they agreed on our plans for each week. After the conversation, one group member, Celine, mentioned in the forum that it was hard for her to give input because her English level wasn't that good. Another member, Lily, emailed me and told me she was sorry they didn't say much because they were very nervous, which is understandable because I was too, but my nervousness came out as talking more!

For Week 2, I had everyone send me slides of their favorite movies through email. Originally, I told them to give me 1 – 2 slides, but some wanted to put more things on their slides, which was fine. Two of the group members, Celine and King, gave me a paragraph about their favorite movie and why they liked it, which I appreciated, then later they sent me their slides. When Celine and Lily sent me their slides, I asked them to tell me why it was their favorite movie, and they told me. This was also the week that I asked them all for their schedules so that I can set a meeting for each of us to talk one-on one. Unfortunately, King's schedule didn't have any openings for my schedule, and Celine never replied, but I set up a time to have a Skype chat with Lily and Sherry.

Week 3 was initially going to talk about famous Chinese and American actors, but after I asked my group on the forum if they prefer that or favorite actors, they liked the idea of talking about their favorite actors or actresses instead. Although, Celine talked about famous Chinese and American actors, which is good because I don't know any Chinese actors! During this week, I talked with Lily and Sherry individually on two separate days about their opinions on the topics we were talking about. Both times, the only time I was available to talk with them was at 10 p. m. which was kind of late for me, but it's okay because we didn't talk for longer than 30 minutes each. Talking with them one-on-one made it easier to collaborate on ideas because I didn't have to wait for multiple people's feedback coming from the same audio feed. This was also confusing in the first week because I didn't know which person was talking. I found that my group members talked a little more when we chatted individually (both times were audio only). We collaborated on the idea that for Week 4 we should change the sub-topic of "The History of Chinese and American Movies" because it could be complicating to explain. So they agreed on the idea of explaining the roles and people it takes to make a movie. I asked them some questions about their life and interests and they responded kindly, but they didn't really carry the conversation or ask me any personal questions.

I was very impressed with my group for Week 4 because I wasn't sure if everyone would understand what exactly a producer or director in a movie does, so I sent them some links to help them out. But they did a very good job that I don't think they needed them. I told everyone to pick one of the movie crew roles that I listed and they did so in a timely manner. Celine delayed turning her slides to me until this week, where she sent all her slides to me and excelled by picking producer, which I think was the hardest role, and she did amazing. I enjoyed her slide backgrounds. Although she was the most inactive member, and her English level was the lowest, she made good PowerPoints and sentences for me to correct so that she could improve. Sherry was another great member because she always gave me her slides very early in the week; she was very responsible. King also emailed me some piano music from one of his favorite musicians, and that was sweet of him to share that with me. I marked the errors on all of my group members' slides from this week and the previous ones so that they can see what mistakes they are making and how to improve them. I told them to correct them and return it to me. King was the only one that had to make corrections twice, but that's because he wrote the most, which is a good thing because that means he learns how to better improve his writing, and being a writer is a career that he wants to pursue in the future.

During Week 5, we talked on Skype in class again, and everyone in my group attended this audio chat. We talked about some differences between Chinese and American movies and I told them to post names of some Chinese movies on the forums so that I can watch some of them to compare them to American movies. We talked about some good movie differences, but I still wanted them to brainstorm more and post any more ideas they had to the forum. Sherry and I agreed on the fact that Chinese movies tell a lot of stories about ancient history, while American movies make futuristic movies or tell fictitious stories. Unfortunately, none of them sent me slides in Week 5 so I had to carry it over to Week 6.

In Week 6, I still tried to prompt them to tell me more differences and I gave some of my ideas, but no one was giving me the feedback or as much as I wanted. Everyone was saying that there was some celebration at the Shanghai college, and my group member, King, told me it was like a big party at their college, so that might be a reason that they weren't responding to the forum much because my American classmates were having the same problems. My group member King sent me the whole project presentation, which I was expecting! I informed him that I was going to put it together once they gave me the last slides, so our group ended up having two different presentations: one about our topic, and one about our project. They did a great job on the presentation, but I just wished that one of them informed me about what they were working on and the fact that they were working on something at all because I was worried!

Things I learned from this project include not just asking what you want from your students, but constantly and explicitly telling them why you need them to respond might be necessary. Sometimes students are at different language levels and need different treatment than the others, so looking back on it now, I wish I would have given more individual time to Celine to make her come out of her shell and prompt her to try to exercise her English. Although Lily, Sherry, and Celine gave me the type of visually appealing slides that I was looking for, I think King benefitted most from the project because he always wrote paragraphs which allowed me to make more corrections, and he (and everyone else) was very appreciative that I made corrections to the slides and made comments on them. I know about three of my American classmates mentioned that they didn't want to explicitly correct their group's English mistakes because they didn't want to nag or annoy them, but when I'm learning a different language, I prefer my teacher to correct me because I want to know the correct way of speaking and writing!

Things I didn't like about this project were the lack of responses and communication on the group forums, but I enjoyed the synchronous communication and Skype chats because we could understand each other and ask questions immediately if there was a misunderstanding. I also enjoyed e-mailing my members because they acted more like themselves when it was just the two of us. I also enjoyed King's paragraphs telling me about his life on a personal level; it allowed us to connect better. Although waiting for responses on the asynchronous forums stressed me out sometimes, I felt the forums were a great way to keep track of everyone and their comments. It also allowed us to post pictures. The fact that we had forums at all was awesome; I think that we need those for group projects here in America! The one thing I regret is the topic because I wanted to learn more about their culture, and little did I know that most of them watch American movies and not Chinese ones! But overall, I think that this interclass project was a very fruitful experience that you probably can't get anywhere else in a classroom! I loved getting a little taste of being an English teacher and helping students.

(译文:我参与的与上海互动项目的小组是第4小组,一共有5位成员:我,Lily, Sherry, King和Celine。刚开始我们要定一个话题,我原本想的是讨论文化差异之类的话题,但是上海那边的学生说他们老师不希望小组之间有重复的话题,所以我又想到另外的话题"电影"和"音乐"。我的小组成员喜欢电影这个话题,因为他们大部分都喜欢看电影,所以就把电影定为我们小组的讨论话题。我们6周里的项目小结和任务如下:第1周是小组自我介绍,第2周是讨论喜爱的电影,第3周是讨论喜爱的演员,第4周是讨论电影制作人员,第5周是中国电影和美国电影的差别,第6周我们把项目整合起来做总结。

第1周自我介绍,即将见到我的中国小组成员,我紧张又激动。我们都把自己的照片贴在网络论坛上,告诉对方我们的兴趣爱好。我非常高兴能够了解他们的兴趣所在及我们的共同之处。我想尽可能多地多说,这样他们就会放轻松和我交谈。过了一会儿,他们没有再回复我,我猜他们很忙、对这个话题不感兴趣,或者想开始讨论我们的主题。于是我们在课堂里的Skype视频继续讨论电影和子话题。

小组共同讨论的时候,我们见不到对方,用的是语音聊天。我感觉这是最佳讨论时间,因为我们可以开始头脑风暴每周的目标,总结我们将要谈论的话题。那是最困难的一次Skype视频,因为是我们第一次视频,我说得很慢,以确保他们听得到我说话并能听得明白。我总是问他们是否听得到、听得懂我说话。有时候很难听清他们那边,我们小组有个男生和他的室友有几次用中文交谈。我问小组成员有没有什么建议或者他们是否同意我的观点。他们没有说太多,但是他们同意我们小组的每周计划。对话结束后,一位小组成员Celine,提到她的英语水平不高,她在网络论坛上发帖比较困难。另一位成员Lily,发邮件告诉我她非常抱歉,小组成员因为比较紧张而没有说太多。我能理解他们,因为我也很紧张,但是我一紧张反而话更多。

第2周,我让每一位成员把他们关于喜欢的电影的幻灯片发邮件给我。原先我告诉他们发一两张就可以，但是有些同学想放更多的内容进去，也很好。小组的两位成员 Celine、King 都写了一段话，介绍他们喜爱的电影及为什么喜欢，我很赞赏。而后，他们把幻灯片发给了我。当 Celine 和 Lily 把幻灯片发给我时，我问他们为什么那部电影是他们最喜欢的电影，他们就告诉了我缘由。这一周，我还询问了他们各自的日程安排，这样我就可以安排一对一的视频讨论。不巧的是，King 的时间表里没有与我合适的时间，Celine 一直没有回复我，我和 Lily 及 Sherry 约定了 Skype 视频讨论时间。

第 3 周本来是要讨论著名的中国演员和美国演员，但是当我在论坛上问过小组成员他们喜欢这个话题还是“最喜欢的演员”话题时，他们都表示喜欢讨论他们喜爱的演员。Celine 依然谈论了著名的中国演员和美国演员，这也不错，因为我对中国演员没有了解。在这一周，我在不同的两天，分别单独地与 Lily 还有 Sherry 视频讨论了这个话题。两次我能和她们交谈的时间都是晚上 10 点，对我来说有点晚，但是还好的是，每次视频交谈都没有超过 30 分钟。和她们一对一地交谈，有利于我们合作，这样我就不需要一一等待所有学生的反馈。而第一周的时候我比较困扰，我常常搞不清楚是谁在说话。我发现我的小组成员在一对一交谈时说得更多一些（两次都是音频聊天）。我们决定更改第 4 周的子话题“中国电影和美国电影的历史”，因为这个话题过于复杂，很难解释。他们一致同意改为“电影制作人员”。我问了他们一些关于他们的生活和兴趣爱好的问题，他们都友善地回复了我，但是他们没有继续对话，或者问一些关于我个人的问题。

第 4 周的时候，我对我的小组刮目相看。我不确定他们是否知道制作人或者导演是做什么的，我就给他们发了一些链接帮助他们理解。但是他们做得非常棒，我认为他们不需要我提供的链接。我让每一位同学选一个我列出的电影角色进行阐述，他们都及时完成了自己应该做的部分。Celine 直到这一周才交了她的幻灯片，她把她所有的幻灯片发给了我。她选了“制片人”来讲，我觉得这个是最难的，但是她做得非常棒。我很喜欢她做的幻灯片背景。尽管她是最不活跃的小组成员，她的英语水平也是最差的，但她把幻灯片做得很好，她把写的句子发给我修改，她进步得很快。Sherry 是另外一位很棒的小组成员，每周她总是第一个把幻灯片发给我；她很有责任感。King 用电子邮件发了他最喜爱的音乐家之一的钢琴曲，他能够与我分享这些，真好！我把小组成员这一周及以前的幻灯片里的语言错误都标出来了，这样他们就可以看到他们出了哪些语言错误，以及如何修改这些错误。我让他们修改完再次发给我。King 是唯一一个修改了两次的同学，但是那是因为他写得最多，这是好事，因为这意味着他学会了怎样提高他的写作,他将来想要从事的职业是当一名作家。

在第5周,我们在课堂上又进行了一次Skype视频,我的小组里每一位同学都参与了小组的语音聊天。我们讨论了中国电影和美国电影的一些差异,我让他们在论坛上发一下中国电影的名字,这样我可以看看中国电影,与美国电影做比较。我们还讨论了一下好电影的差异,但是我仍然希望他们能够想出更多的点子,在论坛上发更多的帖。Sherry和我都认同中国电影讲述了很多关于古代历史的故事,然而美国电影有很多着眼未来的科幻片。但是他们第5周都没有发幻灯片给我,我等到了第6周。

在第6周,我试图告诉他们还有更多的差异,我说了一些我的观点,但是没有人给我预想中那么多的反馈。大家都说在上海那边的大学有庆祝活动,我的小组成员King,告诉我这个庆祝活动就像他们学院的一个大派对,可能那就是为什么他们没有在论坛上积极发帖,我的其他美国同学也遇到同样的问题。我的小组成员King把整个项目的幻灯片发给了我,这正是我所期待的!我告诉他一旦我收到全部的幻灯片,我会把这些内容整合到一起,这样我们就有两个不同的项目汇报:一个是关于我们的话题,另一个是关于这个项目。他们在这个项目中做得非常棒,我只是希望他们中有同学能告诉我他们在做什么及做了什么,因为我很担心他们!

从这个项目里我学到的不仅仅是要求学生做你希望他们做的,还有必要经常性地明确告诉他们你需要他们回复。有的时候,不同语言水平的学生需要与其他学生区分对待。回头再看,我希望我应当给Celine更多的个人时间,帮助她突破自己,帮助她练习英语。尽管Lily, Sherry还有Celine发给了我所期待的赏心悦目的幻灯片。但我认为King从这个项目受益最多,因为他总是把他写的段落发给我,让我帮他修改,他及其他人小组成员很感谢我帮他们修改幻灯片,给他们评价。我知道我的3个美国同学都提到,他们不想直接修改小组成员的英语错误,他们不想总是唠叨烦那些学生。但是当我在学习一门外语时,我希望我的老师帮我修改错误,因为我想知道如何正确地使用那门外语。

这个项目我不喜欢的部分是在小组论坛里缺乏回复和交流,但是我喜欢实时交流和Skype聊天,因为我们可以理解对方,如果有误解的话可以立刻提出问题。我还喜欢给小组成员发邮件,因为一对一交流,他们比较放松。我还喜欢King写的关于他自己的生活,这使得我们之间联系更加紧密。尽管在论坛上我要等待他们回复,常常让我觉得很沮丧;我认为论坛是一个很好的方式,能够追踪每个人的发言和他们的评论,还可以发照片上去。我们的论坛讨论非常棒,我认为在美国我们也需要这样的小组项目!关于我们小组讨论的话题,我觉得遗憾的地方在于,我希望多了解他们的文化,我却不知道他们大部分是看美国电影而不是中国电影!但是总体上来说,我认为跨班项目是一个非常有成效的经历,这在课堂教学里无法实现!我略微体会到了如何做一名英语老师及如何帮助学生提高。)

F5

In this Interclass project I had the amazing opportunity to participate in a crosscultural project with four Chinese students from the Shanghai university in China. This project incorporated the use of technology in computer assisted language learning. Interactions with the students took place in asynchronous forum postings on the forum board Hujiang. Synchronous communication also took place through the free chat and voice program Skype. The interclass project took place over a period of 6 weeks during the semester of Fall 2014.

Over the next six weeks we discussed various topics regarding culture and language as well as other miscellaneous topics. During the first week we made introductions about ourselves. We were able to learn about each other's hobbies, interests, and future aspirations. This introduction was important because we were able to learn about each other on a personal level and allowed us to transition into our future topics. All students were very active during this week and there was a lot of enthusiasm between all students. During this week we were able to finalize our Week 2 topic through Skype. This was a perfect opportunity to get to know students on a more personal level because we were able to see and talk to each other through synchronous communication.

In Week 2 we talked about our hometowns and where we were born. In this week's topic the topic started to shift from not only the features of each individual's hometown but students were very enthusiastic about talking about the specialty food that was unique to their hometown. During Week 2 we were able to talk on Skype again. During our Skype conversation we were able to finalize our Week 3 topic as well as have casual conversation where we talked more about our hobbies and cultural differences between America and China. Our Skype conversation lasted over an hour and it was really nice to talk on Skype because I felt that it was able to allow me to get to know the students better and vice versa.

Week 3's topic was about studying abroad. During this topic we talked about traveling and studying abroad. We talked about where we would like to go or where we have been. We also discussed the standard of living in another country such as activities to do and the cost of living in these countries. Students really enjoyed talking about studying abroad. Also during this week we skyped again and we talked more in depth about studying abroad. During this skype conversation we were also able to have leisure conversation that did not involve the Interclass project. During this time we were also able to finalize the rest of our topics for weeks 4 and 5. This week was not the most productive week due to time constraints and differences between the time zones. Due to this it was really hard to keep in constant communication.

The topic of Week 4 was on non verbal communication and gestures. We covered topics that included gestures and mannerisms in different cultures, particularly Chinese and American culture. It was interesting to see how even mannerisms in China varied from region to region. We also came to the conclusion that due to globalization that some of the mannerisms and hand gestures we discussed are becoming universal amongst the world. During Week 4 we were able to skype one time and we were able to go into more detail about mannerisms and gestures. We also were able to share our own personal experiences where we may have violated one of these mannerisms or gestures. It was nice to go more in depth about how mannerisms and gestures play an important role in how people perceive us.

Week 5 was our final week where we actually discussed a certain topic. In this week's discussion we talked about language and dialects in both America and China. Students shared with me the in depth history and cultural aspects of the Chinese language and how there are many dialects in the Chinese language that are considered to be a different language. I was also able to share my own view and experience with English and various English dialects. During Week 5 this was one of our most active skype conversations. We ended up talking on Skype for over 2 hours. We also touched on how we should do the PowerPoint and how to properly divide the work of the PowerPoint for the upcoming week.

In one of the final weeks of Week 6 we did not have a topic to discuss. This week was mainly focused on organizing and finishing up the PowerPoint project for the interclass project. I feel that this week was one of the hardest weeks to engage in communication. It was mainly difficult for me to keep up with the forum postings. Even finding time to skype with students during this week was impossible due to strict time constraints. The main problem was finding an agreeable time to communicate on Skype. I was either busy or the students themselves were busy so this week's communication was at its lowest and most communication took place via asynchronously through email and skype text.

Overall this project was a wonderful experience and I had the lovely opportunity to make new friends which has also opened new doors. I enjoyed both the discussions on the forums as well as the Skype conferences which allowed us to talk to each other through real time. The Skype conversations were definitely my favorite aspect of this project. I feel that the forums were very hard to keep up with at times due to my own personal schedule and at times I felt at times the forum posting was a bit tedious and inconvenient because it took more time and effort to make postings online rather than actually talking to each synchronously through Skype. I felt that through Skype more meaning was able to be communicated through less effort and it allowed for us to get to know each other on a much more personal level I feel. I also believe that the students enjoyed talking through Skype much more than posting on the forums. Talking through Skype was instantaneously rewarding where as the forums were much slower in posting and it took a longer time to get a point across or to receive a response. I also noticed that through Skype over the past weeks, the students' fluency and accuracy in English increased when compared to the first week that we skyped. I feel that the exposure to a native English speaker was very beneficial to the students and I wished that we could participate in more Skype calls than forum postings. I feel that if we engaged in more Skype time that the students' oral skills would have increased even more because there was meaning and motivation in the conversations.

Some downfalls to the project were definitely time management. Time management seemed to be one of the most difficult factors in this project and it can be seen through the asynchronous forum postings. I also feel that talking on Skype was more fun in general and that motivation was a lot higher among students. If I could do the interclass project again I would definitely incorporate more scheduled Skype conferences and put more emphasis on conversational and oral skills rather than writing skills. Overall though this was a wonderful experience and if I had the opportunity to do it again I would.

（译文：在这个跨班项目里，我非常幸运有机会能够与中国上海的一所大学的学生开展跨文化项目。这个项目是融入计算机辅助语言学习。与学生们的互动主要通过沪江网站论坛。实时互动用的是 Skype 的免费语音聊天。整个跨班项目在 2014 年的秋季学期持续了 6 周。

在接下来的 6 周，我们讨论了文化和语言的不同话题。第 1 周，我们互相自我介绍，了解了对方的兴趣爱好，还有对将来的规划。自我介绍很重要，因为我们能够从个人层面上互相了解，有利于使我们转换到将要讨论的话题上。所有的学生在那一周都很热情。在那一周我们 Skype 视频讨论，最终确定了 2 个题目。Skype 视频讨论真是一个完美的机会，让我们能够通过实时交流的方式看到对方并交谈。

第 2 周，我们讨论了各自的家乡和出生地。在那一周里，我们的讨论话题不仅仅局限在每个人的家乡特点，学生们非常热情地讨论了家乡的特产。第 2 周我们又进行了 Skype 视频聊天。在视频聊天里，我们定下了第 3 周的话题，还讨论了各自的兴趣爱好，美国和中国的文化差异。我们的 Skype 视频讨论时间持续了一个多小时。Skype 视频讨论真的很不错，能够让我更好地了解学生们，他们也能更好地了解我。

第 3 周的话题是出国留学。我们讨论了到海外旅游和学习的经历，讨论了我们想去的地方和已经去过的地方，还讨论了到海外可以参加的活动及在这些国家的生活成本等。学生们很喜欢讨论“海外学习”这个话题。这一周，我们又有一次 Skype 视频讨论，我们更深入地讨论了海外学习这个话题。在这次的 Skype 讨论里，我们还聊了聊与跨班项目不相关的其他话题。这一次，我们还把第 4 周和第 5 周的话题确定下来了。由于时间限制及时差的关系，这一周的讨论不是非常有成效。要保持经常的持续交流，真的很难。

第 4 周的话题是身体语言和手势。我们在这个话题里讨论了不同文化，特别是中国和美国不同的手势和礼仪。非常有趣的是，中国各个不同地方的礼仪也有所不同。我们一致认为，随着全球化的进程，一些手势和礼仪已经变得全球普遍了。第 4 周我们有一次 Skype 视频聊天，我们能够把手势和礼仪这个话题深入下去。而且我们还分享了各自有可能违反这些礼仪、手势习俗的经历。能够深入了解这些知识，真好。

第 5 周是我们讨论某一个子话题的最后一周。这一周我们讨论了美国和中国的语言及方言。学生们和我深入分享了中文的历史和文化知识，中国的方言众多,每一个方言都可以成为一种不同的语言。我也谈了自己对英语和英语方言的感受。第5周的Skype视频讨论是最活跃的一次视频讨论,几乎视频了2个多小时。我们还谈论了怎样做幻灯片,以及在下一周如何分工。

第6周,也是讨论的最后一周,我们没有讨论具体的某一个话题。这个星期我们主要是为此次跨班合作项目组织和完成项目的幻灯片。我觉得这一周是最难参与交流的。由于我的时间安排非常紧,我很难跟进网络论坛发帖,甚至没可能找到时间与学生们Skype视频讨论。主要问题是找到一个双方都合适的时间视频不容易。这一周要么是我很忙,要么是学生们很忙,这一周的交流效率最低,大部分的交流都是通过非实时的方式,例如邮件、文字。

总体而言,这个项目是一个很棒的体验,我很有幸能够结交这些新朋友,给我认识世界打开了新的一扇门。我喜欢论坛讨论和能让我们实时交谈的Skype视频对话。Skype视频对话是这个项目里我最喜欢的部分。我觉得有时由于我自己的日程安排,论坛讨论比较难持续跟进,而且有时我认为论坛讨论有些冗长也不方便,因为相比起通过Skype实时交谈,网络发帖需要花时间和精力。我认为使用Skype,意义能够比较省力地传达,可以使得我们在私人层面上加深对彼此的了解。我还相信相对于网络论坛发帖,学生更喜欢通过Skype交谈。Skype交谈的成果是立刻就能出现的,而论坛网络发帖就比较慢,需要花一些时间才能完成一个话题讨论或者接收回复。我还注意到在过去的几周通过Skype视频,与第1周的视频相比,他们语言的流利度和准确度提高了很多。我认为与英语本族语者的直接交流对于学生非常有益,我希望我们能够进行比论坛发帖更多的Skype视频。我认为如果我们更多地参与Skype,学生的口语会提高更多,因为在对话中有意义的交流和动机的存在。

这个项目不足的地方是时间控制。从非实时发帖中,我们可以看出时间是这个项目里最难的部分,非同步的论坛帖子反映了这一点。总体来说,视频讨论更有趣,学生的动机更强烈。如果我再有机会做跨班项目的话,我肯定会安排更多的Skype讨论时间,把重心放到对话和口语技能上而不是写作技能。总体来说,这是一个很棒的学习体验,有机会的话我还想再参加一次。)

F6

Part 1: Summary of the six weeks of the project

First week: This included our first Skype chat in the classroom. There were some scheduling issues which prevented everyone from being together in the same place for the first video chat, so we essentially had to divide the call into two sessions. Part of the chat was with Kevin, in his dormitory, and then the other chat with Jessica and Catherine, who were together in their dorm. If I recall, Betty was not available. These conversations were just first meeting introductions, getting acquainted, and first impressions. Everyone also made first posts on the forum. I examined their writing skills for spelling, grammar, and punctuation.

Second week: Each of us exchanged several forum posts to discuss some topic ideas and for me to provide suggestions about punctuation and grammar to help them improve their writing skills. I also suggested that someone volunteer or be selected to keep the journal of the group's weekly discussions and plans. The topic of "travel" was officially agreed upon by everyone in the group. A formal weekly subtopic schedule was established, and Kevin agreed to be the group's journal keeper. We also talked about activities we enjoy, such as travel, cooking, riding my bicycle (for exercise), and they share some of their activities with me too; travel, watching movies and listening to music.

Third week: More forum posts between everyone. Kevin and Jessica are still the most active. Catherine and Betty are also contributing, but to a lesser degree. However, they are providing photos of foods and landmarks for the project. We also had a Skype chat on the Friday evening of that week. I had a separate video chat with Betty for the first time because she hadn't been available until then (shy?). We discussed such things as where we've traveled, and what foods we've had. She had traveled to Italy and France with her mother. She and I had a Skype call for about fifteen minutes, and then she had to leave to get to a class. We ended that call and then I had pre-arranged a Skype video call with Kevin, Jessica, and Catherine. We discussed festivals and holidays of China and the U. S. Each of them told me about some of the foods eaten during the festivals, and going back home to be with their families for these festivals. I tell them about American holidays and customs such as Thanksgiving, Black Friday, Christmas, New Year, Easter, and Fourth of July, etc. One of the girls (sorry, I don't remember who) told me she had to go to the hospital to get cleared for a "health permit" so she could work at McDonalds. I was a bit surprised about that!

Fourth week: We mostly exchanged forum messages to discuss more topic ideas related to travel. Kevin, Jessica, Catherine, and Betty are posting photos.

I was having trouble trying to figure out the Chinese menus on the forum, so I wasn't having much success posting my share of photos for the project.

Fifth week: We continued discussing travel related topics such as: "Where do we want to travel next?" I noticed that Kevin has been absent, so I asked Jessica and Catherine to contact Kevin to let me know what's going on with him. Apparently he'd been having computer problems, so he wasn't able to get online. We had one last in-class video chat. Everyone is present, and after a few minor technical issues with sound and video on their side of the chat, we finally completed a short video call. Everyone was present and active. We talked about the fact that most students in China do not own cars because of the exorbitant expense of buying a car, and most students either walk, or ride bicycles for transportation. They asked me about the parking lots at Fresno State, and interestingly enough, Kevin asks if I'd ever heard of "Subway" (sandwich shop). I told him there is a Subway shop right at the university, and that I eat there quite often. I was a bit surprised that he'd ask that since I'm certain that Subway sandwich shops started in the U. S. We ended the video call on a good note and I urged them to keep posting in the forum so we could finalize the project and asked them to let me know if there's any reason why any of them can't be active on the forum.

Sixth week: This seemed to be the week the Shanghai students got busy. There was very little activity on the forum, and they were indicating that they had to do their presentation the following week. After that, I didn't see much activity from them. I kept thinking they were going to ask me to provide them with a PowerPoint presentation, but they never mentioned anything about it.

Seventh week: Kevin posted a brief comment and provided a link to download the PowerPoint in two parts (I guess he felt it was too large to do in one single file). No other activity from any of them after that point. Upon downloading and reviewing their PowerPoint, I tried contacting them to notify them of some typing mistakes in the slides, but I think they'd already given their presentation. After that, they stopped posting on the forum.

Part 2: Learning experience; overall experience; what worked and didn't work; both positive and negative experience

Learning experience: For me, the learning experience came in the form of learning about Chinese culture, customs, festivals, foods, and the life of these four young students. Going into this project, I was only superficially familiar with the food of China, and I knew there are many festivals that are celebrated, but certainly had no familiarity with the customs associated with those festivals. I think I learned about some interesting things that I didn't know about before.

Overall experience: Even though I have considerable experience engaging in text and video communications with people in the middle-east, this project was a very positive and enjoyable experience. I really enjoyed getting acquainted with Kevin, Jessica, Betty, and Catherine. I felt like they were excellent young people who were continually enthusiastic about the project in spite of their hectic study schedules. They were all very bright and focused. They seemed to respond agreeably to constructive advice about improving their English skills both in spoken and written form. While some of them did tend to revert to old habits of punctuation, I didn't want to nag them too much because I was quite impressed with their English skill level as it was (before the project started, I was sort of expecting them to not be as good as they turned out to be). I commend each of them for their excellent achievement in learning English to the level they were at. Their willingness to talk and interact made it a very favorable experience.

What worked and didn't work: I will address what didn't work first because there is less to talk about on this topic. I think the "introductory" video chat in Week One was not as well organized as I'd hoped for. I went into that first week having the expectation that the students would all be together in a classroom rather than in their dorm rooms, and with not everyone present. I felt like this was not as well executed as it could have been. I'm not sure if the arrangements on their side were not fully understood, or whatever the reason, may be, but it all worked out in the end. The time difference didn't seem to pose as much of an issue as I was concerned it would be. Especially after daylight-savings ended for us, and that would increase the time difference by an hour. However, I don't think the time difference was as problematic as I might have expected. I felt like the only thing that contributed to the time difference was that they often had morning classes, and as such, arranging time to have synchronous communications when everyone would be available was a small challenge. Also, minor technological issues with signal quality on Skype being not always reliable didn't help.

Also, navigating the Chinese menus on the forum was a bit challenging until I just memorized the steps and ignored the Chinese text. Regarding what worked, I feel like things went very smoothly.

Positive and negative experiences: For the most part, the experience was very positive, and I enjoyed working with the students, and getting to know them. I enjoyed the aim of the project and found it rewarding. However, while the tablets worked fine, I will state again that for the purposes of this course, we could have just as easily used the computers in the lab, or our own laptops to complete the assignments as well as connecting with our group members via Skype and the forum. While the tablets were there to focus on the topic of "mobile language learning", I'm not sure the focus of the mobile learning aspect of this course justified the expense of the tablet.

Part 3: The technology: Different channels for communication, and preferred channels

Different channels of communication: For this project, my group (Group 6), primarily used the forum (asynchronous communication) for most of our message exchanges. It seemed to be the most convenient and effective method in overcoming the issue regarding of communicating in spite of the time difference. In some instances, it worked better for me because I am an early riser, so I would often visit the forum first thing in the morning to see what messages the students had posted for me. Whether the delay was as advantageous for them is uncertain, but they never made any comments to me regarding this issue. Besides the two Skype calls we had during class, my group also had two Skype calls in the interim. Due to scheduling constraints and the time difference, our first Skype call was almost an hour long, whereas the second call lasted perhaps only about 35 –45 minutes long. But it did give us a good opportunity to discuss more ideas toward our project.

Preferred channel: In spite of the logistical issues of the technology, time difference and synchronizing our schedules, I preferred the video calls on Skype. I felt this channel of communication made my interactions with the students more personal, and it allowed us all to get acquainted in a way that written communication doesn't really provide for. Using Skype allowed us to communicate and get to see the personalities, and I think if we'd had more opportunities for the video calls, it might have benefitted them more to help them improve their verbal communications and confidence in speaking English to native English speakers. Also, with regard to the forum, I often found it difficult to navigate because of the Chinese language menus, but also, trying to find my group's weekly postings among the long lists of previous groups' outdated posts still in the forum was difficult and a bit time consuming. Apart from that, posting in the forum did have some benefit because it allowed the students to work on their writing skills, and it was maybe more convenient for all of us as we could post messages as our individual schedules permitted.

How to improve in the future: In consideration of the issues that presented challenges, I'm not entirely sure what improvements can be made because no one can really do much about the time difference between California and Shanghai, or how well the Internet will cooperate to allow for better quality video and sound quality Skype calls. However, perhaps one such improvement that could be made would be to allow more time for Skype calls. Since this project is as much about helping the Chinese students with language learning as well as providing the students in the TESOL program an opportunity to teach, emphasizing those points might be more beneficial for everyone. I felt that some of the reading assignments for the course were very lengthy and repetitive. Because we had to buy tablets for this course, I would have preferred spending more time using the tablets to interact with the Shanghai students, or learning to use the Apps we downloaded.

(译文:第一部分:项目过去六周小结

第1周:包括了安排在课堂上的第一次Skype讨论。由于一些日程安排的因素,不是所有人都能同时在一个地方第一次视频聊天,所以我们就分了两部分进行。一部分是和Kevin视频,Kevin在他的宿舍里;另一部分是和Jessica,Catherine,在她们宿舍,我回想起来了,Betty不在。这次的谈话是第一次见面的自我介绍,互相认识,留下了第一印象。每个人都在论坛上发了帖子。我检查了他们的拼写、语法、标点符号等写作技巧。

第2周:我们每个人都发了若干个帖子,讨论了一些话题的点子,我还给他们有关标点符号和语法的建议,帮助他们提高写作技能。我还建议某位同学做志愿者,或者大家推选一位同学,记录小组每周的讨论和计划。我们的话题“旅行”是小组成员一致通过的话题。然后我们确定了每周的子话题,Kevin 答应做小组的记录员。我们还讨论了我们喜欢参与的活动,例如旅行、做饭、骑自行车锻炼,他们也分享了一些他们喜欢的活动,例如旅行、电影,还有听音乐。

第 3 周:每个人发的帖子更多了。Kevin 和 Jessica 依然很活跃。Catherine 和 Betty 也发了一些帖子,但是相对要少一些。但是她们给这个项目提供了很多食物和风景的图片。我们那一周的周五傍晚再进行了一次 Skype 视频。这次是我第一次单独和 Betty 视频,之前那次的视频聊天她没有出现,大概是因为害羞吧。我们讨论了旅行过的地方和吃过的美食。她和妈妈去过意大利和法国。我们 Skype 视频了 15 分钟,然后她就离开去上课了。结束了和她的交谈后,我和 Kevin, Jessica,Catherine 一起视频。我们讨论了中国和美国的节日及假期。每一位同学都向我介绍了一些节日美食及和家人团聚共度节日。我向他们介绍了美国节日和习俗,例如感恩节、黑色星期五、圣诞节、新年、复活节及国庆。有一位女生,我不记得是哪位,告诉我她要去医院开“健康证”,用于去麦当劳打工。对此我特别吃惊。

第 4 周:我们主要在论坛发帖讨论和旅行相关的话题。Kevin, Jessica, Catherine 和 Betty 都放了图片上去。由于我不熟悉论坛的操作界面,因此,我没有办法把图片贴到论坛上。

第 5 周:我们继续讨论相关话题,例如,“我们以后想去哪里旅行?”我注意到 Kevin 没有出现,我就叫 Jessica 和 Catherine 去联系 Kevin,告诉我他情况如何。很明显他是遇到了电脑故障,没有办法上线。我们在课堂上又进行了一次视频讨论,这也是我们最后一次视频讨论。每一位同学都在,在解决了他们那边的一些小的声音和图像的技术故障后,我们最终完成了短暂的视频讨论。每一位同学都在场,都很活跃。我们讨论的一个现象是大部分中国学生没有汽车,因为买车的费用奇高,大部分学生走路或者骑自行车上学。他们还问了弗雷斯诺这边学校的停车场情况,很有趣的是,Kevin 问起我是否听说过一个三明治店“赛百味”。我告诉他,学校里就有一个“赛百味”,我经常去吃。他问的时候,我有点吃惊,因为“赛百味”源自美国。我们圆满结束了视频讨论,我催促他们去论坛发帖,这样我们可以最终定下这个项目,还叫他们告知我为什么有的时候在论坛上不积极。

第 6 周:这一周上海学生似乎很忙。他们没怎么在论坛上发言,他们说他们在下一周要做项目展示。在那之后,我没有看到他们在论坛上发言。我以为他们会让我把幻灯片展示发给他们,但是他们一直未提起。

第7周:Kevin 发了一个简短的评论,并提供了一个可以下载幻灯片的链接,分为两个部分,我猜是因为文件太大,一个文件放不下。在那之后,他们那边便没有什么动静。收到他们的幻灯片以后,我修改了一些,我试图联系他们告诉他们里面有一些拼写错误,但是我想他们已经做好了项目汇报。在那之后,他们便没有再发帖了。

第二部分:学习体验总体感受,做得好的部分和做得不好的部分,正面的和负面的体验

学习体验:对我来说,学习体验来自学习到了中国文化,如习俗、节日、美食,还有这4位年轻学生的生活。通过参与这个项目,我粗浅地了解了中国美食,我还了解到有很多庆祝节日,但还不知道与这些节日相关的习俗。我学习到了以前我所不知道的有趣事情。

总体体验:我认为我此次与这些来自东方学生的文字及视频交流的经历,是一个非常良好、愉快的经历。我非常高兴能够认识 Kevin, Jessica, Betty 和 Catherine。他们十分优秀,尽管学业繁忙,依然对这个项目保持高涨热情。他们很聪明,而且专注。他们认真听取如何提高他们英语口语及书面表达的建议。虽然一些同学总是会退回到他们旧的发音习惯,我不想总是唠叨他们太多,因为我已经很惊讶于他们英语水平如此之高,在项目开始之前,我以为他们英语水平没有这么好。我表扬了每位同学在英语学习上取得的成效。他们交谈和互动的意愿强烈,使得这个项目进展很好。

做得好的部分和做得不好的部分:我打算先讲讲哪些地方做得不好,因为不好的地方比较少。我认为第1周自我介绍的视频讨论没有组织好。我以为对方的学生们会一起聚在教室而不是宿舍,而且还有一位同学缺席。我认为是没有组织好。我不太确定是不是学生们没有完全理解流程安排,还是其他什么原因,好在最后视频讨论还是成功了。时差问题似乎不像我想象得那么严重。尤其是夏令时以后,我们这边的时差又增加了一个小时。然而时差并没有如原想的那样给我们带来困扰。唯一由时差带来的问题是他们上午的时间经常有课,这给我们安排所有的同学参加实时交流带来了一个小挑战。而且还有其他的小技术故障,例如 Skype 信号质量不佳。

另外,论坛是中文界面,我得忽略中文,记住登录步骤。鉴于项目好的地方有很多,我感觉进展还不错。

正面和负面的体验:总体而言,这次体验是非常正面的,我很喜欢和学生们在一起,去了解他们。我喜欢这个项目的目标,这个目标很有意义。尽管平板电脑也不错,我觉得就这门课程的目的而言,我们可以在计算机实验室使用电脑,

或者用我们自己的手提电脑也能完成作业及和小组成员 Skype 视频或论坛交流。平板电脑仅在"移动语言学习"这个话题用得比较多,我认为平板电脑的花费有些过多。

第三部分:技术:不同的交流渠道,喜欢的交流渠道

不同的交流渠道:在这个项目里,我所在的第 6 小组主要使用非实时的网络论坛方式交换信息。似乎这是克服时差等交流问题的最方便最有效的方法。这对我来说,很好用,因为我起得很早,我早上起床的第一件事情就是登录网站去看学生给我发的帖子。我不知道延迟回复对于他们来说是否有利,他们从来没有就这个话题提出自己的看法。除了两次在课堂上安排的 Skype 视频,我们小组自己也安排了两次视频讨论。由于时间限制及时差问题,我们的第一次 Skype 视频持续了一个小时,而第二次视频持续了 35～45 分钟。这是一个给我们讨论项目的好机会。

喜欢的交流渠道:尽管常有技术故障、时差及我们不同的日程安排的问题,我更喜欢 Skype 视频讨论。我觉得这种交流方式更易建立我和学生们之间的个人关系,相比起书面交流,更能让我们熟悉对方。使用 Skype 视频,我们能够更好地了解对方的性格特点。我认为如果我们有更多的机会视频讨论的话,他们应该会受益更多,提高与本族语者用英语交谈的交际能力和自信心。但是就论坛而言,我觉得很难使用,因为界面是中文的,而且在列表里寻找我所在小组的每周发帖,非常困难、费时间。除却这些问题,在论坛发帖确实有益处,因为学生们提高了英语写作,而且对我们都很方便,我们可以在各自时间允许的时候发帖。

将来如何提高:考虑存在的挑战,我不是很确定应该做一些什么样的调整,因为上海和加利福尼亚的时差是客观存在的,还有 Skype 视频讨论的音质和画质问题,不知如何解决。但是如果这些问题可以解决的话,我们就能够有更多时间用于 Skype 视频讨论。这个项目对于中国学生提高语言学习,以及美国 TESOL 项目学生的教学,都有帮助。向学生们强调这些重点,对大家都有帮助。我感觉课程的一部分阅读任务较长,还有重复。我们为这个课程购买了平板电脑,我希望能够多使用平板电脑与上海的学生互动,或者使用我们下载的应用软件。)

F7

The Interclass project has its good parts and bad parts. I was able to learn more about my students' culture and how their daily lives are as students in China. This was probably the most beneficial part of the project, as it allowed cultural exchange between group members. I feel that members did learn some from me, and as the project went on, members started to follow my model or copy some of my phrases. There were a few instances where I explicitly corrected some mistakes, because I was asked to correct mistakes. However, I made it my goal to write first and model the format of what I expected each week. In doing so, members were able to follow my model, which gave them guidance in how to do the writings for each week. One of the biggest problems of this assignment is simply the time differences. I personally have 22 units this semester, and I know the students also have quite a few classes and responsibilities that they have to attend to as well. This lead to my group mostly communicating asynchronously through the forums. However, when we did Skype chat, the video quality was decent but the audio constantly froze, so I had trouble understanding and hearing my students; however, they said they could hear me just fine, so it might have just been their mic cutting out due to background noises. This lead to frustration to some of my students, because I had to ask them to repeat themselves multiple times. Something else negative that happened during the project was that two of my students plagiarized their posting(s); I learned that this is a cultural difference, but in doing so, it ultimately did not help them learn. As an English Education major, one of the most important aspects of writing is to not plagiarize by simply using one's own words or to properly site a source, as not to claim another person's work for their own. Interestingly, as I looked at the data of the percentage of postings each week, I could see that the two students who plagiarized were also the two students who posted the least amount of times every week; the two members also had lower proficiencies than the other two members in my group as well. This shows that the students did not care too much about the interclass project, because I stated multiple times that it did not matter how short or simple their sentences were, as long as it was their own words. One mistake that I implicitly corrected was made by Elaine in Week 4, and she wrote, "which is teached by a beautiful British, Rose. She is a humor person ...". I replied to her saying, "So your class is taught by Rose, and she is humorous or funny". I corrected her writing without directly telling her that she was wrong, as a way of rephrasing her sentence(s).

Most of my students learned implicitly through my models each week and through some phrases or words that I wrote. For example, I wrote "In terms of shopping" or "In terms of music", and Turrify too used these phrases in her posting that week. I tried to advise students not to start sentences with conjunctions such as "and", but students had a hard time realizing that they can create compound complex sentences simply by adding a comma after an independent clause instead of a period. One other mistake all of my students made as they sent their PowerPoint files is that they all named their files as '1th, 2th, 3th, 4th, etc', so I explained that first is 1st, second is 2nd, third is 3rd, and then it goes to fourth or 4th and so on. Practically all of my students have problems with spacing, specifically in the spacing of periods, first letters after periods and commas, and commas too. Brianna's proficiency was higher than the rest of my students, so she is the only exception to making multiple grammar mistakes. One example of when I explicitly corrected mistakes can be found in Week 2, when I was replying to Brianna, after she asked me to correct her mistakes:

In this sentence: "The festival usually starts on the thirtieth of the twelfth lunar month, in January, February around." It is better to say around before February, so your sentence would like "The festival usually starts at the thirtieth of the twelfth lunar month, in January, around February."

"... And when come to the new day(of course, the new year), we will set off firecrackers." It is better not to start the sentence with "and", so you can just start it with "when". An example of how I would write the sentence is this: ... When it comes time to the new day (of course, the new year), we will set off firecrackers.

Through this block quote, it can be seen that I corrected Brianna's sentences briefly by making suggestions as to how I would write the sentence. Another example can be found here when I was correcting Elaine in the same week:

For your sentences "Chang'e was forced to be seperated from her husband Houyi. And they could meet each other once a year in 15th August according to China lunar calendar", you can easily combine them like this "Chang'e was forced to be separated from her husband Houyi, and they could meet each other once a year in the 15th of August according to China's lunar calendar." Also, "witha" should be "with a". There are a few problems with spacing, but it might just be the website, I'm not too sure.

I still am not sure if the website creates errors with spacing, or if it is simply spacing errors that the students made. However, I showed Elaine how to make a compound complex sentence by simple adding a comma before the "and", instead of making a new sentence.

Throughout the assignment, motivation went up and down, and this is partly due to my students being busy with preparations for their Broadway show that they performed in. I made the schedule with the topics that the students chose, and they also chose what they wanted to talk about each week. In each week, they could talk about anything that related to the topics, so our conversations were entirely open and were not limited by closed questions. One thing I did notice was that in our Skype chats, students would negotiate meaning of my questions or sentences in their L1 or native language. Also, my group collaborated together in determining how we would split up the work on our PowerPoint project. In the negotiations, students talked amongst themselves, and not only directly to me. During the first few weeks of the project, the students generally talked directly to me, and they did not talk to each other too much. However, as the project went on, the students started to reply to each other more, which is beneficial for both higher and lower proficiency students.

If I could change a few things about this assignment, I would perhaps make it shorter or have designated times for both groups to talk either synchronously or asynchronously. Due to busy schedules, it is hard to have everyone communicate every week, and some weeks students simply did not contribute at all or simply copied and pasted and didn't return to the forum week again. I feel that having our class times dedicated to the project would actually help people have the time to talk more in the project. Similarly, I would not ask the student teachers to summarize what the groups were doing each week, because it is just added work that is monotonous and not that beneficial; the time spent talking about what each group did in class should have been counted for the group summaries instead of making the teachers sort of repeat themselves again. The PowerPoint project was also somewhat sloppy, in regards to the students having different timelines than the student teachers. If everything would have been planned out from the beginning, I feel that our interclass project would have gone smoother. Also, if some students did not interact with others, then it should not reflect poorly on the student teacher's overall grades, because there is only so much that a student teacher can do to get a student in another country to participate more, especially if they have more important or critical assignments or responsibilities to do. This assignment took place roughly over 6 – 7 weeks, and this is quite long, especially when we have other responsibilities in the class to attend to as well. I personally had multiple tests, essays, and midterms happen throughout the project, so the amount of time the project took seriously cut into my entire schedule; the amount of work for the course is not equivalent to the 3 units, as I was spending more time reading the research papers, doing the homework, and checking the forums than I have spent in a 4-unit course. Therefore, something should have been cut out if students are reasonably expected to spend more time replying to students throughout the week. I wish that I had more time so that I could have set up more Skype chats, because I feel that could have helped students become more motivated throughout the weeks. However, I was glad that I had two classes dedicated to our interclass project, and that we had a scheduled meeting time for our Skype chat.

The Skype chat was probably the most beneficial part of the project for Jessie and Turrify, because they contributed much more in the Skype chats than they did in the asynchronous postings on the forums. However, I feel that if the students had better microphones, it would have been helpful for our Skype chats as well; though I am not sure if their classrooms are equipped with computers and equipment needed for computer assisted language learning.

(译文:这一个跨班级项目有它的优点也有缺点。我能够了解到我的中国学生的文化和他们在中国的日常生活。这可能是这个项目中最受益的部分,使得小组成员之间能够进行文化交流。我觉得小组成员从我这里学到了一些东西,随着项目继续进行,小组成员开始模仿或直接使用我的一些短语。有几次学生要求我帮他们纠正语言错误,我就直接帮他们纠正了。我的目标是每一周第一个发帖,把我希望他们学会的语言形式示范出来。通过这样的方式,小组成员们能够模仿我的示范,给他们每一周如何写作提供了指导。这个任务的最大问题是时差。我自己这个学期有22个学分要完成,我知道学生们也有不少课程及任务需要完成。这就使得我的小组大部分只能选择通过网络论坛进行非实时的讨论。当我们Skype视频讨论时,图像效果尚佳,但是声音经常会卡住。我常常没办法理解他们的意思,听不清他们说什么。但是他们说能够听到我的声音,可能因为背景噪音比较大,他们把麦克风关了。我不得不要求他们多次重复他们的话,这使得学生们很沮丧。这个项目不好的地方是我发现我的两位学生在他们的帖子里涉嫌抄袭。我知道这大概是文化差异带来的,但是这样做的话,没有办法帮助他们取得进步。作为一个英语教育专业的学生,重要的事情之一是要能够用自己的话转述或者注明出处以避免抄袭,而不是把他人的著作占为己有。有趣的是,当我看到每周发帖比例的数据时,那两位抄袭的学生是每周发帖最少的学生。这两位学生比我小组里另外两位学生语言水平也要低。这也显示他们对这个跨班项目并不在意。我已经多次告诉他们,无论他们的句子多短多简单,只要是他们自己的话就行。我用隐性的方式纠正的一个错误是第4周Elaine写的"which is teached by a beautiful British, Rose. She is a humor person ..."我回复她:"So your class is taught by Rose, and she is humorous or funny."我并没有直接告诉她,这个句子是错的,而是通过重新改写她的句子来纠正。

大部分学生都能够通过每周我的示范还有我写的一些短语和词语间接地学习。例如,我写"In terms of shopping"或者"In terms of music",Turrify在那周的发帖里也用到了这些表达。我向学生建议不要用连词,例如"and",来开始一个句子,但是学生们还是没有学会在一个独立小句后使用逗号而不是用句号来写复杂句。另外,我的所有学生在幻灯片里都犯的错误是"1th, 2th, 3th, 4th等",我向他们解释:"第一是1st,第二是2nd,第三是3rd, 第四是fourth or 4th。"实际上我所有的学生都有空格问题,特别是句号的空格、逗号和句号之后的字母,还有句号。Brianna的语言水平比其他的学生都高,她是唯一一个没有出现多处语法错误的同学。她请我帮她纠正错误,下面例子是第2周的时候,我在回复她的发帖时,用显性的方式纠正了她的语法错误:

在这句话中"The festival usually starts on the thirtieth of the twelfth lunar month, in January, February around"最好是把"around"放到"Feburary"前面,因此你的句子应该是:"The festival usually starts on the thirtieth of the twelfth lunar month, in January, around February."

"... And when come to the new day (of course, the new year), we will set off firecrackers."最好不要以"and"开始一句话,你可以以"when"开始句子。这个句子可以这样写:"…When it comes time to the new day (of course, the new year), we will set off firecrackers."

从上面两个例子中,可以看出我主要是通过给 Brianna 提出改写建议的方式帮她修改句子。另一个例子是在同一周里,我给 Elaine 修改句子:

你的这两句话"Chang'e was forced to be seperated from her husband Houyi. And they could meet each other once a year in 15th August according to China lunar calendar",可以合并为:"Chang'e was forced to be separated from her husband Houyi, and they could meet each other once a year in the 15th of August according to China's lunar calendar."而且,"witha"应该为"with a"。还有一些是空格的问题,也许是网站原因,我也不是很确定。

我不是很确定是不是网站会造成空格错误,或者是学生写作错误。我向 Elaine 演示怎样在"and"前加一个逗号把句子变成复杂句,而不是重新给她写一个句子。

在整个任务过程中,学生们的积极性忽上忽下,一部分原因是学生们忙于准备百老汇演出节目。我根据学生们选定的话题,做了时间安排,他们每周可以选择想讨论的部分。每一周他们都可以讨论任何与话题相关的东西,因此,我们的对话是开放式的,而非封闭式问题。我还注意到在我们 Skype 视频讨论中,学生会用他们的母语商量我的问题或句子。我的小组成员还会合作决定我们如何在幻灯片项目里分工。学生们只是他们自己协商,而不是直接和我协商。在项目刚开始的时候,学生们总是直接与我对话,他们不太互相之间对话。但是随着项目的进展,学生们开始互相回复,这对高水平与低水平学生都有益处。

关于这个任务,我想改进之处是希望把项目安排得短一些,或者指定时间让小组进行实时或非实时的交流。因为双方学生日程繁忙,很难让每一位同学每一周都参与讨论,有几周学生没有发帖,或者仅仅是复制粘贴一些材料,不再登录论坛。我认为,如果指定我们的班级参与项目的时间,可以使得我们有更多时间交谈。我也不会让弗雷斯诺的学生每周写小结,因为这是一个额外的单调工作,并无益处。花在每个小组的讨论时间应该被算作小组小结,不需要让弗雷斯诺的学生再次重复这些。幻灯片部分也有点潦草,中国学生与美国学生有着不同的时间安排。如果所有的要求都在项目一开始就计划好,我觉得我们的项目会更加顺畅。还有,如果中国学生不互动的话,不应该扣美国学生的总评分,因为我们很难联系到身处另外一个国家的学生,督促其参与更多,特别是当他们有更重要的其他作业需要完成时。这项任务持续了六七周,确实有些长,而且我们这门课还有其他的任务要完成。我自己还有好多小测验、论文及期中考试,这个项目花的时间穿插我的整个时间安排表里。这么多工作量,与这门课的 3 个学分不匹配。这比我4学分的课程还花时间,我花了很多时间阅读研究论文、做作业、时不时地登录论坛查看。因此,如果希望我们每周多花时间给学生们回复,就应该减少一些需要做的事情。我希望能够多安排几次 Skype 视频讨论,因为在过去的几周里,我认为视频讨论更能激发学生的动力。不过,我很开心我们有两次上课时间安排了这个项目的 Skype 视频讨论,另外,我们自己还安排了一次 Skype 视频讨论。

Skype 视频讨论可能对于 Jessie 和 Turrify 最有帮助,因为她们在 Skype 视频讨论比非实时论坛讨论更多地发表观点。但是如果学生使用更好的麦克风,可能对于我们的 Skype 视频讨论更加有用;尽管我不确定他们的教室是否配备计算机辅助语言学习的电脑和设备。)

附录5 美国大学生第1次 Skype 视频讨论小结

Tory

This was our first video group chat. Unfortunately, some minor technical and planning issues took time away from accomplishing some of the things I'd hoped to do (do more discussion of topic, etc). But it was a nice opportunity to speak with three of the memebers of the group. I'll try to make contact with the one person who I couldn't chat with. We did figure that next time the Shanghai students all need to be togehter at one computer for a more productive discussion.

I liked the activity, though I was thinking that the students would be together in a classroom rather than in their dorms. I think for future activities, the students should probably be together, and be more prepared to discuss the topics.

(译文:这是我们的第一次小组视频讨论。不幸的是,出现了一些小的技术和安排的问题,耽误了时间,导致我预先设想完成的一些部分没有做完,例如对话题的讨论等。但是这是一个和小组其他三名成员很好的交流机会。我会尽力去联系另一位没有参与讨论的同学。我们都认同下次小组里所有上海学生们都应该坐在一台电脑前面进行更加有效的讨论。

我喜欢这个活动,但是我认为学生们应该聚在教室里而不是在他们的寝室里。我认为将来的活动,学生们应当在一起更加有准备地来参与话题讨论。)

Danielle

Considering it was our first time video chatting with each other, I think we were fairly successful. However, there were some technical difficulties and one group member wasn't able to participate because she was in class. Also, since they were all in their separate dorms we couldn't all video chat at the same time, we briefly audio chatted as a group and then skyped individually. We made small talk for a bit and then discussed our topic. They asked for our opinion on their suggestions and then we finalized the topic. We agreed to post our schedules in the forum so that we could decide on a date and time to skype so everyone could participate in one video chat.

I really enjoyed video chatting with them. It was nice to put a voice to a face and it also made the entire thing seem a lot more real because now I was able to talk to real life people as opposed to just text chatting. I hope to skype again soon with all of them.

(译文:考虑到这是我们第一次视频讨论,我认为我们相当成功。但是出现了一些技术问题,还有一位同学由于在上课没有参加讨论。而且因为他们都在各自寝室,我们不能够同时进行视频讨论。我们小组简短讨论了一会,接着单独地视频讨论。他们问了我们对他们建议的想法,然后我们把话题最终定了下来。我们打算把我们的日程安排放到网站上,这样我们就能定下 Skype 视频讨论的日期和时间,以便每个人都能参与视频讨论。

我很喜欢和他们视频聊天。能够看到对方的脸、听到对方的声音,让整个项目更加有真实感,因为我能够和现实生活中的人进行交谈,而不仅仅是通过文字聊天。我很期待下一次和他们所有人的视频讨论。)

Cody

Through the Skype chat, my group was able to discuss our topic. We were able to finalize that we will be talking about culture, and I had the chance to ask each member what they specifically wanted to talk about relating to our cultures. The members talked amongst themselves and decided what they wanted prior to our chat as well, which was helpful. I also used the opportunity to ask how they learned English, or in what ways, and most of the answers were simply learning in class, using textbooks (though one member complained about the limitations of textbooks), talking with friends, listening to music, and watching movies.

There were a few technical difficulties, due to time limitations and using a new application. After all of the members, including myself, are used to using Skype together, it should be a lot smoother next time. There were a few problems, partly due to the environment, being too loud inside and outside. The quality for video chat was not too good, and this was probably due to slow Internet speeds at the time. Audio quality, however, was fine; besides the noise in my environment. Members were somewhat quiet on the audio chat with everyone, but they were more talkative when we did individual chats. However, two members were together, and they were able to support each other and negotiate meaning of my questions and produce answers. So I feel that talking to a group is beneficial for them, as they can negotiate meaning like the girls did, but they might be shy in larger groups; it just depends on the person really. Another problem was simply time, and my group had problems getting everyone into a group call to end the chat. Apparently, I cannot make a group call on the android app, but it can be done using a computer; this too was a problem as they were waiting for me to invite them all.

(译文:我所在小组能够通过视频会议来讨论话题。我们最终定下我们的话题是关于文化方面的讨论,我也有机会问一下小组内中国成员对于我们文化有没有特别要讨论的部分。小组成员们在我们视频讨论之前就讨论过并决定了话题,这样很有帮助。我还借助这个机会问他们怎样学习英语的,是通过什么样的方式学习。大部分同学都回答是在课堂上学的,他们通过课本学习英语(还有一位同学抱怨课本的局限性),和朋友交谈、听音乐及看电影。

项目进行过程中依然存在一些技术困难,因为时间限制及学习使用新应用软件。当所有小组成员包括我自己习惯使用了 Skype 后,下一次的视频讨论会更加顺畅。还出现了其他一些问题,一部分是环境带来的,无论是在室内还是在室外,噪声都很大。视频讨论的画质不太好,可能是因为那时候的网速太慢。但音质还是不错,只有我这边有些杂音。小组讨论时,组员们不太说话,但是他们和我单独讨论时却比较能表达。然而当两个组员在一起时,他们能互相帮助,讨论我的问题的意思然后再回答我。因此,我认为小组讨论对他们比较有益,他们可以像那些女生一样协商讨论,但是他们在人多的小组里会害羞;这真的取决于个人。另一个问题是时间,我所在小组没办法同时把所有组员集中在一起。我也没法用安卓系统的应用程序来开展小组视频,但是可以用电脑来完成,但他们需要等我邀请他们所有人参加视频讨论。)

Catherine

This first chat is a bit frustrating. At first no one was online and so I had to wait for 10 minutes before anyone signed on. I was able to get in contact for the first part of class, two students. We couldn't live chat because one girl's roomate was sleeping and so we continued with the discussion using the instant messaging tool on Skype. I was able to get two topics from the girls online: Chinese food vs. America food; opinions on part-time jobs. Towards the end of the chatting session another student was able to join us. I felt like we didn't accomplish anyting and so I proposed to the students on Skype that I wanted to meet still. I gave them some timing in my day when I was avaible and after an hour of disscusion we came to the conclusion that we will meet at 10 am Shanghai time. I was able to live chat with all 4 students and we came down to the topics of part-time jobs in China vs. part-time jobs in America. The students reacted really strongly to the topic and I believe it would be a good topic to talk about as well.

（译文：第一次聊天有点令人沮丧。刚开始的时候没有一个人在线，我又等了10分钟大家才陆陆续续上线。在课程前半部，我和两位同学连线。我们没有实时交谈因为其中一位女生的室友在睡觉，我们就用了Skype上的文字聊天工具。我们在线讨论出了两个话题，一是中国食物与美国食物的对比，二是对于做兼职的看法。在讨论结束的时候，另一位学生加入了我们。我感觉我们还没完成任务，因此，我提议我们再次约时间Skype视频讨论。我告诉了他们我一天中有空的时间，一个小时的讨论之后我们约定中国时间上午10点再连线一次。我和4位同学一起讨论并定下"中国做兼职和美国做兼职"的分话题有哪些。学生们对这个话题反应热烈，我相信这会是一个很好的话题。）

Deanna

1. My group accomplished a lot today. I heard the voices of all of my members, although I didn't get to see any of their faces. But they saw mine. We finally came up with and finalized our topic and what we are going to accomplish each week and who is assigned which tasks. We also got to exchange emails for file information. Everyone worked together to put in their ideas.

2. I was nervous about talking live on Skype because I have never done it before. I'm glad I got to finally break the ice and try it out. It was interesting,

but next time I think I would like to talk to each of them one on one so that it will be easier to make the conversation flow, and they will feel more comfortable.

(译文:1. 我所在的小组今天完成了很多任务。我听到了小组成员们的声音,但没能看到他们的脸,不过他们能看到我的脸。我们最后确定下来我们的话题及每周要完成的任务及谁将做什么任务。我们还交换了邮箱地址。所有同学都一起合作贡献他们的点子。

2. 我对于 Skype 视频实时讨论有点紧张,因为我以前从来没有和外国学生视频过。我很开心我最终成功破冰,勇敢尝试。非常有趣,不过下次视频我希望能和他们一个一个地分别讨论,这样谈话会顺畅一些,他们也会觉得自在一些。)

Mengyuan

In the chatting today, we first briefly introduced ourselves, and we asked the three students (one absent due to class) to tell us what they always do during the weekend. We also showed them how our campus looks like. Finally, we decided the topic for next week will be traditional festivals. We chatted with two girls and the guy separately because they were in their dorms and group chat is not available in the Skype. The Wi-Fi connection in the guy's dorm was very bad, and we can barely hear him.

I think this activity is interesting and talking with the students in Shanghai face to face made me feel very involved. I also think that Skype will enhance our work on Hujiang website by connecting each other more closely. The problem is the time difference and technical problems including limitation of group chat and weak Wi-Fi connection.

[译文:在今天的讨论中,我们首先介绍了自己,我们还请 3 位学生(有一位学生由于有课缺席)告诉我们他们周末通常都做些什么。我们还向中国学生展示了我们的校园。最后,我们定下来我们下周的话题是传统节日。我们分别和两位女生和一位男生讨论,因为他们在各自的寝室里,Skype 视频没办法让大家一起小组讨论。男生寝室的无线网络信号很差,我们几乎听不见他说话。

我认为这个活动非常有趣,和上海的学生面对面视频聊天,增加了很多真实感。我认为 Skype 讨论可以增进我们之间的关系,更好地促进沪江网络论坛上的讨论。主要存在的问题是时差及不能开展小组讨论、微弱的无线信号等技术问题。]

Ashley

On Thursday, we had the chance to actually see all of the students and talk with them face to face. It is really nice being able to put a face to the posts. While we did post our pictures so we could see what we all looked like, it was a different experience being able to see movement and hearing their voice rather than just typed words. We did experience one problem however. Due to Skype's limits on free service, I could not do a video chat with all of them on their accounts. The only way would have been if they gathered together in the same room using one account. So I had to call each individual one and talk to them one on one. But this turned out to be beneficial because in group chat it was very quiet but once I had them alone, each student was much more active in the conversation.

（译文：周四的时候，我们终于有机会能见到所有的学生，并和他们面对面交谈。能够把真实的人与网络发帖的人对上号，真的很不错。因为我们把自己的照片都发到了论坛上，所以我们能够看到对方的样子。看到现实生活中的人、听到他们的声音与仅仅是文字聊天，是完全不一样的体验。但是我们遇到了一个问题。由于 Skype 对免费服务的限制，我无法和他们一起视频聊天。唯一的办法是他们只能在同一间房间里使用同一个账户。因此，我必须逐个连线他们，单独地交谈。不过这样讨论也有好处，小组讨论大家比较安静，但是与我单独讨论时，他们在对话中表现得积极多了。）

Nicholas

The Skype conversation went really well. I was able to talk to 3 out of the 4 students. We talked about a lot of various topics regarding hobbies and interests/culture. We were also able to discuss about some topic ideas and have a general idea of what we want to do for the semester. I really enjoyed engaging in the Skype activity because we were able to engage in synchronous conversation and it made the activity just that much more personable.

（译文：我们 Skype 视频讨论进展非常好。我和 4 位同学里的 3 位进行了交谈。我们聊了兴趣爱好及文化等不同的话题。我们还讨论了一些话题的提议，对这个学期要讨论的话题有了大致想法。我很喜欢 Skype 视频讨论，因为我们能够实时进行交谈，而且使得这个项目变得更让大家关系密切。）

附录6 美国大学生第2次Skype视频讨论小结

Mengyuan

We had a great time skyping with students in Shanghai today. There were two of our group memebers skyping with us, and one of them invites his roommate to join us, so totally three people. We did audio because video chat is not available for group chatting. We talked about different etiquette between China and America a little bit because etiquette is the topic for this week. Then we talked about different books we are reading right now. The students are reading *The Old Man and the Sea* and *The Little Prince* for these two months. At the end of the conversation, we decide the topic for next week will be driving and campus life.

(译文:我们今天和上海的学生进行了一次愉快的视频讨论。有2位学生和我们视频,有一位同学还邀请了他的室友加入讨论,因此一共有3人。我们通过语音聊天,因为小组讨论没有办法使用视频聊天。我们谈论了一些中国礼仪和美国礼仪的区别,因为礼仪是本周的话题。接着我们讨论了正在阅读的书目。学生们这两个月读的书是《老人与海》和《小王子》。在谈话最后,我们定下了下周的话题是驾车和校园生活。)

Ashley

This time around all of the students were in different rooms again. I didn't want to do one on one chats since that would exclude people from conversations. So we started with text chat. All of the students were present for the conversation. The biggest issue though was trying to trouble shoot how we could get everyone to talk together.

I attempted to round everyone up into a discussion about our project but the students continued to carry on with how to trouble shoot the situation. All of the girls were able to go into one person's dorm but because I have one boy in my group he said he wasn't allowed in the girls' dorm. So they didn't know what they could do to solve that.

We ended with that and I told the students to continue posting in the forum and that I liked where everything was going.

(译文:这一次所有的学生又在不同的房间里。我不想一对一地单独讨论,那样的话其他人就不能参加谈话了。于是我们换成文字聊天。所有学生都能参与到谈话里。我们尽力解决的最大的问题是怎样才能让每一个人都能共同讨论。

我试图让大家都参与到讨论中来,但他们还在解决如何能够让大家都共同参与讨论的技术问题。所有的女生可以到一间寝室,但我的小组有一位男生,他不能去女生寝室。他们依然没办法解决这个问题。

我们最后只好决定继续在论坛发帖,我也喜欢目前我们项目的进展状况。)

Tory

We had an initial "technical" problem where the audio was not very clear. We could see each other, and they could hear me, but their sound qualilty was poor.

They apparently switched to someone else's computer and called again. This time we had a good picture and signal. Everyone was present, and everyone got a chance to speak.

We talked more about travel and food. We also discussed driving in China, getting a driver's license in China, and bicycle riding, etc. Unfortunately though, because of the initial signal quality at the beginning of the first call, it cut into the amount of time we had to talk. Other than that, we had a very nice chat. I was very happy to see everyone was in attendance for the call.

We agreed to continue more dialogue on the forum and skype until another skype call could be schedule.

(译文:我们出现了一个技术问题——音频不太清楚。我们可以看到对方,他们也能听到我的声音,但是他们的声音质量很差。

他们又换了一台别人的电脑重新连线了我一次。这一次的画质和信号好多了。每一位小组成员都在场,每一位成员都参与了讨论。

我们讨论了旅游和美食。我们还讨论了在中国驾车,在中国取得驾照,骑自行车等话题。只是不巧的是,因为第一次连线的信号质量问题,占用了大量我们可以交谈的时间。除此之外,我们聊得非常开心。我非常高兴能够看到所有人参与了此次视频讨论。

我们达成一致意见,在网络论坛上开展更多的对话讨论,下一次的 Skype 视频讨论时间确定后进行视频讨论。)

Catherine

This week's chat didn't go to well. My students didn't get on Skype at 5 but around 5:15 – 5:30. One student had class at that time so then she had to leave. It was a mess. We were able to try once but then the audio and video chat had bad quality. But the students and I were able to meet up later that night (which was in the afternoon over there). So when we did meet, we talked about the questions that I posted this week. We cleared up quesitons and made up the questions for next week. We always clarify any misunderstanding.

(译文:这周的视频聊天进展不太好。我小组里的其他成员没有在5点出现,到了5:15至5:30才出现。有一位同学那个时间有课,因此她必须早一些离开。真的有点乱。我们又试了一次,但音频和视频的声音、画质都很糟糕。不过那些学生和我在当天晚上的晚一些时候,也就是中国时间的下午,我们又视频了一次。我们再次视频的时候,讨论了我这周在网上发的问题。我们讨论完这些问题,同时也准备好了下周的问题。我们把误解之处也清除了。)

Deanna

Our group did an audio chat. This week all of the members in my group were there! I discussed some English errors I marked on the slides they turned into me, and after that, we discussed what we will be doing in Week 5. We made two little groups within our group to discuss the differences of Chinese and American movies. I also asked them to give me some recommendations on Chinese movies!

(译文:我们小组进行了语音聊天。这一周我们小组所有成员都参加了!我和他们讨论了他们发给我的幻灯片里出现的英语错误。接着,我们讨论第5周要做的事。我们小组内部又分成两个小组分别讨论中国电影和美国电影。我还让他们再推荐一些中国电影给我。)

Nicholas

In this week's Skype chat I was only able to skype with 2 of the 4 students. Despite this the conversations went very well. We were able to further discuss and compare the differences between Chinese and American mannerisms as well as discover some similarities between our cultures. We also were able to catch up and ask each other how our weeks have been which was really nice for building relationships with the students. We also were able to finalize and come up with some new ideas for this coming week forum topic.

(译文:本周的Skype视频讨论我只和4位学生中的2位交谈了,但谈话进行得十分顺利。我们能够进一步地讨论,并比较了中国与美国在礼仪方面的差异,我们发现了我们文化之间的相似处。我们还聊了各自这一周的学习生活，这样非常有利于建立我们之间的良好关系。我们最后确定了下周论坛讨论的新想法。)

Cody

My group did a video chat, and one member was sick, so I was able to talk with 3 of the members. We simply talked about our topic for the week, which was education. We also started to talk about the PowerPoint.

(译文：我们小组进行了一次视频讨论，其中一位成员生病了，我和其他3位成员开展了讨论。我们仅仅讨论了这一周我们的话题"教育"。我们还开始讨论了幻灯片制作。)

Danielle

I thoroughly enjoyed skyping this week, although there were only 2 students that were able to make it this week. We talked a lot about etiquette since that was the week's discussion topic. They had a lot of questions for me and I had a lot for them as well. All the cultural differences are very interesting to me. We also talked about books they are reading, and they told me they are currently reading *The Old Man and the Sea* by Hemmingway. It was a good skype session and I had a lot of fun talking to them.

(译文：我百分之百地喜欢这周的Skype视频讨论，尽管这周只有2位同学参与讨论。我们讨论了很多关于礼仪的话题，因为这是本周的讨论话题。他们有很多问题问我，我也有很多问题问他们。我对所有的文化差异都很感兴趣。我们还谈论了他们正在阅读的书，他们告诉我他们在读海明威的《老人与海》。这是一次很好的Skype视频讨论，我很喜欢和他们讨论。)

附录7　美国大学生第1次论坛讨论小结

Catherine

My first week went well. My partners from Shanghai did well in posting their summaries and pictures. One student didn't post a picture of herself but said she will do it soon. We found out that we all like the same Chinese singer. I have a lot in common with my partners. Two of my students were eager to meet me and so we decided to live chat before the actual in class live chat date. I met them and a few of their friends. They were all nice to me and even sang me a couple of songs. That made me really happy. So overall I really enjoyed working with them and look forward to continuing this project.

（译文：我们小组的第 1 周进展良好。上海的学生在论坛上发帖发照片，他们做得很好。有一位同学没有把她的照片放到论坛上，但是她说她马上发。我们发现我们都喜欢同一位中国歌手。我和小组成员有很多相同之处。两位学生很期待见到我，我们在课堂正式视频讨论之前就开始了视频讨论。我见到他们还有他们的朋友。她们都很友好，还唱了几首歌给我听。我真的很开心。总体而言，我喜欢和他们一起合作继续完成这个项目。）

Mengyuan

The four Chinese students, Danielle and I got to know each other in the first week. We introduced ourselves to other group members. We shared our interests and found that nearly all of us are country music fans. Every one is so different but we are all very friendly and excited in meeting foreign friends and sharing our stories to them. In addition, Skyping is very helpful as it lets us chat face to face, which makes the forum discussion more attractive and real.

From the self-introductions written by these four Chinese students, I found that some students are not very good at typing in English. They are not used to the puctuation and capitalization and there are some spelling errors in their postings. I believe they will be better after these six weeks.

（译文：我、4 位学生和 Danielle 在第 1 周讨论里互相认识了对方。我们小组成员互相介绍了自己。我们介绍了自己的兴趣爱好，发现我们都是乡村音乐爱好者。每一位成员都是如此特别，我们都很友好，能见到外国朋友并分享自己的故事，感到非常激动。另外，视频讨论非常有帮助，可以让我们面对面聊天，让论坛讨论更加有吸引力、更有真实感。

从这 4 位中国学生写的自我介绍里，我发现一些学生的英语打字不太好。他们没有习惯标点符号的用法及字母大写，在他们发帖里还有一些拼写错误。我相信 6 周以后他们会有所进步。）

Deanna

My project has been going well so far. Everyone posted their pictures and introductions; except the boy in our group only posted his picture and not his introduction. Nobody was brainstorming or coming to a decision for a topic, but once we discussed it in our live Skype chat, we came to a conclusion with goals for each week. It was successful, but my group wasn't giving me much suggestions; I had to come up with everything. Although, it did help that they agreed and understood my ideas. Two of them said they would post the steps in the forums but they have not done it, so I will be the one posting it. I hope the future of our project goes smoothly. For now, I am enjoying this unique experience.

（译文:我们小组项目目前进展良好。每一个人都放上了自己的照片和自我介绍,除了我们小组只有一个男生放了照片而没有放自我介绍外。大家尚未商定话题,但是在 Skype 视频讨论时,我们对于每一周要完成的目标已达成一致。视频讨论非常成功,但是小组成员没有给我太多建议;我得自己再仔细考虑选定哪个话题。不过他们都同意并理解我的点子。有两位同学说他们会把步骤的安排发到论坛上,但并没有,因此我得去发帖。我希望未来我们的项目能够进展顺利。目前为止,我很喜欢这次独特的体验。)

Nicholas

I feel that Week 1 went really well as far as introductions were concerned. One of my students posted earlier than expected and it showed eagerness and excitement for the semester. It is nice to know that my group is very motivated and excited to engage in this activity for the semester. The forums slowed down towards the end of the week and there wasn't much more to discuss because it was simply an introduction board. However I feel that the following weeks will become more active and the forum posting will be more active as the topics become more in depth.

（译文:第 1 周我们互相做了介绍,有一位同学比预期早发了帖子,显示了他对新学期的期盼和激动。我们小组动力十足,表现出对这学期活动的期盼。这一周末的时候论坛讨论进展缓慢,没有太多的讨论内容,因为这周仅仅是做自我介绍。不过,我认为接下来的几周里,随着话题的深入,论坛讨论会活跃起来。)

Cody

In the first week my group simply went through introductions, and we talked about our possible topics. My students are motivated to learn English. Besides talking on the forums and our Skype chat, my group members talked amongst themselves and decided a few topics that they wanted to talk about as well. The topics that they want to talk about will help with learning about each other's culture. During our Skype chat, my students negotiated meaning of my questions in Chinese. One of my students was shy about posting her picture, but she posted her picture after our Skype chat; she was in the same room as another student, so I didn't know who she was until she introduced herself. We have finalized our topics, for the most part, but in Week 2 I will create our schedule with the students' inputs. A few of my students start sentences with "fanboys" (for, and, but, or, yet, so) or coordinating conjunctions. I will try to help them structure their sentences in a way to be less informal, and there were a few run-on sentences. However, besides these things, their grammar or writing is pretty good. I personally didn't want to be too strict about correcting mistakes, but I have been asked by two of my students to correct their mistakes; I will do this starting next week.

(译文:第 1 周我们仅仅做了自我介绍,我们谈论了我们设想的话题。我所在小组成员学习英语的积极性很高。除了论坛讨论及 Skype 视频讨论外,我的小组成员内部讨论过并决定了他们想要讨论的话题。他们想要讨论的话题能够帮助他们互相学习对方的文化。在我们的 Skype 视频讨论里,小组成员用中文讨论我的问题是什么意思。有一位学生比较害羞,不敢把照片放到论坛上,但是在 Skype 视频讨论以后她把照片放上来了。视频时,她和另一位学生在同一间房间,直到她做了自我介绍我才知道哪一位同学是她。我们把最终的话题基本上确定下来了,但我要等到第 2 周才能根据学生们提出的想法把日程安排做出来。有几个学生的句子以 for, and, but, or, yet, so 等词或者连接词开头。我试图在句型结构上帮助他们,不要写不正式的句子及流水句。不过,除了这些之外,他们写作的语法非常不错。我个人不太想在纠正错误方面太严格,但是有两位学生让我帮他们纠正错误,我下周会开始帮他们纠正表达上的错误。)

Tory

Week 1 of our group project went as well as I could have hoped for. We were able to engage each other on the Shanghai university group discussion page and determine a topic for our project. I've been able to meet with three of my four students via Skype and engage in video chat. The fourth student, Catherine is the only student I've not been able to establish time for a video chat. I'm hoping we can do something about that this week so she and I can have a chance for a video chat.

I'm happy that everyone in the group was so quickly agreeable to decide on a topic, and now I'd like to be able to establish what exactly we will do next with it so it will continue to develop.

(译文:我们小组项目第 1 周项目进展和我设想的一样顺利。我们能够和上海那边的学生在网络论坛上讨论确定我们项目的题目。我能够通过 Skype 视频方式与 4 位小组成员中的 3 位视频讨论。第 4 位学生 Catherine 是唯一一位我没有确定和她视频时间的学生。我希望我和她这周能争取视频讨论一次。

我很开心地看到小组能够这么快地确定好话题，现在我比较清楚我们下一步将要做什么，以及怎样继续进展。）

Danielle

I think Week 1 went really well for my group. My group introduced ourselves to each other and they all seem really eager. Before I even had a chance to bring up possible topics, they had already come up with the topic and had broken down each week and the things they wanted to include and discuss. It worked out nicely because the topic they had chosen was exactly what I had in mind. We discussed it a bit more over Skype and finalized everything. I'm excited to work with my group because not only do they seem like really nice individuals, but I don't foresee any problems with them not posting or communicating with me.

（译文：我认为我的小组第 1 周的进展良好。我的小组互相做了自我介绍，他们都很踊跃。在我提出一些可能的话题之前，他们已经想好了话题，并把每一周需要讨论的内容已经切分到每周的任务中。这样安排非常好，因为他们选定的话题就是我所想的话题。我们 Skype 视频里又讨论了一会儿，最终确认下来所有的事。我和我的小组成员一起工作非常激动，不仅因为他们都很友善，而且和他们一起合作应该不会出现不发帖或者不和我交流之类的问题。）

Ashley

The week began with each individual introducing themselves it seemed quite nice and the students were full of conversation. I originally worried about the potential of language barrier issues but seeing the students' level of English now, I feel more comfortable with talking to them. Unfortunately, the group has not officially decided on one topic and this week as been a bit slow moving but I feel that things will pick up with time and routine.

（译文：这一周开始，每一位同学都做了自我介绍，非常不错，同学们热烈参与讨论。我最初很担心有语言障碍，但是现在看到学生们的英语水平，我和他们交谈起来更自如了。可惜的是，这次小组讨论没有最终确定下题目，这一周似乎进展缓慢，不过我相信随着时间的推移，一切都会步入正轨。）

参 考 文 献

[1] Basharina, O. K. (2007). An activity theory perspective on student-reported contradictions in international telecollaboration. *Language Learning & Technology*, 11(2), 82 – 103.

[2] Belz, J. A. (2003). Linguistic perspectives on the development of intercultural competence in telecollaboration. *Language Learning & Technology*, 7 (2), 68 – 117.

[3] Belz, J. A. (2005). Intercultural questioning, discovery and tension in Internet-mediated language learning partnerships. *Language and Intercultural Communication*, 5 (1), 3 – 39.

[4] Brandl, K. (2012). Effects of required and optional exchange tasks in online language learning environments. *Recall*, 24 (1), 85 – 107.

[5] Burston, J. (2014). MALL: The pedagogical challenges. *Computer Assisted Language Learning*, 27 (4), 344 – 357.

[6] Byram, M. (1997). *Teaching and Assessing Intercultural Communicative Competence*. Clevedon, UK: Multilingual Matters.

[7] Byram, M. (2012). Language awareness and (critical) cultural awareness—relationships, comparisons, and contrast. *Language Awareness*, 21 (1 – 2):5 – 13.

[8] Byram, M., Gribkova, B. & Starkey, H. (2002). *Developing the Intercultural Dimension in Language Teaching: A Practical Introduction for Teachers*. Strasbourg, France: Council of Europe Publishing, Language Policy Division.

[9] Chapelle, C. (1997). CALL in the year 2000: Still in search of research paradigms? *Language and Technology*, 1(1), 19 – 43.

[10] Chen, D. M. & Starosta, W. J. (2000). The development and validation

of the intercultural sensitivity scale. *Communication Research*, 3(6), 1 –15.

[11] Chen, J. J. & Yang, S. C. (2014). Fostering foreign language learning through technology-enhanced intercultural projects. *Language Learning & Technology*, 18(1), 57 –75.

[12] Chun, D. M. (1994). Using computer networking to facilitate the acquisition of interactive competence. *System*, 22(1), 17 –31.

[13] Chun, D. M. (2011). Developing intercultural communicative competence through online exchanges. *CALICO Journal*, 28(2), 392 –419.

[14] Cunningham, U., Fagersten, K. B. & Holmsten, E. (2010). "Can you hear me, Hanoi?" Compensatory mechanisms employed in synchronous net-based English language learning. *International Review of Research in Open and Distance*, 11 (1), 161 –177.

[15] Cziko, G. (2004). Electronic tandem language learning (eTandem): A third approach to second language learning for the 21st century. *CALICO Journal*, 22 (1), 25 –39.

[16] Deardorff, D. K. (2006). Identification and assessment of intercultural competence as a student outcome of internationalization. *Journal of Studies in International Education*, 10 (3), 241 –266.

[17] Engeström, Y. (1987). *Learning by Expanding: An Activity Theoretical Approach to Developmental Research.* Helsinki, Finland: Orienta-Konsultit.

[18] Engeström, Y. (2001). Expansive learning at work: Toward an activity theoretical reconceptualization. *Journal of Education and Work*, 14(1), 133 –156.

[19] Godwin-Jones, R. (2011). Emerging technologies: Mobile apps for language learning. *Language Learning & Technology*, 15 (2), 2 –11.

[20] Goodnough, K. (2016). Professional learning of K-6 teachers in science through collaborative action research: An Activity Theory analysis. *Journal of Science Teacher Education*, 27(7), 747 –767.

[21] Greenfield, R. (2003). Collaborative e-mail exchange for teaching secondary ESL: A case study in Hong Kong. *Language Learning & Technology*, 7 (1), 143 –144.

[22] Guth, S. & Helm, F. (Eds.). (2010). *Telecollaboration 2.0: Language, Literacies, and Intercultural Learning in the 21 st Century*. Bern: Peter Lang.

[23] Jenkins, H. (2006). *Convergence Culture: Where Old and New Media Collide*. New York: New York University Press.

[24] Kauffmann, N., Martin, J. N., Weaver, H. D. & Weaver, J. (1992). *Students Abroad: Strangers at Home*. Yarmouth, ME.: Intercultural Press, Inc.

[25] Kelm, O. (1992). The use of synchronous computer networks in second language instruction: A preliminary report. *Foreign Language Annals*, 25 (5), 441 -454.

[26] Kern, R. (1995). Restructuring classroom interaction with networked computers: Effects on quantity and characteristics of language production. *The Modern Language Journal*, 79 (4), 457 -476.

[27] Kern, R. & Warschauer, M. (2000). Theory and practice of network-based language teaching. In M. Warschauer & R. Kern (Eds.). *Network-Based Language Teaching: Concepts and Practice*. New York: Cambridge University Press.

[28] Kessler, G. (2013). Collaborative language learning in co-constructed participatory culture. *CALICO Journal*, 30 (3), 307 -322.

[29] Kilimci, S. (2010). Integration of the internet into a language curriculum in a multicultural society. *Turkish Online Journal of Educational Technology*, 9(1), 107 -113.

[30] Kitade, K. & Kitade, K. (2014). Second language teachers' identity development through online collaboration with L2 learners. *CALICO Journal*, 31 (1), 57 -77.

[31] Kiliçkaya, F. (2009). The effect of a computer-assisted language learning course on pre-service English teachers' practice teaching. *Educational Studies*, 35(4), 437 -448.

[32] Kramsch, C. (1998). *Language and Culture*. Oxford, UK: Oxford University Press.

[33] Kramsch, C. & Throne, S. (2002). Foreign language learning as global communicative practice. In D. Block & D. Cameron (Eds.). *Globalization and Language Teaching*. London: Routledge.

[34] Lai, C., Chen, F. & Yang, J. (2014). Exploration of tensions in a mobile-technology supported fieldtrip: An activity theory perspective. *International Journal of Distance Education Technologies*, 12 (2), 104 – 117.

[35] Lee, L. (2009). Promoting intercultural exchanges with blogs and podcasting: A study of Spanish-American telecollaboration. *Computer Assisted Language Learning*. 22(5), 425 – 443.

[36] Leont'ev, A. N. (1981). *Problems of the Development of the Mind*. Moscow: Progress.

[37] Liaw, M-L. (2006). E-learning and the development of intercultural competence. *Language Learning & Technology*, 10 (3), 49 – 64.

[38] Liaw, M-L & Bunn-LeMaster, S. (2010). Understanding telecollaboration through an analysis of intercultural discourse. *Computer Assisted Language Learning*, 23 (1), 21 – 40.

[39] Li, J. (2012). *Cultural Foundations of Learning: East and West*. New York: Cambridge University Press.

[40] Li, Y. (2000). Linguistic characteristics of ESL writing in task-based e-mail activities. *System*, 28(2), 229 – 245.

[41] Liu, K. K. (2014). *An Activity Theory Perspective on Academic Language Use by ELLs in a High School Math Classroom*. [D]. Twin City: University of Minnesota.

[42] Long, M. H. (1981). Input, interaction, and second language acquisition. In H. Winitz (Ed.). *Native Language and Foreign Language Acquisition* (Annuals of the New York Academy of Sciences, Vol. 379). New York: New York Academy of Sciences.

[43] Long, M. H. (1996). The role of the linguistic environment in second language acquisition. In Ritchie, W. & Bhatia, T. K. (Eds.). *Handbook of Second Language Acquisition*. New York: Academic Press.

[44] Lys, F. (2013). The development of advanced learner oral proficiency using iPads. *Language Learning & Technology*, 17(3): 94 – 116.

[45] Miceli, T., Murray, S. V. & Kennedy, C. (2010). Using an L2 blog to enhance learners' participation and sense of community. *Computer Assisted Language Learning*, 23(4), 321 – 341.

[46] O'Dowd, R. (2003). Understanding the "other side": Intercultural learning in a Spanish-English mail exchange. *Language Learning & Technology*, 7 (2), 118 – 144.

[47] O'Dowd, R. (2007). Evaluating the outcomes of online intercultural exchange. *ELT Journal*, 61 (2), 144 – 152.

[48] O'Dowd, R. (2013a) Intercultural communicative competence through telecollaboration. In Jackson, J. (Ed.) *The Routledge Handbook of Language and Intercultural Communication*. New York: Tylor and Francis Group: 342 – 358.

[49] O'Dowd, R. (2013b). Telecollaboration and CALL. In Thomas, M., Reinders, H. & Warschauer, M. (Eds.). *Contemporary Computer-assisted Language Learning*. (pp. 124 – 139). Huntingdon, UK: Bloomsbury Academic.

[50] O'Down, R. & Ritter, M. (2006). Understanding and working with "failed communication" in telecollaborative exchanges. *CALICO Journal*, 23 (3), 623 – 642.

[51] O'Dowd, R. & Ware, P. (2009). Critical issues in telecollaborative task design. *Computer Assisted Language Learning*, 22(2), 173 – 188.

[52] Pham, T. & Renshaw, P. (2015). Formative assessment in Confucian heritage culture classrooms: Activity theory analysis of tensions, contradictions and hybrid practices. *Assessment & Evaluation in Higher Education*, 40 (1), 45 – 59.

[53] Pica, T. (1994) Research on negotiation: What does it reveal about second language learning conditions, processes, and outcomes? *Language Learning*, 44(3): 493 – 527.

[54] Portalla, T. & Chen, G. M. (2010). The development and validation of the intercultural effectiveness scale. *Intercultural Communication Studies*, 2010, XIX(3), 21 – 37.

[55] Priego, S. & Liaw, M. (2017). Understanding different levels of group functionality: Activity systems analysis of an intercultural telecollaborative multilingual digital storytelling project. *Computer Assisted Language Learning*, 30 (5), 368 – 389.

[56] Roth, W.-M. & Tobin, K. (2002). Redesigning an "urban" teacher education program: An activity theory perspective. *Mind, Culture, and Activity*, 9 (2), 108 – 131.

[57] Ryder, L. Z. & Yamagata-Lynch, L. (2014). Understanding tensions: Activity systems analysis of transpacific collaboration. *CALICO Journal*, 31(2), 201-220.

[58] Sadler, R. (2007). Computer-medicated communication and a cautionary tale of two cities. *CALICO Journal*, 25(1), 11-30.

[59] Saito, K. & Akiyama. (2016). Video-based interaction, negotiation for comprehensibility, and second language speech learning: A longitudinal study. *Language Learning*, 67 (1), 43-74.

[60] Samburskiy, D. & Quah, J. (2014). Corrective feedback in asynchronous online interaction: Developing novice online language instructors. *CALICO Journal*, 31(2), 158-178.

[61] Schiffrin, D. (1994). *Approaches to Discourse: Language as Social Interaction.* Oxford: Blackwell.

[62] Schmidt, R. (1993). Awareness and second language acquisition. *Annual Review of Applied Linguistics*, 13, 206-226.

[63] Sevingil, E. & Bayyurt, Y. (2010). Making a shift towards new CMC modes. *Proscenia-Social and Behavioral Sciences*, 2(2), 2980-2984.

[64] Shomoossi, N., Kooshan, M. & Ketabi, S. (2008). Language learning strategies and test anxiety. *Indian Journal of Applied Linguistics*, 34, 115-126.

[65] Skinner, B. & Austin, R. (1999). Computer conferencing: Does it motivate EFL students? *ELT Journal*, 53 (4), 270-280.

[66] Stier, J. (2011). Internationalisation, intercultural communication and intercultural competence. *Journal of Intercultural Communication*, (11):1-11.

[67] Strasma, K. & Foster, G. (1992). Collaboration within writing classes: An ethnographic point of view. *The Writing Instructor*, Spring/Summer, 111-127.

[68] Swain, M. & Lapkin, S. (1998). Interaction and second language learning: Two adolescent French immersion students working together. *The Modern Language Journal*, (3), 320-327.

[69] Tolmie, A. & Boyle, J. (2000). Factors influencing the success of computer mediated communication (CMC) environments in university teaching: A

review and case study. *Computers & Education*, 2000, 34(2), 119 – 140.

[70] Vurdien, R. (2013). Enhancing writing skills through blogging in an advanced English as a foreign language class in Spain. *Computer Assisted Language Leaning*, 26 (2), 126 – 143.

[71] Vygotsky, L. (1978). *Mind in Society: The Development of Higher Psychological Processes.* Cambridge, MA: Harvard University Press.

[72] Vygotsky, L. (1986). *Thought and Language.* Cambridge: MIT Press.

[73] Wang, X. (2007). What factors promote sustained online discussions and collaborative learning in a web-based course? *International Journal of Web-Based Learning and Teaching Technologies*, 2(1), 17 – 38.

[74] Wang, X. C. & Xiong, S. H. (2015). Participants' self-assumed roles in the telecollaborative environment: The effect of participants' status and cultural differences. Paper presented at CALICO (Computer-Assisted Language Instruction Consortium) 2015 conference. University of Colorado, Boulder.

[75] Ware, P. (2005). "Missed" communication in online communication: Tensions in a German-American telecollaboration. *Language Learning & Technology*, 9 (2), 64 – 89.

[76] Ware, P. (2013). Teaching comments: Intercultural communication skills in the digital age. *Intercultural Education*, 24 (4), 315 – 326.

[77] Ware, P. & Kessler, G. (2016). Telecollaboration in secondary language classroom: Case study of adolescent interaction and pedagogical integration. *Computer Assisted Language Learning*, 29(3), 427 – 450.

[78] Wolfe-Quintero, K., Inagaki, S. & Kim, H. Y. (1998). *Second Language Development in Writing: Measures of Fluency, Accuracy & Complexity.* (Tech. Rep. No. 17). Honolulu: University of Hawaii Press.

[79] Wu, W. C. V. & Marek, M. (2010). Making English a "habit": Increasing confidence, motivation, and ability of EFL students through cross-cultural, computer-assisted interaction. *Turkish Online Journal of Educational Technology*, 9(4), 101 – 112.

[80] Wu, W. C. V., Marek, M. & Chen, N.-S. (2013). Assessing cultural awareness and linguistic competency of EFL learners in a CMC-based active learning context. *System*, 41(3), 515 – 528.

[81] Wu, W. C. V., Yen, L. L. & Marek, M. (2011). Using online EFL interaction to increase confidence, motivation, and ability. *Educational Technology & Society*, 14(3), 118 - 129.

[82] Yamagata-Lynch, L. C. (2007). Confronting analytical dilemmas for understanding complex human interactions in design-based research from a Cultural-Historical Activity Theory (CHAT) Framework. *The Journal of the Learning Sciences*, 16 (4), 451 - 484.

[83] Yamagata-Lynch, L. C. (2010). *Activity Systems Analysis Methods: Understanding Complex Learning Environments*. New York: Springer.

[84] 高永晨. 大学生跨文化交际能力的现状调查和对策研究. 外语与外语教学, 2006(11): 26—28.

[85] 郭晓英. 博客环境下大学生英语写作模式的设计与实践. 现代外语, 2009(3): 314—321.

[86] 贾玉新. 跨文化交际学. 上海:上海外语教育出版社, 1997.

[87] 李建萍. 合作学习对二语学习者跨文化交际能力提升的研究. 外语学刊, 2012(3): 126—128.

[88] 孟春国, 陈莉萍. 活动理论视角下的高校英语教师研究实践与认知. 现代外语, 2015(5): 705—714.

[89] 史兴松. 外语能力与跨文化交际能力社会需求分析. 外语界, 2014(6): 79—86.

[90] 宋莉. 跨文化交际法中国英语教学模式探析. 上海: 上海外国语大学, 2008.

[91] 王初明. 从补缺假说看外语听说读写. 外语学刊, 2006(1): 79—84.

[92] 王初明. 论外语学习的语境. 外语教学与研究, 2007(3): 190—197.

[93] 王初明. 学相伴 用相随——外语学习的学伴用随原则. 中国外语, 2009(5):53—59.

[94] 王初明. 从外语学习角度看大学英语教学和考试改革. 外语界, 2010(1):17—22.

[95] 王初明. 以“续”促学. 现代外语, 2016(6): 784—793.

[96] 王初明. 从“以写促学”到“以续促学”. 外语教学与研究, 2017

(4)：547—556.

［97］王勃然. 互动假说支撑下的计算机媒介交流语言学习. 东北大学学报(社会科学版)，2009(4)：366—370.

［98］熊淑慧. 中美大学生网络远程合作对中国学生英语写作语言特点的影响. 西安外国语大学学报，2017(3)：73—78.

［99］薛红果. 网络环境下中美大学生互助交流对中国学生英语写作能力影响的实证研究. 外语教学，2010(2)：57—60.

［100］颜奕，杨鲁新. 英语教师专业学习共同体中的主要矛盾分析：活动理论视角. 外语教学理论与实践，2017(2)：39—49.

［101］杨朝春. 大学 EFL 写作与网络互动实证研究. 外语教学，2013(6)：54—58.

［102］郑超，杜寅寅，伍志伟. 中美学生英语"跨洋互动"行动研究与语料分析. 北京：科学出版社，2013.

［103］任仕超，梁文霞. 中外远程协作课程对跨文化交际能力影响的实证研究. 外语界，2014(6)：87—94.